# História e teoria social

FUNDAÇÃO EDITORA DA UNESP

*Presidente do Conselho Curador*
Mário Sérgio Vasconcelos

*Diretor-Presidente*
Jézio Hernani Bomfim Gutierre

*Superintendente Administrativo e Financeiro*
William de Souza Agostinho

*Conselho Editorial Acadêmico*
Danilo Rothberg
Luis Fernando Ayerbe
Marcelo Takeshi Yamashita
Maria Cristina Pereira Lima
Milton Terumitsu Sogabe
Newton La Scala Júnior
Pedro Angelo Pagni
Renata Junqueira de Souza
Sandra Aparecida Ferreira
Valéria dos Santos Guimarães

*Editores-Adjuntos*
Anderson Nobara
Leandro Rodrigues

Peter Burke

# História e teoria social

2ª edição ampliada

Tradução
Klauss Brandini Gerhardt
Roneide Venâncio Majer
Roberto Ferreira Leal

Copyright © 2005 de Peter Burke
Título original: *History and Social Theory*

Copyright © 2011 da tradução brasileira
Fundação Editora da Unesp (FEU)
Praça da Sé, 108
01001-900 – São Paulo – SP
Tel.: (0xx11) 3242-7171
Fax: (0xx11) 3242-7172
www.editoraunesp.com.br
www.livrariaunesp.com.br
atendimento.editora@unesp.br

CIP – Brasil. Catalogação na fonte
Sindicato Nacional dos Editores de Livros, RJ

B973h
2.ed.ampl.

Burke, Peter, 1937-

História e teoria social / Peter Burke; tradução Klauss Brandini Gerhardt, Roneide Venâncio Majer, Roberto Ferreira Leal. – 2.ed.ampl. – São Paulo: Editora Unesp, 2012.

Tradução de: *History and social theory*
Inclui bibliografia
ISBN 978-85-393-0224-6

1. Sociologia. 2. História. I. Título.

12-0612.
CDD: 306.09
CDU: 316.74(09)

Editora afiliada:

Asociación de Editoriales Universitarias
de América Latina y el Caribe

Associação Brasileira de
Editoras Universitárias

# Sumário

Prefácio    9

Prefácio à segunda edição    13

1. Teóricos e historiadores    15
   Um diálogo de surdos    16
   A diferenciação entre História e teoria    18
   O abandono do passado    28
   O surgimento da história social    32
   A convergência da teoria com a História    36

2. Modelos e métodos    43
   Comparação    43
   Modelos e tipos    51
   Métodos quantitativos    61
   O microscópio social    68

3. Conceitos centrais    75
   Papéis e performances    79
   Sexo e gênero    84
   Família e parentesco    89
   Comunidades e identidades    93
   Classe e *status*    98

Mobilidade social e distinção social   103
  Consumo e troca   107
  Capital cultural e social   113
  Padrinhos, clientelismo e corrupção   116
  Poder e política cultural   121
  A sociedade civil e a esfera pública   125
  Centros e periferias   128
  Hegemonia e resistência   137
  Protesto social e movimentos sociais   142
  Mentalidade, ideologias, discursos   146
  Comunicação e recepção   155
  Pós-colonialismo e hibridismo cultural   159
  Oralidade e textualidade   165
  Mito e memória   170

4. Problemas centrais   175
  Racionalidade *versus* relativismo   176
      Conceito de cultura   180
  Consenso *versus* conflito   184
  Fatos *versus* ficções   186
  Estruturas *versus* agentes   190
    Funcionalismo   191
    O exemplo de Veneza   196
    Estruturalismo   200
    O retorno do ator   203

5. Teoria social e mudança social   211
  O modelo de Spencer   212
  O modelo de Marx   226
  Uma terceira via?   230
    Tentativas de síntese   231
    Padrões de população   235
    Padrões de cultura   239
    Encontros   242

A importância dos eventos   246
   Gerações   253
6. Pós-modernidade e pós-modernismo   255
   Desestabilização   256
      Construções culturais   259
   Descentramento   265
      Para além do eurocentrismo?   269
      Globalização   275
   Para concluir   278

Bibliografia   281

Índice remissivo   329

# Prefácio

No começo de minha carreira acadêmica, na Universidade de Sussex, no início da década de 1960, ofereci-me como voluntário para ministrar um curso sobre "Estrutura social e mudança social", com base nas premissas de que seria uma boa ideia saber o que significava "sociedade" antes de escrever sua história e de que a melhor maneira de aprender um assunto, seja ele qual for, é ensiná-lo. O envolvimento com o curso resultou em um convite da parte de Tom Bottomore para escrever um livro sobre *Sociologia e História*, publicado pela Allen & Unwin em 1980, que buscava oferecer uma introdução aos alunos de cada uma dessas disciplinas ao que eles poderiam achar de mais interessante na outra. Mais de uma década depois, a editora Polity Press deu-me a oportunidade de revisar, ampliar e reescrever essa obra.

Esta segunda versão aparece com um novo título, que se refere com maior exatidão ao tema sobre o qual discorre o livro. O prefácio original explicava que à Antropologia Social "cabe um papel mais importante neste ensaio do que o sugerido pelo título", embora também houvesse algumas discussões acerca de Economia e Política. Nos anos 1990, contudo, parece razoável nutrir a expectativa de que uma discussão sobre teoria social inclua muito mais, até mesmo disciplinas ou subdisciplinas como Comunicações, Geografia, Relações Internacionais, Direito, Linguística (em especial Sociolinguística), Psicologia (principalmente a Psicologia Social) e estudos religiosos. Também é praticamente impossível excluir tópicos interdisciplinares como a teoria crítica, culturalista e feminista, ou ainda, verdadeiramente, a Filosofia (que poderia ser definida como a teoria da teoria).

A ampliação do escopo do ensaio, dessa maneira, suscita um grande número de problemas. O campo é demasiado vasto para ser tratado por um único indivíduo. Embora tenha lido acerca de teoria social dentro de limites razoavelmente amplos durante os últimos trinta anos e refletido sobre suas possíveis aplicações ao escrever sobre História, minha própria experiência histórica é, obviamente, limitada. Sempre me dediquei à história cultural e social da Europa dos séculos XVI e XVII, detendo, na melhor das hipóteses, um conhecimento bastante irregular sobre outros continentes, outras épocas e outras disciplinas. Assim, tenho desenvolvido a tendência de escolher exemplos concretos com os quais estou familiarizado por meio de pesquisas e do ensino, muito embora à custa de uma certa falta de equilíbrio.

Para ver o que ocorre em todas essas áreas, o autor não consegue evitar um ponto de vista pessoal. A perspectiva a partir da qual o presente ensaio foi elaborado é a mesma que o falecido Fernand Braudel costumava chamar de "história total" – não uma análise do passado que cuide de todos os pormenores, mas sim que ressalte as relações entre campos distintos da empresa humana.

Também há a questão linguística. Que termo deve substituir "Sociologia", agora que a discussão ganhou uma dimensão mais ampla? Escrever "Sociologia", "Antropologia" etc. é demasiado enfadonho. Falar das "Ciências Sociais", como se costumava fazer, também parece algo obscuro para qualquer um que não acredite que o modelo das ciências físicas (se é que esse modelo unificado de fato existe) deve ser seguido por aqueles que se dedicam ao estudo da sociedade. "História e teoria" é um título chamativo, mas muito provavelmente pode despertar falsas expectativas de que este livro seja bem mais filosófico do que realmente quer parecer.

Decidi, portanto, empregar a expressão "teoria social" (que deve ser interpretada como uma expressão que inclui "teoria cultural"). Como o leitor irá logo descobrir, essa opção não implica a premissa de que teorias genéricas são tudo o que os historiadores provavelmente encontram de interessante na Sociologia e em outras disciplinas. Alguns dos conceitos, modelos e métodos empregados nessas disciplinas também têm sua aplicação no estudo do passado, embora estudos de caso de sociedades contemporâneas possam sugerir comparações e contrastes bastante produtivos com relação a séculos anteriores.

Assim, a decisão de ampliar a obra foi bastante semelhante à decisão de aumentar as dimensões de uma casa. Envolveu todo um trabalho de reconstrução. De fato, talvez fosse mais exato afirmar que alguns fragmentos da primeira edição foram incorporados ao que, em essência, reflete uma nova estrutura. Existem muitas referências a estudos publicados nos anos 1980. Nessa linha, envidei os melhores esforços para que o livro não fosse atualizado em demasia. Continuo a acreditar que Marx e Durkheim, Weber e Malinowski – para não mencionar outros – ainda têm muito a nos ensinar.

A primeira versão do livro foi escrita em meio à atmosfera interdisciplinar da Universidade de Sussex. A nova versão é fruto de mais de uma década em Cambridge, e também deve muito a colegas. Ernest Gellner, Alan Macfarlane, Gwyn Prins e o grupo de Geografia Histórica que se reúne no Emmanuel College logo reconhecerão o que aprendi com seus incentivos, suas críticas e sugestões de leituras complementares. Igualmente citarei aqui vários colegas fora da Grã-Bretanha, entre eles Antônio Augusto Arantes, Anton Blok, Ulf Hannerz, Tamás Hofer, Vittorio Lanternari e Orvar Löfgren. A nova redação desta obra foi iniciada no Wissenschaftskolleg, em Berlim, e tem grande débito com os historiadores e antropólogos que lá trabalham, especialmente com André Béteille, por seus comentários construtivos sobre a primeira redação. John Thompson, responsável pela minha formação contínua em sociologia durante os últimos anos, e minha mulher, Maria Lúcia, fizeram uma leitura cuidadosa da penúltima versão. Sem a contribuição de todos eles, ainda teria podido pretender dizer o que disse, mas nem sempre teria logrado dizer o que realmente pretendi.

Berlim – São Paulo – Cambridge, 1990-1991

# Prefácio à segunda edição

A primeira versão deste ensaio, que foi publicada com o título de *Sociologia e História*, data de um quarto de século. Mesmo a segunda versão, *História e teoria social*, já tem hoje treze anos de idade. Nesse ínterim, os historiadores passaram a interessar-se cada vez mais pela teoria social. Já não é raro vê-los citarem sociólogos, antropólogos ou psicólogos nas notas de rodapé. Em consequência disso, um ensaio originalmente escrito como um manifesto em favor de certa abordagem da História está transformando-se em uma espécie de manual escolar.

A teoria social também mudou nos últimos 25 anos. Alguns sociólogos e antropólogos, como muito historiadores, fizeram uma "guinada à cultura". Com isso, esta é mais preeminente do que antes nestas páginas. Bakhtin e Gombrich, por exemplo, são discutidos mais detidamente do que antes, e Thomas Kuhn se juntou a eles. Por outro lado, o surgimento da "teoria da escolha racional" nos últimos anos levou-me a acrescentar uma nova seção ao capítulo de "problemas", sobre o conflito entre os teóricos que dão ênfase à racionalidade e aqueles que ressaltam o relativismo cultural.

A bibliografia foi atualizada, para incluir número considerável de livros e artigos publicados entre 1992 e 2004. Foram acrescentadas novas seções, que tratam, por exemplo, do capital social e do pós-colonialismo, temas sobre os quais houve uma chuva de livros e artigos na década de 1990. Em outras seções, foram incluídos novos exemplos. Para dar espaço a essas adições, foram feitos alguns cortes. Muitos itens mais velhos desapareceram da bibliografia, e ocasionais exemplos mais velhos, do texto.

Cambridge, 2004

# 1
# Teóricos e historiadores

Este livro é uma tentativa de responder a duas questões enganosamente simples. Qual é a utilidade da teoria social para os historiadores e qual é a utilidade da História para os teóricos sociais? Chamo essas questões de "enganosamente simples" porque a formulação oculta certas distinções importantes. Diferentes historiadores, ou tipos diversos de historiadores, reconheceram a utilidade das diferentes teorias em formas diversas, algumas como um arcabouço abrangente e outras como meio de oferecer soluções a um problema específico. Outros demonstraram – e ainda demonstram – forte resistência à teoria. Também pode ser útil distinguir a teoria de modelos e conceitos. Relativamente poucos historiadores utilizam teoria no sentido estrito do termo, mas um número bem maior emprega modelos, enquanto os conceitos são praticamente indispensáveis.

A distinção entre prática e teoria não é idêntica à diferença entre História e Sociologia – ou outras disciplinas como Antropologia Social, Geografia, Política ou Economia. Alguns estudiosos dessas disciplinas produzem estudos de caso em que a teoria desempenha um papel menor. Por outro lado, alguns historiadores, em especial os marxistas, discutem questões teóricas com entusiasmo mesmo quando reclamam – a exemplo de Edward Thompson em famoso ensaio polêmico em que se queixa da "pobreza da teoria" (Thompson, 1978). Afinal, dois conceitos que vêm exercendo grande influência em Sociologia, Antropologia e estudos políticos nos últimos anos foram originalmente lançados por historiadores marxistas britânicos: a "economia moral" do mesmo Edward Thompson (1991 [1971], p.185-258), e a "invenção da tradição" de Eric Hobsbawm e Terence Ranger (1983).

Em linhas gerais, no entanto, os profissionais dessas outras disciplinas utilizam conceitos e teorias com mais frequência, de forma mais explícita, mais séria e com mais orgulho do que os historiadores. Essa diferença de atitude perante a teoria é responsável pela maioria dos conflitos e desentendimentos entre os historiadores e os demais.

## Um diálogo de surdos

Historiadores e sociólogos (em especial) nem sempre têm mantido a política da boa vizinhança. É inegável que são vizinhos intelectuais, no sentido de que os praticantes de ambas as disciplinas estão interessados (como os antropólogos sociais) na sociedade vista como um todo e no comportamento humano em geral. A esse respeito, diferem dos economistas, geógrafos ou especialistas em estudos políticos e religiosos.

A Sociologia pode ser definida como o estudo da sociedade humana, com ênfase em generalizações sobre sua estrutura e desenvolvimento. A História é mais bem definida como o estudo de sociedades humanas (ou culturas) no plural, destacando as diferenças entre elas e as mudanças ocorridas em cada uma com o passar do tempo. Por vezes, as duas abordagens têm sido consideradas contraditórias, porém é mais útil tratá-las como complementares. Apenas mediante a comparação da História com as outras disciplinas poderemos descobrir em que aspectos determinada sociedade é única. A mudança é estruturada, e as estruturas se alteram. Na verdade, o processo de "estruturação", como alguns sociólogos o chamam, tornou-se o centro das atenções nos últimos anos (Giddens, 1979, 1984).[1]

Historiadores e teóricos sociais têm a oportunidade de se libertar de diferentes tipos de paroquialismo. Os historiadores correm risco de paroquialismo no sentido quase literal do termo. Ao se especializarem, como em geral o fazem, em uma região específica podem acabar considerando sua "paróquia" completamente única, e não uma combinação única de elementos que, individualmente, tem paralelos em outros lugares. Os teóricos sociais demonstram paroquialismo em um sentido mais metafórico, mais vinculado ao tempo do que ao lugar, sempre que generalizam sobre a "sociedade" com base apenas na experiência contemporânea ou discutem a mudança social sem levar em consideração os processos de longo prazo.

Cada qual, sociólogo e historiador, vê o argueiro nos olhos do irmão. Infelizmente, cada grupo tende a perceber o outro como um estereótipo bastante grosseiro. Mesmo hoje, alguns historiadores ainda consideram os sociólogos pessoas que fazem afirmações sobre o óbvio em um jargão primitivo e abstrato, não têm nenhum sentido de lugar nem de tempo, espremem, sem piedade, os indivíduos em categorias rígidas e, ainda por cima, descrevem essas atividades como "científicas". Os sociólogos, por sua vez, há tempos consideram os historiadores coletores de fatos, míopes e amadores, sem nenhum sistema, método ou teoria, sendo a imprecisão de sua "base de dados" equiparada apenas à sua incapacidade de analisá-los. Em resumo, apesar da existência de um número cada vez maior de bilíngues – cujo trabalho será discutido nas páginas seguintes –, sociólogos e historiadores ainda não falam a mesma língua. Seu diálogo, como certa vez afirmou o historiador francês Fernand Braudel (1958), é normalmente "um diálogo de surdos".

---

[1] Ver, a seguir, capítulo 5 "Teoria social e mudança social".

Para entender essa situação, talvez seja proveitoso considerar as diferentes disciplinas como profissões distintas e até mesmo como subculturas, com linguagens, valores e mentalidades ou estilos de pensamento próprios, reforçados pelos respectivos processos de treinamento ou "socialização". Os sociólogos, por exemplo, são treinados para observar ou formular regras gerais e, muitas vezes, analisar e rejeitar as exceções. Os historiadores aprendem a dar atenção a detalhes concretos em detrimento de padrões gerais (Cohn, 1962; K. T. Erikson, 1970; Dening, 1971-1973).

Do ponto de vista histórico, fica evidente que ambas as partes cometem anacronismos. Até uma época relativamente recente, muitos teóricos sociais achavam que os historiadores ainda estavam interessados em pouco mais do que a narrativa de eventos políticos e que a abordagem associada ao grande historiador do século XIX, Leopold von Ranke, ainda predominava. Da mesma forma, alguns poucos historiadores ainda falam de Sociologia como se a disciplina estivesse parada na era de Augusto Comte, na fase das grandes generalizações sem pesquisa empírica sistemática, vigente em meados do século XIX. Como e por que a oposição entre História e Sociologia – ou, mais genericamente, entre História e teoria – se desenvolveu? Como, por que e em que medida esse antagonismo foi superado? Estas são questões históricas, e tentarei dar-lhes respostas históricas na seção seguinte, mediante o enfoque de três momentos da história do pensamento ocidental sobre a sociedade: meados do século XVIII e do século XIX e em torno da década de 1920.

## A diferenciação entre História e teoria

No século XVIII, não havia controvérsias entre sociólogos e historiadores, por uma razão simples e óbvia: a Sociologia não existia como disciplina independente. O teórico francês – especializado na área jurídica – Charles de Montesquieu, o filósofo moralista Adam Ferguson e o historiador-jurista John Millar, ambos escoceses, vêm sendo desde então reivindicados por sociólogos e antropólogos (Aron, 1965, p.17-62; Hawthorn, 1976). Na verdade, são às vezes descritos como os "pais fundadores" da Sociologia. Tal rótulo, entretanto, transmite a impressão errônea de que esses homens se dispuseram a fundar uma nova disciplina, intenção que jamais manifestaram. O mesmo se pode afirmar sobre o chamado fundador da Economia, Adam Smith, que transitava nos mesmos círculos que Ferguson e Millar.

Talvez fosse melhor descrever os quatro como teóricos sociais que discutiam o que era chamado de "sociedade civil" na forma sistemática em que pensadores mais antigos, de Platão a Locke, haviam debatido o Estado. Todas estas obras – *O espírito das leis* (1748), de Montesquieu, *Essay on the History of Civil Society* [*Ensaio sobre a História da Sociedade Civil*] (1767), de Ferguson, *Observations on the Distinction of Ranks* [*Observações sobre a Diferença entre as Classes Sociais*] (1771), de Millar, e *A riqueza das nações* (1776), de Smith – demonstravam interesse pela teoria geral, pela "filosofia da sociedade", como Millar a chamava.

Os autores discutiam sistemas econômicos e sociais, como o "sistema feudal" na Europa medieval (uma "espécie de governo" caracterizada pela descentralização) ou o "sistema mercantilista" (comparado com o "sistema agrícola") na obra de Smith. Em geral, distinguiam quatro tipos de sociedade com base em seu modo principal de subsistência: caça, criação de animais, agricultura e comércio. O *Ensaio sobre o princípio da população* (1798) de Thomas Malthus, com a famosa proposição de que a população tende a aumentar até os limites dos meios de subsistência, valia-se do mesmo conceito-chave.

Talvez também seja possível descrever esses teóricos sociais como analíticos ou, para usar o termo do século XVIII, como historiadores "filosóficos". O terceiro livro de *A riqueza das nações*, de Smith, que aborda o "progresso e a opulência", é na prática uma breve história econômica da Europa. Montesquieu escreveu uma monografia histórica sobre a grandeza e o declínio de Roma; Ferguson escreveu sobre o "progresso e o fim da República Romana" e Millar, sobre a relação entre o governo e a sociedade, desde a era dos anglo-saxões até o reinado da rainha Elizabeth. Malthus, como Montesquieu e o filósofo escocês David Hume antes dele, estava preocupado com a história da população mundial.

Nessa época, os estudiosos menos interessados em teoria também se voltavam da matéria tradicional da História, a política e a guerra, para o estudo da história social em termos de avanços do comércio, artes, direito, usos e "costumes". Por exemplo, a obra de Voltaire, *Essai sur les moeurs* [*Ensaio sobre os costumes*] (1756), tratava da vida social europeia na época de Carlos Magno. O ensaio não se baseava em fontes diretas, mas constituía uma síntese ousada e original, bem como uma contribuição para o que Voltaire foi o primeiro a chamar de a "Filosofia da História". A *História de Osnabrück* (1768), do alto funcionário alemão Justus Möser, por sua vez, era uma história local escrita com base em documentos originais, mas também estava entre os primeiros exemplos da contribuição da teoria social para a análise histórica. Möser com certeza lera Montesquieu, e essa leitura o estimulara a analisar a relação entre as instituições vestfalianas e seu meio ambiente (Knudsen, 1988, p.94-111).

A famosa obra *Declínio e queda do Império Romano* (1776-1788), de Gibbon, também constituía uma história social e política. Seus capítulos sobre os hunos e outros invasores bárbaros, que destacavam as características gerais dos costumes das "nações pastoris", revelam o débito do autor às ideias de Ferguson e Smith (Pocock, 1981). A capacidade de enxergar o geral no específico, de acordo com Gibbon, era uma característica do trabalho de quem ele chamou de historiador "filosófico".

Cem anos mais tarde, a relação entre História e teoria social era bem menos simétrica do que fora durante o Iluminismo. Os historiadores afastavam-se não só da teoria social como da história social. No final do século XIX, o historiador mais respeitado no Ocidente era Leopold von Ranke. Ranke não rejeitava a história social por completo; no entanto, em geral, seus livros concentravam-se no Estado. Em sua época e na de seus seguidores, que eram mais extremistas que o mentor – como os seguidores muitas vezes o são –, a história política recuperou a antiga posição de predominância (Burke, 1988).

Esse afastamento do social pode ser esclarecido de várias formas. Em primeiro lugar, foi nesse período que os governos europeus passaram a considerar a História como um meio de promover a unidade nacional, de educar para a cidadania ou, como um observador menos leniente poderia dizer, um meio de fazer propaganda nacionalista. Em uma época em que os novos Estados da Alemanha e da Itália e os Estados mais antigos, como a França e a Espanha, ainda se encontravam divididos por tradições regionais, o ensino de História Nacional nas escolas e universidades incentivava a integração política. O tipo de História para cuja promoção os governos estavam preparados era, naturalmente, a história do Estado. Os vínculos entre os historiadores e o governo eram bastante fortes na Alemanha

Uma segunda explicação para o retorno à Política é de cunho intelectual. A revolução histórica associada a Ranke era sobretudo uma revolução nas fontes e nos métodos, que deixavam de usar as histórias mais antigas ou "crônicas", substituindo-as pelos registros oficiais dos governos. Os historiadores começaram a trabalhar regularmente nos arquivos e elaboraram uma série de técnicas cada vez mais sofisticadas para avaliar a confiabilidade dos documentos que lá encontravam. Portanto, segundo eles, a História que produziam era mais objetiva e mais "científica" que as de seus predecessores. A difusão dos novos ideais intelectuais estava relacionada com a profissionalização da disciplina no século XIX, quando foram fundados os primeiros institutos de pesquisa, revistas especializadas e departamentos de universidades (Higham; Krieger; Gilbert, 1965, p.320-58; Boer, 1998).

O trabalho dos historiadores sociais parecia não ser profissional quando comparado com o dos historiadores rankeanos do Estado.

"História social" é, na realidade, um termo muito preciso para o que ainda era tratado na prática como uma categoria residual. A notória definição de história social, de autoria de Trevelyan (1942, p.vii), como "a história de um povo sem a política", nada mais fez que transformar um pressuposto implícito em uma declaração explícita. O famoso capítulo sobre a sociedade no fim do século XVII, em *History of England* [*História da Inglaterra*] (1848), de Thomas Macaulay, foi descrito por um crítico contemporâneo, de forma cruel, mas não totalmente injusta, como uma "velha loja de curiosidades", porque os diferentes tópicos – estradas, casamento, jornais, e assim por diante – se seguiam uns aos outros sem ordem aparente.

De qualquer modo, a história política era considerada (ao menos no âmbito da profissão) mais real ou mais séria do que o estudo da sociedade ou cultura. Quando J. R. Green publicou *Short History of the English People* [*Breve História do Povo Inglês*] (1874), livro que se concentrava na vida cotidiana em detrimento de batalhas e tratados, segundo dizem, seu ex-professor E. A. Freeman comentou que, se tivesse excluído toda aquela "tralha social", Green poderia ter escrito uma boa história da Inglaterra (Burrow, 1981, p.179-80).

Tais preconceitos não pertenciam unicamente aos britânicos. No mundo de língua alemã, o ensaio de Jacob Burckhardt, *Cultura do renascimento na Itália* (1860), mais tarde reconhecido como um clássico, não obteve sucesso na época da publicação, provavelmente porque se baseava muito mais em fontes literárias do que em registros oficiais. O historiador francês Numa Denis Fustel de Coulanges, cuja obra-prima *A cidade antiga* (1860) demonstrava grande interesse pela família na Grécia e na Roma antigas, recebeu tratamento relativamente excepcional ao ser levado em consideração pelos colegas de profissão, embora ao mesmo tempo insistisse que a História era a ciência dos fatos sociais, a verdadeira Sociologia.

Em suma, a revolução histórica de Ranke teve uma consequência não intencional, mas de extrema importância. Uma vez que a abordagem dos novos "documentos" funcionava melhor para a História

Política tradicional, sua adoção tornou o trabalho dos historiadores do século XIX mais limitado e até, em certo sentido, a escolha de assuntos se mostrou mais antiquada do que a de seus predecessores do século XVIII. Alguns deles rejeitaram a história social porque ela não poderia ser estudada "cientificamente". Outros historiadores repudiaram a Sociologia pelo motivo oposto, porque era científica demais, no sentido de que era abstrata e genérica e não lograva levar em consideração a peculiaridade de indivíduos e eventos.

Esse repúdio à Sociologia mostrou-se mais articulado nos trabalhos de alguns dos filósofos do fim do século XIX, principalmente Wilhelm Dilthey. Dilthey, que escreveu história cultural (*Geistesgeschichte*), bem como filosofia, argumentou que a Sociologia de Comte e Spencer (como a Psicologia Experimental de Hermann Ebbinghaus) era pseudocientífica, pois oferecia explicações causais. Ele estabeleceu uma diferença famosa entre as ciências, cujo objetivo é explicar com base na observação externa (*erklären*), e as humanidades, incluindo a História, cujo objetivo é compreender valendo-se da observação interna (*verstehen*). Os estudiosos de ciências naturais (*Naturwissenschaften*) empregam o vocabulário da causalidade, porém os que se dedicam às humanidades (*Geisteswissenschaften*) devem falar a linguagem da "experiência". Posição semelhante foi assumida por Benedetto Croce, que é mais conhecido como filósofo, mas também foi um dos grandes historiadores italianos de sua época. Em 1906, ele não atendeu a um pedido de apoio à fundação de uma cátedra de Sociologia na Universidade de Nápoles por acreditar que esta não passava de uma pseudociência.

Os teóricos sociais, por sua vez, passaram a criticar cada vez mais os historiadores, embora continuassem a estudar o passado. *O antigo regime e a revolução* (1856), de Alexis de Tocqueville, foi um trabalho seminal de História com base em documentos originais, assim como um marco em teoria social e Política. *O Capital* (1867), de Karl Marx – a exemplo de *A riqueza das nações*, de Smith – representa uma contribuição pioneira para a História e a teoria econômica, discutindo a legislação trabalhista, a mudança do artesanato para os produtos manufaturados, a expropriação da classe camponesa etc. (Cohen, 1978). Embora tivesse atraído relativamente pouca atenção dos historiadores de sua época, o trabalho de Marx veio a exercer grande influência na prática da História, sobretudo no período de 1945 a 1989. Quanto a Gustav Schmoller, figura importante da chamada Escola Histórica de Economia Política, ele é mais conhecido como historiador que como economista.

Tocqueville, Marx e Schmoller desenvolveram um trabalho relativamente raro ao combinar a teoria com o interesse pelos detalhes das situações históricas concretas. Muito mais comum no fim do século XIX, em várias disciplinas acadêmicas emergentes, era a preocupação com as tendências duradouras e, em especial, com o que os contemporâneos denominavam "evolução" social. Por exemplo, Comte acreditava que a história social ou, como costumava chamá-la, "a História sem os nomes de indivíduos ou até mesmo sem os nomes dos povos" era indispensável ao trabalho da teoria, a que ele foi o primeiro a chamar de "Sociologia". Sua obra completa poderia ser descrita como "Filosofia da História", no sentido de que foi fundamentalmente uma divisão do passado em três eras: a era da religião, a era da metafísica e a era da ciência. O "método comparativo" – outra expressão comum na época – era histórico, no sentido de que implicava a colocação de todas as sociedades (na verdade, todos os costumes ou artefatos) em uma escala evolucionária (Aron, 1965, p.63-110; Burrow, 1965; Nisber, 1969).

O modelo das leis da evolução unia as diferentes disciplinas. Os economistas descreveram o desenvolvimento de uma "economia natural" para uma economia monetária. Juristas discutiram a mudança de *status* para "contrato". Etnólogos apresentaram a mudança social como uma evolução da "selvageria" (também conhecida como estado "selvagem" ou "natural" da humanidade) para a "civilização". Sociólogos como Spencer valeram-se de exemplos históricos, do Egito antigo à Rússia de Pedro, o Grande, para ilustrar o desenvolvimento de sociedades "militares" para "industriais", como Spencer as chamava (Peel, 1971).

Também o geógrafo Friedrich Ratzel e o psicólogo Wilhelm Wundt produziram estudos bastante similares sobre os chamados "povos da natureza" (*Naturvölker*), tendo o primeiro se concentrado em sua adaptação ao meio físico e o segundo, em suas mentalidades coletivas. A evolução do pensamento da magia para a religião e do "primitivo" para o civilizado constituiu o tema principal da obra *O ramo de ouro* (1890), de James Frazer, bem como o de *A mentalidade primitiva* (1922), de autoria de Lucien Lévy-Bruhl. Apesar do destaque por ele dado aos elementos "primitivos" que sobrevivem na psique dos homens (e mulheres) civilizados, Sigmund Freud é um exemplo tardio dessa tradição evolucionista, como se percebe claramente em ensaios como *Totem e tabu* (1913) e *O futuro de uma ilusão* (1927), nos quais as ideias de Frazer (por exemplo) desempenham papel significativo.

Em geral – mas nem sempre – a evolução era vista como uma mudança para melhor. O famoso livro do sociólogo alemão Ferdinand Tönnies, *Gemeinschaft und Gesellschaft* [Comunidade e Sociedade] (1887), no qual o autor fazia uma descrição nostálgica da transição da comunidade tradicional caracterizada pelo convívio direto (*Gemeinschaft*) para uma sociedade moderna anônima (*Gesellschaft*), é apenas o mais explícito de vários estudos que expressam nostalgia pela velha ordem e analisam os motivos de seu desaparecimento (Nisbet, 1966; Hawthorn, 1976).

Embora os teóricos levassem o passado a sério, muitas vezes demonstravam pouco respeito pelos historiadores. Comte, por exemplo, referia-se com desprezo ao que chamava de "detalhes sem importância recolhidos de forma tão infantil pela curiosidade irracional dos compiladores míopes de anedotas estéreis". Spencer dizia que a Sociologia estava para a História "como um edifício enorme está para os montes de pedras e tijolos ao seu redor" e que "a função mais elevada a ser desempenhada pelo historiador é a de narrar a vida das nações, para fornecer material a uma sociologia comparativa". Na melhor das hipóteses, portanto, os historiadores eram coletores da matéria-prima para os sociólogos. Na pior, eram totalmente irrelevantes porque nem mesmo forneciam o tipo certo de material para os mestres de obra. Citando Spencer mais uma vez, "as biografias dos monarcas (e nossas crianças aprendem pouco mais que isso) não conseguem elucidar a ciência da sociedade" (Peel, 1971, p.158-63).

Alguns poucos historiadores permaneceram imunes à condenação geral, sobretudo Fustel de Coulanges, cujo estudo da cidade antiga já foi mencionado, e F. W. Maitland, o historiador do direito inglês, cuja visão de estrutura social como um conjunto de relações entre indivíduos e entre grupos, regulamentado por direitos e obrigações, exerceu considerável influência na Antropologia Social britânica. A mistura do interesse por história com o repúdio ao conteúdo dos trabalhos da maioria dos historiadores constituiu, entretanto, a característica da maior parte dos teóricos sociais no início do século XX. Vários deles – o geógrafo francês Paul Vidal de la Blache, o sociólogo alemão Tönnies e o antropólogo escocês Frazer, por exemplo – haviam começado a carreira como historiadores, principalmente como historiadores do mundo antigo.

Outros tentaram combinar o estudo do passado e do presente de uma cultura específica. Foi o que fez o antropólogo Franz Boas e Helen F. Codere (1966) no caso dos índios kwakiutl na área de Vancouver, ao passo que o geógrafo André Siegfried fez algo similar em seu famoso "quadro político" (*tableau politique*) da região oeste da França, em que estudou a relação entre o meio ambiente local e as opiniões políticas e religiosas de seus habitantes, afirmando que "há regiões políticas da mesma forma que existem regiões econômicas e geológicas" e comparando os padrões eleitorais com a filiação religiosa e a propriedade da terra.

Os três sociólogos mais famosos desse período – Pareto, Durkheim e Weber – eram todos versados em História. A obra de

Vilfredo Pareto, *Trattato di sociologia generale* [*Tratado de sociologia geral*] (1916), analisava as cidades clássicas de Atenas, Esparta e Roma com considerável abrangência e também extraía exemplos da história da Itália na Idade Média. O próprio Émile Durkheim, que se empenhava em conquistar território para a nova disciplina da Sociologia diferenciando-a da História, Filosofia e Psicologia, estudara História com Fustel de Coulanges, a quem dedicou um de seus livros. Escreveu uma monografia sobre a história da educação na França e adotou como política de sua revista *L'Année Sociologique* fazer críticas de livros de História, desde que tratassem de algo menos "superficial" do que a história de eventos (Lukes, 1973).

Quanto a Max Weber, tanto a abrangência como a profundidade de seu conhecimento histórico eram, na verdade, fenomenais. Ele escreveu livros sobre as companhias mercantis da Idade Média e acerca da história agrária da Roma antiga antes de compor o famoso estudo *A ética protestante e o espírito do capitalismo* (1904-1905). O grande acadêmico clássico Theodor Mommsen considerou Weber um sucessor digno. Quando passou a concentrar a atenção em teoria social, Weber não abandonou o estudo do passado. Recorreu à História, à procura de material, como também a historiadores em busca de conceitos. Sua famosa ideia de "carisma",[2] por exemplo, originou-se de uma análise da "organização carismática" dos primórdios da Igreja feita por um historiador eclesiástico, Rudolf Sohm. O que Weber fez foi secularizar o conceito para dar-lhe uma aplicação mais genérica.

Não foi surpresa que o mais interessado em História entre os grandes sociólogos do século XX tenha vindo da cultura que na Europa era então a mais voltada para a História. Weber, na verdade, não se imaginava um sociólogo. No final de sua vida, quando aceitou uma cadeira da disciplina em Munique, fez este comentário indiferente: "Eu agora, por acaso, sou sociólogo de acordo com os papéis de minha nomeação". Weber considerava-se um economista

---

[2] Ver, no capítulo 3 "Conceitos centrais", a seção "Protesto social e movimentos sociais".

político ou um historiador da área de história comparativa (Roth, 1976; Kocka, 1986).

## O abandono do passado

Durkheim faleceu em 1917 e Weber, em 1920. Por várias razões, a geração seguinte de teóricos sociais afastou-se do passado.

Os economistas foram atraídos para duas direções opostas. Alguns deles, como François Simiand, na França, Joseph Schumpeter, na Áustria, e Nikolai Kondratieff, na Rússia, coletaram dados estatísticos sobre o passado para estudar o desenvolvimento econômico, especialmente os ciclos comerciais. Esse interesse pelo passado era, às vezes, acompanhado do desprezo por historiadores do tipo já apontado no caso de Herbert Spencer. Simiand, por exemplo, publicou um famoso artigo polêmico contra o que chamou de os três "ídolos" da tribo de historiadores – o ídolo da política, o ídolo do indivíduo e o ídolo da cronologia –, rejeitando o que ele foi o primeiro a chamar de "história centrada em eventos" (*histoire événementielle*) e deplorando a tendência de tentar enquadrar estudos de Economia em uma estrutura política, como é o caso de um estudo da indústria francesa durante o reinado de Henrique IV. Seu próprio enquadramento da história econômica incluía a alternância entre fases de expansão e de contração ou, como ele as chamava, fases A e fases B (Simiand, 1903)

Outros economistas se afastaram cada vez mais do passado em direção a uma teoria econômica "pura", calcada no modelo da matemática pura. Os teóricos da utilidade marginal e do equilíbrio econômico tinham cada vez menos tempo para a abordagem histórica de Gustav Schmoller e sua escola. Um famoso "conflito acerca de métodos" (*Methodenstreit*) polarizou a profissão em torno de historicistas e teóricos.

Também psicólogos tão diferentes quanto Jean Piaget, autor de *Linguagem e o pensamento da criança* (1923), e Wolfgang Köhler, autor de *Psicologia da Gestalt* (1929), voltavam-se para métodos experimentais que não poderiam ser aplicados ao passado. Trocaram a biblioteca pelo laboratório.

Do mesmo modo, antropólogos sociais descobriram, em outras culturas, o valor do "trabalho de campo" no lugar da leitura de relatos de viajantes, missionários e historiadores. Franz Boas, por exemplo, fez prolongadas visitas aos kwakiutl (Boas; Codere, 1966). A. R. Radcliffe-Brown viveu nas ilhas Andaman (na Baía de Bengala), de 1906 a 1908, para estudar a estrutura social local, enquanto Bronislaw Malinowski passou a maior parte do tempo entre 1915 e 1918 nas ilhas Trobriand (próximas da Nova Guiné).

Foi Malinowski que insistiu com mais firmeza ser o trabalho de campo o método antropológico por excelência. "O antropólogo", afirmou ele, "deve renunciar à posição confortável na espreguiçadeira da varanda do complexo missionário, do posto de observação do governo ou do bangalô do colonizador." Apenas se fosse para as aldeias, para o "campo", conseguiria o antropólogo "entender o ponto de vista do nativo". Na esteira do exemplo de Malinowski, o trabalho de campo tornou-se estágio necessário na formação de todos os antropólogos (Stocking, 1983). Os sociólogos também abandonaram a poltrona durante o estudo (em vez da espreguiçadeira na varanda) e começaram a extrair cada vez mais dados da sociedade contemporânea.

Pode-se tomar como um exemplo drástico da mudança para o presente – "o recuo da Sociologia para o presente", nas palavras do sociólogo histórico Norbert Elias –, o primeiro departamento de Sociologia nos Estados Unidos, fundado na Universidade de Chicago em 1892. Seu primeiro diretor, Albion Small, havia estudado na Alemanha com o historiador econômico Gustav Schmoller e com o sociólogo Georg Simmel. Nos anos 1920, contudo, sob a liderança de Robert E. Park, os sociólogos de Chicago voltaram-se para o estudo da sociedade contemporânea, em especial da sua cidade com favelas, guetos, imigrantes, gangues, vagabundos etc.

Os mesmos métodos de paciente observação que antropólogos como Boas e Lowie haviam adotado no estudo da vida e dos modos do índio norte-americano poderiam ser empregados de forma ainda mais frutífera na investigação dos costumes, crenças, práticas sociais e concepções gerais de vida predominantes nos bairros de Little Italy ou Lower North Side in Chicago (Park, 1916, p.15).[3]

Uma estratégia alternativa era fundamentar as análises sociais nas respostas a questionários e nas entrevistas com pessoas selecionadas. A pesquisa baseada em levantamentos tornou-se o suporte principal da Sociologia norte-americana. Os sociólogos geravam os próprios dados e tratavam o passado como algo "bastante irrelevante para o entendimento de como as pessoas acabavam agindo da forma que agiam" (Hawthorn, 1976, p.209).

Várias explicações diferentes poderiam ser dadas a essa mudança para o estudo do presente em detrimento do passado. O próprio centro de gravidade da Sociologia estava se deslocando da Europa para os EUA e, no caso norte-americano (mais especificamente o de Chicago), o passado era menos importante e menos visível na vida diária do que na Europa. Um sociólogo poderia alegar que a rejeição do passado está relacionada com a crescente independência e a profissionalização cada vez maior da Economia, Antropologia, Geografia, Psicologia e Sociologia. A exemplo dos historiadores, nessa época, as pessoas que atuavam nesses campos fundavam suas associações profissionais e revistas especializadas. Era necessário tornarem-se independentes da História e dos historiadores para a formação das novas identidades disciplinares.

Um historiador de ideias, por outro lado, talvez destacasse uma tendência intelectual, o surgimento do "funcionalismo". Nos séculos XVIII e XIX, as explicações dos costumes ou instituições sociais, em geral, eram dadas em termos históricos, com o emprego de conceitos como "difusão", "imitação" ou "evolução". Grande parte da História era especulativa ou "conjetural". A nova alternativa, inspirada pela

---

[3] Ver também Mathews (1977) e Platt (1996, p.261-9).

Física e pela Biologia, era explanar esses costumes e instituições pela sua função social no presente, pela contribuição de cada elemento para a manutenção de toda a estrutura. No modelo do universo físico ou do corpo humano, a sociedade era percebida como um sistema em equilíbrio (termo preferido de Pareto). Em Antropologia, essa posição funcionalista foi adotada por Radcliffe-Brown e por Malinowski, que descartaram o passado como "morto e enterrado", não pertinente ao real funcionamento das sociedades (Malinowski, 1945, p.31).

É difícil dizer se foi a difusão do trabalho de campo que levou ao surgimento do funcionalismo ou vice-versa. Estudando a linguagem dos próprios funcionalistas, poder-se-ia dizer que a nova explanação e o novo método de pesquisa "se ajustavam". Infelizmente, eles reforçavam a tendência dos teóricos sociais de perderem o interesse pelo passado.

Minha intenção certamente não é negar as esplêndidas conquistas intelectuais representadas pela Antropologia Funcionalista, pela Psicologia Experimental ou pela Economia Matemática. É bem provável que tais desdobramentos no estudo do comportamento humano tenham sido necessários em sua época. Constituíam reações contra as falhas genuínas das teorias e dos métodos anteriores. O trabalho de campo, por exemplo, fornecia uma base factual bem mais confiável para o estudo das sociedades tribais contemporâneas do que a História evolucionária especulativa que o precedera.

O que realmente quero aventar, entretanto, é que todos esses avanços – como o estilo da história associado a Ranke – tiveram seu preço. Os métodos dos historiadores neorrankeanos e dos antropólogos funcionalistas eram mais rigorosos que os de seus predecessores, mas esses profissionais também trabalhavam em um terreno mais restrito. Omitiam, ou melhor, excluíam deliberadamente de sua obra tudo o que não conseguiam tratar de forma compatível com os novos padrões profissionais. Mais cedo ou mais tarde, no entanto, deveria haver o que um psicanalista chamaria de um "retorno do reprimido".

## O surgimento da história social

Ironicamente, antropólogos sociais e sociólogos perdiam o interesse pelo passado bem na época em que os historiadores começavam a produzir algo como uma resposta à demanda de Spencer por uma "história natural da sociedade". No fim do século XIX, alguns historiadores profissionais mostravam-se cada vez mais insatisfeitos com a história neorrankeana.

Um dos críticos mais veementes era Karl Lamprecht, que denunciou o *establishment* em razão de sua ênfase em história política e nos grandes homens. Em substituição a essa abordagem, clamava por uma "história coletiva" que consultasse outras disciplinas para formar seus conceitos. Essas outras disciplinas incluíam a psicologia social de Wundt e a "geografia humana" de Ratzel, ambos colegas de Lamprecht na Universidade de Leipzig. "História", afirmava Lamprecht com sua ousadia característica, "é basicamente uma ciência sociopsicológica." Ele pôs em prática essa abordagem sociopsicológica nos vários volumes de sua obra *Deutsche Geschichte* [*História da Alemanha*] (1891-1909) – estudo merecedor de crítica favorável na revista *L'Année Sociologique*, de Durkheim –, porém foi mais ridicularizado do que criticado pelos historiadores alemães mais ortodoxos, não apenas pelas imprecisões (que, de fato, eram numerosas) como por seus chamados materialismo e reducionismo (Chickering, 1993).

A violência da "polêmica sobre Lamprecht", como passou a ser chamada, sugere, contudo, que seu verdadeiro pecado foi ter questionado a ortodoxia rankeana ou neorrankeana. Otto Hintze, que depois se transformou em seguidor de Max Weber, foi um dos poucos historiadores a tratar do tipo de História defendido por Lamprecht como "um avanço além de Ranke" e do interesse de Ranke pelos personagens situados no cimo da montanha da História, os grandes homens. "Queremos", escreveu Hintze, "conhecer não apenas as cadeias de montanhas e seus cumes, mas também o sopé dessas montanhas; não meramente as alturas e as profundidades da superfície, mas toda a massa continental".

Por volta de 1900, a maioria dos historiadores alemães não pensava em ir além de Ranke. Quando estava conduzindo seus famosos estudos da relação entre o protestantismo e o capitalismo, Max Weber pôde fazer uso do trabalho de alguns colegas interessados em problemas semelhantes, porém talvez seja significativo o fato de que os mais importantes, Werner Sombart e Ernst Troeltsch, ocupassem respectivamente cátedras de Economia e Teologia, não de História.

As tentativas, por parte de Lamprecht, de quebrar o monopólio da história política fracassaram. Nos Estados Unidos e na França, em especial, a campanha pela história social obteve, entretanto, respostas mais favoráveis. Na década de 1890, o historiador norte-americano Frederick Jackson Turner lançou um ataque à História tradicional semelhante ao de Lamprecht. "Todas as esferas da atividade humana devem ser consideradas", escreveu ele. "Nenhum setor da vida social pode ser entendido isoladamente dos outros."

Tal como Lamprecht, Turner impressionou-se com a Geografia Histórica de Ratzel. Seu ensaio, "The Significance of the Frontier in American History" ["A Importância da Fronteira na História Norte-Americana"], constituiu uma interpretação polêmica, mas que marcou época, das instituições norte-americanas como resposta a um meio ambiente social e geográfico específico. Em outro trabalho (1893/1976), o autor examinou a importância na história norte-americana daquilo que ele denominou "seções", ou seja, regiões, como a Nova Inglaterra ou o Meio-Oeste, que tinham interesses econômicos e recursos próprios (Turner, 1893). Um contemporâneo de Turner, James Harvey Robinson, era outro pregador eloquente do que ele chamou de "a Nova História", uma História que estaria interessada em todas as atividades humanas e trabalharia com as ideias da Antropologia, da Economia, da Psicologia e da Sociologia.

Na França, os anos 1920 testemunharam um movimento rumo a um "novo tipo de História", conduzido por dois professores da Universidade de Estrasburgo, Marc Bloch e Lucien Febvre. A revista fundada por eles, *Annales d'Histoire Économique et Sociale* [Anais de História Econômica e Social], fez críticas implacáveis a historiadores tradicionais. Febvre e Bloch, a exemplo de Lamprecht, Turner e Robinson, opunham-se ao predomínio da história política. Ambicionavam substituí-la por algo a que se referiam como uma "História mais ampla e mais humana", que abrangeria todas as atividades humanas e estaria menos preocupada com a narrativa de eventos do que com a análise das "estruturas", termo que desde então se tornou o preferido dos historiadores franceses da chamada "Escola dos Annales" (Burke, 1990).

Febvre e Bloch queriam que os historiadores aprendessem com as disciplinas mais próximas, embora diferissem em preferências. Ambos se interessavam por linguística; ambos leram os estudos sobre a "mentalidade primitiva" de autoria do filósofo e antropólogo Lucien Lévy-Bruhl. Febvre interessava-se, em especial, por Geografia e Psicologia. No que diz respeito à teoria psicológica, o autor concordava com o amigo Charles Blondel e rejeitava Freud. Febvre estudou a "antropogeografia" de Ratzel, porém não aceitou seu determinismo, preferindo a abordagem "possibilista" do grande geógrafo francês Vidal de la Blache; tal abordagem destacava tudo o que o meio ambiente possibilitava que os homens fizessem, e não o que o meio os impedia de fazer. Bloch, por seu lado, estava mais próximo da Sociologia de Émile Durkheim e sua escola (principalmente Maurice Halbwachs, autor de um estudo famoso sobre a estrutura social da memória). Compartilhava do interesse de Durkheim pela coesão social e pelas representações coletivas, bem como de seu comprometimento com o método comparativo.

Bloch sucumbiu diante de um pelotão de fuzilamento alemão em 1944, mas Febvre sobreviveu à Segunda Guerra Mundial para assumir o comando do *establishment* histórico francês. Na verdade, como diretor da reconstruída École de Hautes Études en Sciences Sociales, conseguiu não só incentivar a cooperação interdisciplinar como dar à História uma posição de hegemonia entre as Ciências Sociais. As políticas de Febvre tiveram continuidade com seu sucessor Fernand Braudel. Além de ter escrito um livro com grande possibilidade de ser considerado o mais importante trabalho histórico do século XX, Braudel era versado em Economia e Geografia e acreditava firmemente em um mercado comum das Ciências Sociais. Em sua opinião, a História e a Sociologia deveriam ficar bastante próximas, porque os praticantes de ambas as disciplinas tentam, ou deveriam tentar, ver a experiência humana como um todo (Braudel, 1958).

Também em outros países era possível encontrar historiadores sociais de orientação teórica na primeira metade do século XX. O brasileiro Gilberto Freyre, por exemplo, que estudou nos Estados Unidos com o antropólogo Franz Boas, poderia ser descrito igualmente bem como sociólogo ou historiador social. Esse autor é mais conhecido por sua trilogia sobre a história social do Brasil, *Casa-grande e senzala* (1933), *Sobrados e mucambos* (1936) e *Ordem e progresso* (1959). O trabalho de Gilberto Freyre é polêmico e, muitas vezes, tem sido criticado pela tendência a identificar a história de sua região, Pernambuco, com a história de todo o país, por considerar toda a sociedade do ponto de vista da "casa-grande" (sobretudo, embora não exclusivamente, dos homens da casa-grande) e por subestimar o grau de conflito das relações raciais no Brasil.

A originalidade do autor, entretanto, coloca-o na mesma classe que Braudel (com quem manteve vários debates enquanto este lecionava na Universidade de São Paulo, no fim da década de 1930). Gilberto Freyre foi um dos primeiros a discutir temas como a história do idioma, a história da comida, a história do corpo, a história da infância e a história da habitação como partes da análise integrada de uma sociedade passada. Também foi pioneiro na utilização de fontes, valendo-se de jornais para escrever história social e adaptando a pesquisa social a seus objetivos históricos. Para o terceiro volume sobre a história do Brasil, que tratava dos séculos XIX e XX, ele enviou questionários a várias centenas de indivíduos nascidos entre 1850 e 1900, que supostamente representariam os principais grupos existentes na nação (Freyre, 1959).

## A convergência da teoria com a História

Não houve nenhum período em que os historiadores e os teóricos sociais perdessem o contato por completo, como se verá mediante alguns exemplos. Em 1919, o grande historiador holandês Johan Huizinga publicou *Declínio da Idade Média*, um estudo da cultura dos séculos XIV e XV que faz uso das ideias de antropólogos sociais (Bulhof, 1975). Em 1929, a nova revista *Annales d'Histoire Économique et Sociale* incluiu o geógrafo político André Siegfried e o sociólogo Maurice Halbwachs em seu conselho editorial, ao lado dos historiadores. Em 1939, o economista Joseph Schumpeter publicou seu estudo baseado em informações históricas sobre ciclos comerciais, e o sociólogo Norbert Elias lançou o livro *O processo civilizador*, hoje considerado um clássico. Em 1949, o antropólogo Edward Evans-Pritchard, eterno defensor de relações estreitas entre a Antropologia e a História, publicou uma história dos Sanusi da Cirenaica.

Na década de 1960, contudo, os lançamentos multiplicaram-se. Livros como *The Political Systems of Empires* [Os Sistemas Políticos dos Impérios] (1963), de Shmuel N. Eisenstadt, *The First New Nation* [A Primeira Nova Nação] (1963), de Seymour M. Lipset, *The Vendée* [A Vendeia] (1964), de Charles Tilly, *Origens sociais da ditadura e da democracia* (1966), de Barrington Moore, e *Guerras camponesas* (1969), de Eric Wolf – para citar apenas alguns dos exemplos mais conhecidos –, expressaram e estimularam um sentido de objetivo comum entre os teóricos sociais e os historiadores sociais (Skocpol, 1984, p.85-128; Smith, 1991, p.22-5, 59-61).

A partir dessa época, a tendência continuou. Um número crescente de antropólogos sociais, notadamente Clifford Geertz (1980) e Marshall Sahlins (1989), deram a seus estudos sobre Bali, Havaí e outros lugares uma dimensão histórica. Um grupo de sociólogos britânicos, em especial Ernest Gellner, John Hall e Michael Mann, reativou o projeto do século XVIII em prol de uma "História filosófica", no sentido de um estudo da História geral na tradição de Adam Smith, Karl Marx e Max Weber, com o objetivo de "distinguir diferentes tipos de sociedade e explicar as transições de um tipo para outro" (Hall, 1985, p.3).[4] Em escala semelhante se encontra a obra do antropólogo Eric Wolf, *A Europa e os povos sem história* (1982), um estudo da relação entre a Europa e o resto do mundo desde 1500.

As expressões "Sociologia histórica", "Antropologia histórica", "Geografia histórica" e (bem menos frequente) "Economia histórica" passaram a ser utilizadas para descrever tanto a incorporação da História nessas disciplinas como a incorporação destas nos estudos históricos (Kindleberger, 1990). A convergência para o mesmo território intelectual leva, eventualmente, a disputas de territórios (por exemplo, onde acaba a Geografia histórica e começa a história social?) e até mesmo à criação de termos diferentes para descrever os mesmos fenômenos; no entanto, também permite que diferentes conhecimentos e pontos de vista sejam explorados em uma iniciativa comum.

Há motivos óbvios para uma relação cada vez mais estreita entre a História e a teoria social. Na década de 1960, a mudança social acelerada praticamente se impôs à atenção dos sociólogos e antropólogos, alguns dos quais se voltaram para as áreas de seu trabalho de campo original, encontrando-as transformadas pela inserção em um sistema econômico mundial. Demógrafos, ao estudarem a explosão demográfica mundial, e economistas ou sociólogos, ao analisarem as condições de desenvolvimento agrícola e industrial dos países do Terceiro Mundo, viram-se examinando as mudanças ao longo

---

[4] A esse respeito, ver também Abrams (1982).

do tempo – ou seja, a História – e alguns deles foram tentados a estender suas investigações ao passado mais remoto.

Nesse ínterim, houve uma transferência de interesse por parte dos historiadores em todo o mundo, deslocando-se da história política tradicional (a narrativa das ações e das políticas dos dirigentes) para a história social. Nas palavras de um crítico dessa tendência, "o que se situava no centro de interesse da profissão agora se encontra na periferia" (Himmelfarb, 1987, p.4). Por quê? A explicação talvez possa ser sociológica. Para se orientarem em um período de rápida mudança social, muitas pessoas sentem a necessidade crescente de encontrar suas raízes e de renovar os laços com o passado, em especial o passado de sua comunidade – a família, a pequena cidade ou aldeia, a profissão, o grupo étnico ou religioso.

O prefácio a este livro sugere que são muito bem-vindas tanto a "virada teórica" por parte de alguns historiadores sociais quanto a "virada histórica" de alguns teóricos. Em um texto famoso, o filósofo do século XVII Francis Bacon formulou críticas igualmente incisivas aos empiristas, que, como formigas, simplesmente coletavam dados, e aos teóricos puros – aranhas cujas teias se originavam de seu próprio interior. Bacon recomendava o exemplo da abelha, que não se limita a procurar matéria-prima; também a transforma. A parábola aplica-se tanto à história da pesquisa social e histórica quanto à história das ciências naturais. Sem combinar a História com a teoria, é provável que não consigamos entender nem o passado nem o presente.

Há, claro, mais do que um modo de aliar a História à teoria. Alguns historiadores aceitaram uma teoria específica e tentaram adotá-la em seu trabalho, como é o caso de muitos marxistas. Como exemplo das tensões – às vezes frutíferas – inerentes a tal iniciativa, poder-se-ia examinar a trajetória intelectual de Edward Thompson, que algumas vezes se descreveu como um "empirista marxista" (Kaye; McClelland, 1990).

Outros historiadores estão mais interessados em teorias do que comprometidos com elas. Valem-se delas para tomar conhecimento dos problemas, em outras palavras, para encontrar as perguntas, e não para respondê-las. A leitura de Malthus, por exemplo, estimulou alguns historiadores contrários aos pontos de vista dele a examinar a relação em constante mudança entre a população e os meios de subsistência. Esse tipo de interesse na teoria vem enriquecendo a prática da História, sobretudo no decorrer da última geração.

Apesar disso, é justo acrescentar que não estamos vivendo em uma era intelectual dourada. Como costuma acontecer na história do esforço intelectual, têm surgido problemas novos com as tentativas de solucionar os antigos. De fato, já se argumentou que "convergência" é a palavra errada para expressar a relação em constante mudança entre a História e a Sociologia; que ela é "simples demais e muito leve para fazer justiça a uma relação tão difícil e inextricável" (Abrams, 1982, p.4). A essa objeção, poder-se-ia responder: convergência é, realmente, um termo bastante modesto que sugere apenas a aproximação das duas partes. Não nos diz nada sobre encontro, muito menos sobre acordo.

Às vezes, na verdade, a aproximação leva ao conflito. Quando o sociólogo norte-americano Neil Smelser publicou seu livro *Social Change in the Industrial Revolution* [Mudança Social na Revolução Industrial] (1959) com uma análise da estrutura familiar e das condições de trabalho dos tecelões de Lancashire no início do século XIX – ao mesmo tempo, fazendo críticas veladas ao marxismo –, provocou a ira de Edward Thompson, que denunciou a incapacidade da "Sociologia" de compreender que "classe" é um termo referente ao processo, e não à estrutura (Thompson, 1963, p.10).[5]

Também houve momentos nos últimos anos em que historiadores e antropólogos, em vez de convergirem, pareciam estar disputando uma corrida, como dois trens em linhas paralelas. Por exemplo, os historiadores descobriam as explicações funcionais mais ou menos na época em que os antropólogos já demonstravam insatisfação com elas (Thomas, 1971; Geertz, 1975). Inver-

---

[5] A esse respeito, ver também Smith (1991, p.14-6, 162).

samente, os antropólogos estão descobrindo a importância dos eventos quando muitos historiadores já abandonaram a *histoire événementielle* para se dedicar ao estudo das estruturas subjacentes (Sahlins, 1985, p.72).

Para complicar ainda mais a situação, hoje há muito mais tipos de teoria do que antes disputando a atenção dos intelectuais. Os historiadores sociais, por exemplo, não têm condições de se ater somente à Sociologia e à Antropologia social. Precisam, ao menos, considerar a possibilidade de que outras formas de teoria sejam pertinentes a seu trabalho. Com a Geografia, velha aliada, mas também uma disciplina que vem mudando rapidamente nos últimos anos, os historiadores podem aprender a encarar o espaço ou o "poder do lugar" com mais seriedade, quando estudam as cidades, as fronteiras ou os "fluxos" culturais (Agnew; Duncan, 1989; Amin; Thrift, 2002). A Teoria Literária agora também se impõe aos historiadores, bem como aos sociólogos e antropólogos sociais, estando todos cada vez mais cientes da existência de convenções literárias em seus textos, regras por eles seguidas mesmo sem perceberem (White, 1973; Clifford; Marcus, 1986; Atkinson, 1990).

Vivemos em uma era de linhas indefinidas e fronteiras intelectuais abertas, uma era instigante e, ao mesmo tempo, confusa. Podem-se encontrar referências a Mikhail Bakhtin, Pierre Bourdieu, Fernand Braudel, Norbert Elias, Michel Foucault e Clifford Geertz nos trabalhos de arqueólogos, geógrafos e críticos literários, assim como de sociólogos e historiadores. O surgimento do discurso compartilhado entre alguns historiadores e sociólogos, alguns arqueólogos e antropólogos, e assim por diante, coincide com um declínio do discurso comum no âmbito das Ciências Sociais e humanidades e, a bem da verdade, dentro de cada disciplina.

Mesmo uma subdisciplina como a História Social agora está correndo o risco de dividir-se em dois grupos, um deles preocupado com as principais tendências, o outro, com estudos de caso de pequena magnitude. Na Alemanha, em especial, os dois grupos estão ou estavam em conflito, com os chamados "historiadores societais" (*Gesellschaftshistoriker*) como Hans-Ulrich Wehler, de um lado, e os praticantes de "micro-história", como Hans Medick, de outro.

Apesar dessa tendência à fragmentação, é surpreendente notar quantos dos debates fundamentais acerca de modelos e métodos são comuns a mais de uma disciplina. O exame desses debates constitui o objetivo do próximo capítulo.

# 2
# Modelos e métodos

Este capítulo é dedicado a quatro abordagens genéricas comuns a várias disciplinas, mas altamente polêmicas em algumas delas. Trata sucessivamente de comparação, uso de modelos, métodos quantitativos e, por fim, emprego do "microscópio" social.

## Comparação

A comparação sempre ocupou um lugar central em teoria social. Na verdade, Durkheim declarou que "a Sociologia comparativa não é um ramo específico da Sociologia; é a própria Sociologia". O autor destacou o valor do estudo da "variação concomitante", em particular, como uma espécie de "experimento indireto" que permitia ao sociólogo passar da descrição de uma sociedade para a análise dos fatores que a levam a assumir uma determinada forma.

Durkheim distinguiu e defendeu dois tipos de comparação. Primeiro, comparações entre sociedades que fundamentalmente têm a mesma estrutura ou, como dizia ele em metáfora biológica elucidativa, que são "da mesma espécie"; segundo, comparações entre sociedades basicamente diferentes (Durkheim, 1895).[1] A influência de Durkheim em Linguística e Literatura Comparada, sobretudo na França, é bastante evidente.

Os historiadores, por outro lado, tenderam a rejeitar a comparação, alegando estarem interessados no específico, no único, no que não se repete. A essa objeção clássica há, contudo, uma resposta também clássica dada por Max Weber em 1914 ao historiador Georg von Below, durante um debate sobre história urbana: "Estamos absolutamente de acordo em que a História deva estabelecer o que é específico, digamos, à cidade medieval; mas isso só é possível se primeiro encontrarmos o que está faltando nas outras cidades (antigas, chinesas, islâmicas)" (Below apud Roth, 1976, p.307).

O que o sociólogo norte-americano Reinhard Bendix (1967) chama de "concepções de contraste" é fundamental para a abordagem comparativa. É apenas graças a comparações que podemos ver o que não havia: ou seja, entender a significação de determinada ausência, como a da noção de pecado na cultura chinesa. Foi esse o ponto central do famoso ensaio de Werner Sombart, "Por que não há socialismo nos Estados Unidos?" (como o de estudos posteriores sobre a ausência de feudalismo na África, marxismo na Grã-Bretanha e futebol nos EUA) (Goody, 1969; McKibbin, 1984). Também foi esta a estratégia subjacente ao próprio ensaio de Weber acerca da cidade, o qual defendia que a cidade verdadeiramente autônoma só poderia ser encontrada no Ocidente (Sombart, 1906; Weber, 1920, v.III, p.1212-374; Milo, 1990). O que esses exemplos implicam é que as duas abordagens, a que particulariza e a que generaliza (ou histórica e teórica), se completam e ambas dependem da comparação, explícita ou implícita. Certa vez, o historiador norte-americano Jack Hexter (1979, p.242) dividiu os intelectuais em *lumpers*[2] e *splitters*.[3] Segundo ele, os *splitters*, mais perspicazes,

---
[1] A esse respeito, ver Béteille (1991).
[2] Taxinomistas que classificam as espécies segundo divisões mais grosseiras. (N.T.)
[3] Taxinomistas que classificam as espécies segundo divisões mais sutis. (N.T.)

são superiores aos *lumpers*, que consideram fenômenos diferentes como pertencentes a um mesmo bloco. Ninguém, é claro, deseja ser um *lumper* ignorante, incapaz de estabelecer distinções refinadas, mas ver como diferem entre si fenômenos aparentemente semelhantes. De qualquer modo, sem comparações é impossível saber onde fazer a divisão.

Entre os primeiros historiadores a seguirem a orientação de Durkheim e Weber, estavam Marc Bloch e Otto Hintze. Este último aprendeu o método comparativo com Weber, embora restringisse sua análise à Europa. Concentrou-se no desenvolvimento, em diferentes Estados europeus, do que Weber denominou formas "legais-racionais" ou "burocráticas" de governo, observando, por exemplo, a importância do surgimento do *commissarius*, um funcionário que não comprara seu cargo (como costumava acontecer nos primórdios da Idade Moderna na Europa) e era, portanto, amovível de acordo com a vontade do rei (Hintze, 1975, p.267-301).

Marc Bloch, por sua vez, aprendeu o método comparativo com Durkheim e seus seguidores, em especial o linguista Antoine Meillet (Sewell, 1967; Rhodes, 1978; Atsma; Burguière 1990, p.255-334). Bloch definiu o método de modo semelhante ao deles, diferenciando as comparações entre "vizinhos" e as comparações entre sociedades distantes umas das outras no tempo e no espaço. O autor defendeu a comparação com base nos mesmos fundamentos, porque permitia ao historiador "obter um avanço real na instigante busca das causas" (Bloch, 1928).[4]

Dois dos estudos comparativos de Bloch, em especial, são famosos. *Os reis taumaturgos* (1924) era uma comparação entre vizinhos, a Inglaterra e a França, os dois países cujos governantes teriam o poder de curar da escrófula pelo toque no doente. *A sociedade feudal* (1939-1940) estudou a Europa medieval, mas também incluiu uma seção sobre o Japão. Bloch observou as semelhanças na condição

---

[4] A esse respeito, ver Détienne (1999).

dos cavaleiros e dos samurais, porém, também ressaltou a diferença entre a obrigação unilateral que vinculava o samurai ao seu mestre ou senhor e a obrigação bilateral entre o senhor feudal e o vassalo na Europa, onde a parte subordinada tinha direito à rebelião se a parte hierarquicamente superior não cumprisse seu papel no pacto (Anderson, 1974, p.435-61).

Após a Segunda Guerra Mundial, os estudos comparativos ganharam impulso, principalmente nos Estados Unidos, com o surgimento de subdisciplinas como o desenvolvimento da Economia, da Literatura e da Política comparativas. A fundação da revista *Comparative Studies in Society and History* [Estudos Comparativos de Sociedade e História], em 1958, fez parte da mesma tendência (Atsma; Burguière 1990, p.323-34). Embora muitos historiadores profissionais ainda desconfiem da comparação, é possível apontar algumas áreas em que o método se mostrou bastante proveitoso.

Em história econômica, por exemplo, o processo da industrialização é visto frequentemente de uma perspectiva comparativa. Na esteira do sociólogo Thorstein Veblen, que publicou um ensaio sobre a Alemanha e a revolução industrial, os historiadores procuraram saber se outras nações em fase de industrialização seguiram o modelo inglês, ou dele divergiram, e se os retardatários, como a Alemanha e o Japão, desfrutaram de vantagens sobre os predecessores (Veblen, 1915; Rostow, 1958; Gershenkron, 1962).

No caso da história política, é o estudo comparativo das revoluções que vem despertando maior interesse. Entre os trabalhos mais conhecidos desse gênero, estão a análise, elaborada por Barrington Moore (1966), das "origens sociais da ditadura e da democracia", que vai da Inglaterra do século XVII ao Japão do século XIX; o estudo de Theda Skocpol (1979) sobre a França em 1789, a Rússia em 1917 e a China em 1911, como três casos que "revelam padrões causais semelhantes"; e, mais recentemente, o livro de Jack Goldstone (1991) sobre a revolução e a rebelião nos primórdios da Europa moderna, no Império Otomano e na China.

Moore faz um uso particularmente efetivo da comparação como meio de testar as explicações genéricas (ele tem interesse pelo que não se encaixa, assim como Weber se interessa pelo que não está lá). Em suas próprias palavras:

> As comparações podem funcionar para uma verificação negativa aproximada das explicações históricas aceitas [...] após se tomar conhecimento das consequências desastrosas para a democracia de uma coalizão entre as elites industriais e agrárias na Alemanha durante o século XIX e no início do século XX – a famosa aliança entre o ferro e o centeio –, fica-se perguntando por que uma aliança semelhante entre o ferro e o algodão não impediu a Guerra Civil nos Estados Unidos (Moore, 1966, p.xiii-xiv).

Na história intelectual, a abordagem comparativa tem sido usada com considerável frequência na história da ciência. Joseph Needham, por exemplo, um bioquímico que se tornou sinólogo, dedicou-se a explicar por que a China não conseguiu fazer uma revolução científica, ao passo que Geoffrey Lloyd comparou e contrastou os modos de entender o mundo na Grécia e na China (Needham, 1969; Lloyd, 2002).[5]

Na história social, o estudo comparativo do feudalismo inspirado por Marc Bloch continua a florescer, com análises sobre a Índia e a África, bem como acerca da Europa e do Japão. A sugestão feita pelo antropólogo britânico Jack Goody (1969) de que foi a mosca tsé-tsé que, ao atacar cavalos, impediu o desenvolvimento de qualquer coisa parecida com o feudalismo na África Ocidental é um dos mais fascinantes estudos sobre "o que está faltando", como dizia Weber.

Padrões comparativos de casamentos são o tema de um estudo famoso do demógrafo John Hajnal, que contrasta o sistema europeu ocidental do casamento tardio, vinculado ao estabelecimento de um lar e uma família independente para os recém-casados, com as práticas predominantes no resto do mundo. Por sua vez, Hajnal (1965)

---

[5] Ver, a esse respeito, Huff (1993).

fomentou outros estudos comparativos, notadamente um ensaio de Goody (1983), cuja argumentação sustenta que o sistema europeu ocidental foi criação da Igreja medieval, que desencorajava casamentos entre parentes para aumentar as possibilidades de receber herança das pessoas solteiras. Valendo-se de uma estratégia muito parecida com a de Weber, também o antropólogo histórico Alan Macfarlane publicou uma série de estudos que procuram definir a "anglicidade" da sociedade inglesa (individualismo, baixa propensão à violência, cultura especialmente compatível com o capitalismo etc.) mediante comparações e contrastes com outras partes da Europa, da Polônia à Sicília (Macfarlane 1979, 1986, 1987).

Não seria difícil acrescentar mais exemplos a essa pequena relação; entretanto, talvez esses já sejam suficientes para demonstrar que a História Comparativa tem a seu crédito várias realizações importantes. Também apresenta seus riscos, dois em especial.

Em primeiro lugar, há o risco de aceitar muito facilmente a premissa de que as sociedades "evoluem" de acordo com uma sequência inevitável de estágios. O método comparativo de Marx, Comte, Spencer, Durkheim e outros estudiosos do século XIX consistia essencialmente em identificar o estágio alcançado por uma sociedade específica, em colocá-lo na escada da evolução social. Para muitos acadêmicos da atualidade, tal premissa não é mais defensável.[6] Então, o problema é fazer análises comparativas que não sejam evolucionistas nem estáticas – como costumavam ser as de Weber –, porém levar em conta os diferentes caminhos que as sociedades podem seguir, suas "trajetórias", como as chama o historiador marxista inglês Perry Anderson (1974, p.417).

Em segundo lugar, existe o risco do etnocentrismo. Pode parecer estranho apontar tal risco, uma vez que a análise comparativa há muito vem sendo associada com o conhecimento cada vez maior das

---

[6] Ver, no capítulo 5 "Teoria social e mudança social", a seção "O modelo de Spencer".

culturas não ocidentais por parte dos estudiosos do Ocidente. Ainda assim, esses acadêmicos, muitas vezes, consideram o Ocidente uma norma da qual divergem as outras culturas.

O caso do "feudalismo" no reino indiano do Rajastão, por exemplo, é uma lição de cautela de que futuros historiadores comparativos não devem se esquecer. Em 1829, James Tod, um funcionário a serviço da East India Company, apresentou ao público o trabalho por ele chamado de "Sketch of a Feudal System in Rajasthan" ["Esboço de um Sistema Feudal no Rajastão"]. Com base na obra recente do historiador Henry Hallam, *View of the State of Europe during the Middle Ages* [*Visão do Estado Europeu durante a Idade Média*] (1818), Tod ressaltou analogias relativamente superficiais entre as duas sociedades. Obcecado com Hallam, não conseguiu notar a importância maior dos relacionamentos familiares entre "senhores" e "vassalos" no caso indiano (Thorner, 1956; Mukhia, 1981; Peabody, 1996).

Outro problema é o de decidir exatamente o que e com o que comparar. Os comparatistas do século XIX, como o antropólogo James Frazer, concentraram a atenção em semelhanças entre características ou costumes culturais específicos, ignorando o contexto social desses costumes, que muitas vezes era bastante diferente. Por isso, as análises desses comparatistas, bem como a de Tod, foram tachadas de superficiais (Leach, 2000).

Qual é a alternativa? Os funcionalistas[7] diriam que os verdadeiros objetos de estudo são os "equivalentes funcionais" nas diferentes sociedades. O sociólogo norte-americano Robert Bellah, por exemplo, ao observar a discrepância entre o progresso econômico japonês (no início do século XVII) e a hipótese de Weber sobre a relação entre o capitalismo e o protestantismo, sugeriu que certo tipo de budismo japonês exerça função análoga por incentivar um *ethos* de trabalho árduo e prosperidade semelhante à "ética protestante" (Bellah, 1959).

---

[7] Ver, no capítulo 4 "Problemas centrais", a seção "Funcionalismo".

Ao procurarmos a solução para um problema, contudo, deparamo-nos com outros. O conceito de um "equivalente funcional" faz parte de um pacote intelectual, o "funcionalismo", que está sujeito a críticas.[8] De qualquer forma, exemplos de equivalentes funcionais nem sempre são tão claros quanto o de Bellah. Como decidir o que é análogo? Os críticos dessa abordagem gostam de dizer que "não podemos comparar maçãs com laranjas". Mas quem decide o que deve ser tido como laranja e o que deve ser tido como maçã no estudo da sociedade?

Os comparatistas enfrentam um dilema. Ao compararmos características culturais específicas, fixamo-nos em algo preciso, podendo notar sua presença ou ausência, mas corremos o risco de superficialidade. Já a busca por análogos leva a comparações entre sociedades inteiras. Como fazer, entretanto, uma comparação proveitosa entre sociedades que apresentam tantas diferenças entre si?

Os problemas da comparação com maior abrangência tornam-se aparentes se examinarmos um exemplo famoso: o enorme estudo de Arnold Toynbee, *Um estudo da história* (1935-1961).[9] A unidade de comparação utilizada por Toynbee era toda uma "civilização", e o autor distinguiu cerca de vinte dessas civilizações na História Geral. Logicamente, ele foi obrigado a reduzir cada civilização a um pequeno conjunto de características para possibilitar a comparação. Além disso, como seus críticos logo apontaram, Toynbee também teve de criar barreiras artificiais entre as civilizações.

Para dificultar ainda mais as coisas, o autor não dispunha de um aparato conceitual adequado a um trabalho tão ambicioso. Como Pascal, que descobriu a geometria sozinho ainda criança, ele criou os próprios conceitos, como "desafio e resposta", "retirada e retorno" ou "proletariado externo" – uma adaptação engenhosa de Marx para explicar as incursões dos "bárbaros" nos impérios –, mas tudo isso

---

[8] Ver, no capítulo 4 "Problemas centrais", a seção "Funcionalismo".
[9] Ver, a respeito desse estudo, McIntire e Perry (1989) e McNeill (1989).

não foi suficiente para sua enorme tarefa. É difícil resistir à conclusão de que uma maior familiaridade com a teoria social da época teria auxiliado Toynbee em sua análise. Por exemplo, Durkheim ter-lhe-ia apresentado os problemas da comparação; Norbert Elias, a ideia de civilização como processo e Weber, a utilização de modelos e tipos.

## Modelos e tipos

Uma definição preliminar de "modelo" poderia ser: construção intelectual que simplifica a realidade com o objetivo de entendê-la. Como um mapa, sua utilidade depende da completa omissão de alguns elementos da realidade. Também transforma seus elementos limitados ou "variáveis" em um coerente sistema interno de partes interdependentes. Até aqui, "modelo" foi descrito de forma tal que permita a afirmação de que mesmo os historiadores, com seu compromisso com o particular, lançam mão de modelos o tempo todo. Uma análise narrativa da Revolução Francesa, por exemplo, é um modelo, no sentido de que se destina a simplificar eventos e destacar sua coerência, a fim de fazer um relato inteligível.

Provavelmente, entretanto, é mais útil empregar o termo "modelo" de forma mais restrita. Vamos acrescentar outro elemento a esse "modelo de modelo" e dizer que é uma construção intelectual simplificadora da realidade para salientar o recorrente, o geral e o típico, apresentados na forma de conjuntos de características ou atributos. Modelos e "tipos" tornam-se, portanto, sinônimos, o que talvez seja apropriado, uma vez que *typos* é o termo grego para "molde" ou "modelo" e Max Weber escreveu sobre "tipos ideais" (*Idealtypen*) para designar o que os sociólogos modernos denominariam "modelos" (Weber, 1920, V.i, p.212-301). "Revolução", mas não "Revolução Francesa", constitui exemplo de um modelo no sentido em que esse termo será usado de agora em diante.

Um exemplo que se repetirá nestas páginas é o de dois modelos contrastantes de sociedade, o "consensual" e o "conflituoso". O "modelo consensual", associado a Émile Durkheim, destaca a importância dos vínculos sociais, da solidariedade social, da coesão social. O "modelo conflituoso", relacionado com Karl Marx, dá ênfase à ubiquidade da "contradição e do conflito social". Ambos os modelos são simplificações, naturalmente. Também parece óbvio, pelo menos para este escritor, que os dois modelos contêm ideias importantes. É impossível encontrar uma sociedade em que não existam conflitos, do mesmo modo que, sem a existência da solidariedade, não haveria sociedade. Ainda assim, como tentarei demonstrar nas seções adiante, não é difícil achar sociólogos e historiadores que trabalham com um desses modelos e, aparentemente, se esquecem do outro.

Alguns historiadores negam a utilização de modelos e declaram, como temos visto, que seu trabalho é estudar o particular, especialmente o evento único, e não generalizar. Na prática, porém, a maioria deles faz uso de modelos sem perceber, como Monsieur Jourdain, de Molière, fazia prosa. Por exemplo, é comum fazerem afirmações genéricas sobre sociedades específicas. O famoso ensaio de Burckhardt *A civilização do renascimento italiano* (1860) dizia respeito explicitamente ao "recorrente, o constante, o típico". Em seu livro *Structure of Politics at the Accession of George III* [Estrutura da Política na Elevação ao Trono de Jorge III] (1928), Lewis Namier estudou "por que os homens ingressavam no Parlamento" na Inglaterra do século XVIII. No século passado, ou por volta dele, os historiadores encontravam dificuldades para evitar termos genéricos como "feudalismo" e "capitalismo", "Renascimento" ou "Iluminismo". Evitando a palavra "modelo", não raro se permitiram falar sobre um "sistema" – a expressão "o sistema feudal" remete ao século XVIII – ou sobre a forma "clássica" ou de "manual" de um fenômeno como o solar medieval.

Em ensaio famoso e polêmico, o historiador da economia alemão Werner Sombart (1929) disse aos colegas de profissão que eles precisavam tomar conhecimento da teoria econômica, pois esse era o caminho pelo qual poderiam passar do estudo de fatos isolados ao estudo dos sistemas (Hicks, 1969). Em geral, esses sistemas são discutidos sob a forma de modelos simplificados. Assim, os historiadores da economia usam o termo "mercantilismo", embora, como afirmou o erudito sueco Eli Heckscher, "o mercantilismo nunca tenha existido no sentido em que Colbert ou Cromwell existiram". Trata-se de um modelo, um dos dois modelos utilizados por Adam Smith na *Riqueza das nações,* em seus famosos contrastes entre o "sistema agrícola" e o "sistema mercantil" (Heckscher, 1931, p.1).

O "capitalismo" é outro modelo sem o qual fica muito difícil trabalhar. O mesmo ocorre com a "economia camponesa", analisada em um clássico estudo de Alexander Chayanov (1925).[10] A cidade-Estado é mais um tipo de organização econômica que tem sido descrito sob a conveniente forma de um modelo com ênfase nas características recorrentes. Por exemplo, o predomínio político da cidade sobre o interior ao seu redor está frequentemente relacionado com a exação de uma cota de alimentos a baixo preço, porque o governo da cidade tem mais medo de levantes urbanos decorrentes da falta de alimentos do que de uma revolta de camponeses (Hicks, 1969, p.42ss.).[11]

A história cultural é, à primeira vista, o terreno menos promissor para o emprego de modelos, e, no entanto... O que são termos como "Renascimento", "Barroco" ou "Romântico" se não forem os nomes de conjuntos de características? Tomemos o caso de "Puritanismo". Parafraseando Heckscher, poderíamos dizer que o Puritanismo nunca existiu no sentido em que os pregadores protestantes Richard Sibbes ou John Bunyan existiram, mas pode ser útil usar a expressão para nos referirmos a uma constelação de características como a ênfase dada ao pecado original, a um Deus arbitrário, à predestinação, à moralidade ascética e à leitura fundamentalista da Bíblia. No caso dos primórdios da Inglaterra moderna, essa definição

---

[10] A respeito desse estudo, ver Kerblay (1970).
[11] A esse respeito, ver Burke (1986, p.140-2).

precisa é extremamente útil. Por outro lado, quem estiver interessado em comparações entre culturas (entre o Cristianismo e o Islã, por exemplo), faria bem em seguir o exemplo de Ernest Gellner e trabalhar com um conceito mais amplo de "puritanismo genérico" que inclua o ascetismo e o fundamentalismo, mas não, por exemplo, o pecado original (Gellner, 1981, p.149-73).

Voltando à política, vemos que muitos historiadores e sociólogos históricos acharam indispensável o modelo de "revolução", com frequência contrastando-o com a noção de "revolta" (definida como um protesto contra indivíduos ou abusos, e não como uma tentativa de mudar todo o sistema). Eles têm fornecido explicações semelhantes para revoluções extremamente distantes no espaço e no tempo. Alguns deles utilizam a famosa hipótese sociológica da "privação relativa", segundo a qual as revoluções não ocorrem em grande número quando os tempos estão ruins, mas, sim, quando eles pioram; ou, mais precisamente, quando há discrepância entre as expectativas de um grupo particular e sua percepção da realidade.

A socióloga Theda Skocpol argumentou que o que há de comum entre as revoluções francesa, russa e chinesa (porém as diferencia das revoltas de menos êxito) é a combinação de dois fatores: "intensificação das pressões" sobre o Estado por parte de "outros países mais desenvolvidos" e as estruturas agrárias que "facilitavam as revoltas generalizadas de camponeses contra os proprietários rurais". Esses Estados viam-se sob "pressões cruzadas", com a crescente concorrência internacional pelo poder, de um lado, e, de outro, as restrições impostas à resposta do governo pela estrutura político-econômica da sociedade (Skocpol, 1979).[12] Por outro lado, num estudo da Europa e da Ásia no começo do período Moderno, Jack Goldstone concluiu que as mudanças ecológicas foram fundamentais, levando a mudanças demográficas e também ao "colapso do Estado" (Goldstone, 1991).

---

[12] Essa argumentação foi criticada por Aya (1990, p.73-5, 90-2).

Voltando às comparações entre vizinhos: os historiadores muitas vezes tentam fazer generalizações sobre mudanças institucionais em países vizinhos em determinado período, cunhando frases como "as novas monarquias", "a revolução Tudor no governo", "o surgimento do absolutismo", "a revolução do século XIX no governo" e assim por diante. Do ponto de vista comparativo, todas essas mudanças se parecem mais com exemplos locais de estágios de transição do tipo de governo que Max Weber chamou de "patrimonial" para a espécie por ele denominada de "burocrático" (1920, v.III, p.956-1005).

Essa distinção weberiana inspirou um número considerável de pesquisas históricas sobre diferentes regiões, da América Latina à Rússia.[13] Uma abordagem comparativa em Mann (1993, p.444-78). Ela pode ser formulada segundo seis atributos comparados, da seguinte maneira:

|   | Sistema patrimonial | Sistema burocrático |
|---|---|---|
| 1. | áreas de jurisdição indefinidas | áreas fixas |
| 2. | hierarquia informal | hierarquia formal |
| 3. | treinamento e testes informais | treinamento e testes formais |
| 4. | funcionários de meio expediente | funcionários de período integral |
| 5. | instruções verbais | ordens escritas |
| 6. | parcialidade | imparcialidade |

Não é um contraste entre sistemas bons e maus, ou mesmo entre sistemas eficientes e ineficientes (embora o conceito de "eficiência" só possa surgir numa burocracia). O importante é que os dois sistemas "se encaixam" mais ou menos bem em tipos diferentes de sociedade; têm suas vantagens, mas também seu preço. A imparcialidade do sistema burocrático significa justiça no sentido de igualdade, mas também nivelação, um desinteresse institucionaliza-

---

[13] Amostras de pesquisas podem ser encontradas em Pintner e Rowney (1980) e Litchfield (1986).

do pelas diferenças entre indivíduos. Seguir regras pode aumentar a eficiência, mas também pode reduzi-la, mergulhando as pessoas em "papelada". A burocracia está associada ao que James Scott (1998) chama de "ver como um Estado", uma racionalização e padronização da informação a serviço de planos ambiciosos de mudança da sociedade que se combina com um desprezo pelo conhecimento local e não raro leva ao desastre.

Uma das razões para se suspeitar dos modelos da parte dos historiadores é a crença de que seu uso leve à indiferença em relação a mudanças ao longo do tempo. Algo que ocorre algumas vezes. Weber, por exemplo, foi, com justiça, criticado por ignorar as mudanças quando escreveu sobre o "puritanismo" como se esse sistema de valores tivesse permanecido uniforme desde João Calvino, no século XVI, a Benjamin Franklin, no século XVIII.

Os modelos, contudo, podem incorporar mudanças. Por exemplo, é possível concentrar-se não na burocracia, mas no processo de burocratização. Modelos antitéticos podem transformar-se em um modo útil de caracterizar complexos processos de mudança do feudalismo (digamos) ao capitalismo ou da sociedade pré--industrial à industrial. Tais rótulos, claro, são descritivos e nada dizem sobre como ocorre a mudança, mas há tentativas de identificar sequências típicas de mudanças, como no caso do modelo ou teoria da "modernização", que será discutido de forma detalhada mais adiante.[14]

Usar modelos sem admiti-lo ou sem estar cientes de seu estatuto lógico, às vezes, deixa os historiadores em dificuldades desnecessárias. Algumas polêmicas já conhecidas se baseiam na interpretação errônea que um historiador faz do modelo do outro, como dois estudos de caso podem sugerir: em primeiro lugar a outrora célebre controvérsia acerca do solar medieval entre sir Paul Vinogradoff e F. W. Maitland. Vinogradoff sugeriu que:

---

[14] Ver introdução do capítulo 5 "Teoria social e mudança social".

A estrutura do solar comum é sempre a mesma. Sob o comando do senhor feudal, encontramos duas camadas da população – os vilões, ou servos feudais, e os livres proprietários; consequentemente, o território ocupado divide-se em terra do domínio (*demesne land*) [cujos produtos iam diretamente para o senhor feudal] e "terra tributária" [...] Toda a população é agrupada em uma comunidade aldeã situada em torno da corte feudal, ou *halimote*, que funciona como conselho e tribunal. Minha investigação necessariamente se adaptará a essa organização típica (Vinogradoff, 1892, p.223-4).

Esse é o solar medieval "clássico", tal como desenhado em inúmeras lousas. Maitland (1897) – em uma crítica igualmente clássica – argumentou, entretanto, que "descrever um *manerium* típico é um feito impossível". Mostrou que cada uma das características do conjunto identificado por Vinogradoff estava ausente em alguns exemplos. Alguns solares não tinham vilões, outros não tinham livres proprietários, outros não tinham domínio, outros não tinham corte.

Maitland estava absolutamente certo nesse aspecto. Parece que Vinogradoff se sentia inseguro sobre o estatuto lógico de suas generalizações (observe-se a mudança de "sempre" na primeira sentença da citação para "típica" na última). No entanto, se estivesse consciente de que se valia de um modelo, talvez tivesse conseguido elaborar uma resposta eficaz às críticas de Maitland.

O importante é que se podem distinguir dois tipos de modelos, de acordo com os critérios de participação no grupo de entidades – neste caso, solares – a que o modelo se aplica. Termos técnicos tornam-se inevitáveis a esta altura, uma vez que precisamos diferenciar um grupo "monotético" de um grupo "politético" de entidades. Grupo monotético é aquele "definido de tal forma que a presença de um conjunto único de atributos é suficiente e necessária para configurar a participação". Um grupo politético, por outro lado, é um grupo no qual a participação não depende de um único atributo. O grupo é definido como um conjunto de atributos, de tal forma que cada entidade possua a maior parte dos atributos, e cada atributo seja comum à maior parte das entidades (Needham, 1975). Esta é a situação descrita pelo filósofo Ludwig Wittgenstein em termos de "ar de família".

Mães e filhos, irmãos e irmãs guardam semelhanças, embora estas não possam ser reduzidas a nenhuma característica essencial.

Vale a pena deixar claro que a crítica de Maitland a Vinogradoff pressupôs que este estivesse falando sobre todos os solares ou definindo o solar "típico" com referência a um grupo monotético. Vinogradoff poderia ter respondido a essa crítica dizendo que seu modelo era politético – se o conceito estivesse disponível. Caberia a ele, então, demonstrar que cada um dos atributos constantes de seu grupo era comum à maioria dos solares. Quando um historiador soviético fez um estudo estatístico sobre solares do século XIII na região de Cambridge, ele de fato descobriu que mais de 50% deles eram do tipo descrito por Vinogradoff, com domínio, terra explorada pelos vilões e propriedades livres (Kosminsky, 1956 [1935]).

Como um segundo exemplo, podemos voltar-nos para o modelo de "classe". Na maioria das sociedades, senão em todas, há desigualdades na distribuição da riqueza e outras vantagens, como *status* e poder. Descrever os princípios que governam essa distribuição e as relações sociais a que tais desigualdades dão origem é algo difícil de se fazer sem um modelo. Os mesmos atores sociais com frequência se valem de metáforas espaciais, quer quando falam de uma "escada" ou de uma "pirâmide" social, ou de classes "altas" e "baixas", quer quando descrevem indivíduos ou grupos que encaram os demais "de cima" ou "de baixo". O mesmo fazem os teóricos sociais. "Estratificação social" e "estrutura social (infraestrutura, superestrutura)" são metáforas tomadas da Geologia e da Arquitetura.

O mais conhecido modelo de estrutura social é com certeza o de Karl Marx, apesar do fato de o capítulo sobre "classe" no *Capital* consistir em não mais do que umas poucas linhas, seguidas pela frustrante nota editorial de que "aqui se interrompe o manuscrito". Tentativas foram feitas para suprir o capítulo faltante, reunindo fragmentos de outros escritos de Marx, como um quebra-cabeça (Dahrendorf, 1957, p.9-18). Para Marx, a classe é um grupo social com uma função particular no processo de produção. Proprietários de terras, capitalistas e trabalhadores que nada têm a não ser as mãos são as três grandes classes sociais, correspondendo aos três fatores de produção na economia clássica: terra, trabalho e capital. As diferentes funções dessas classes dão-lhes interesses conflitantes e torna provável que elas pensem e ajam de maneiras diferentes. Por isso a História é a história da luta de classes.

A crítica mais frequente a esse modelo é também a mais injusta: que ele simplifique as coisas. A função dos modelos é simplificar, para tornar o mundo real mais inteligível. O historiador social da Grã-Bretanha do século XIX, digamos, trabalhando com documentos oficiais tais como o censo, descobre que a população é descrita por um número estonteante de categorias de ocupação. Para fazer afirmações gerais acerca da sociedade britânica, é necessário descobrir um modo de reduzir essas categorias a outras mais amplas. Marx apresentou algumas categorias amplas, juntamente com uma explicação dos critérios adotados em sua escolha. Ofereceu à história social a "espinha dorsal" que por vezes ela foi acusada de não ter (Perkin, 1953). É verdade que ele deu ênfase às diferenças entre essas três classes, à custa de variações dentro de cada grupo, e que omitiu os casos marginais, como os trabalhadores autônomos, que não se encaixam facilmente nessas categorias, mas tais simplificações são de se esperar num modelo.

Mais problemático é que o modelo de Marx não seja tão claro e simples como parece. Os comentadores têm observado que ele se valeu do termo "classe" em diversos sentidos diferentes (Ossowski, 1963; Godelier, 1984, p.245-52). Em algumas ocasiões, ele distinguiu três classes: os proprietários de terra, capital e trabalho. Em outras ocasiões, porém, distinguiu apenas duas classes, os lados opostos no conflito entre exploradores e explorados, opressores e oprimidos. Marx por vezes se serve de uma definição ampla de classe, segundo a qual os escravos e plebeus romanos, os servos e jornaleiros, eram todos parte de uma mesma classe, oposta aos patrícios, senhores e patrões. Em outros momentos ele trabalha com uma definição estrita, segundo a qual os camponeses franceses não eram uma classe em 1850 por não terem consciência de classe – ou seja, um senso de solidariedade recíproca além das fronteiras regionais. Eram, segundo ele, um mero agregado de indivíduos ou famílias semelhantes, mas distintas, como "um saco de batatas".

A consciência de classe merece um exame um pouco mais aprofundado. A expressão implica que a classe seja uma comunidade quase no sentido durkheimiano. Temos, pois, de fazer a pergunta óbvia, se há ou não conflitos dentro das classes, como há entre elas. Por essa razão, foi introduzida nas análises marxistas a ideia de uma "fração" autônoma de uma classe. A expressão consciência de classe "atribuída" ou "imputada" foi cunhada para falar de uma "classe trabalhadora" numa época em que seus membros carecessem do necessário senso de solidariedade. Devo confessar que não acho útil essa ideia de uma consciência inconsciente. A linguagem dos "interesses" de classe é, sem dúvida, mais explícita e menos ambígua.

Nos últimos vinte anos, mais ou menos, ocorreu uma mudança importante na maneira como os historiadores se servem do termo "classe". Costumavam tratá-lo como um fato social, mas agora o veem como um fenômeno essencial ou principalmente linguístico. A mudança é especialmente visível no caso de historiadores da Grã-Bretanha do século XIX. Um estudo da "linguagem de classe" remonta a 1960, mas foi só nas décadas de 1980 e 1990 que a importância da linguagem no desenvolvimento da consciência, e, portanto, na construção das classes sociais, começou a ser ressaltada (Briggs, 1960; Jones, 1983; Joyce, 1991; Feldman 2002, p.201-6). Essa mudança fez, é claro, parte de uma "virada linguística" mais geral na História e na teoria social, concentrando-se na "construção discursiva" não só das classes, mas também das tribos, castas e nações.[15]

---

[15] Ver, no capítulo 6 "Pós-modernidade e pós-modernismo", a seção "Construções culturais".

## Métodos quantitativos

Como vimos na seção passada, a controvérsia entre Vinogradoff e Maitland foi resolvida, pelo menos até certo ponto, contando-se os solares. O uso, porém, de métodos quantitativos na História e na Sociologia, em especial, tem sido alvo de certa controvérsia na última geração. Nas décadas de 1960 e 1970, os defensores desses métodos eram autoconfiantes e agressivos, criticando outras abordagens como "meramente impressionistas", usando a linguagem da ciência (uma sala usada para análise de conteúdo de textos podia ser descrita como um "laboratório") e reivindicando que os historiadores não tinham alternativa senão aprenderem a programar computadores. Nas décadas de 1980 e 1990, ocorreu uma reação contra essa tendência, ligada ao surgimento da "micro-história".[16] Hoje pode ser uma boa hora para uma análise mais equilibrada.

Os métodos quantitativos de pesquisa têm uma longa história. Na Roma antiga eram realizados censos regulares do império e na França do século XVIII já se publicavam preços de grãos nas diferentes cidades. Há muito tempo os economistas baseiam suas análises em estatísticas relacionadas a preços, produção etc., e os historiadores econômicos já seguiam esse exemplo no século XIX.

O que é relativamente novo – e ainda é polêmico – é a ideia de que os métodos quantitativos possam ser úteis no estudo de outras formas de comportamento e até de atitudes humanas. Sociólogos, por exemplo, conduzem o que denominam "análise de pesquisa", com a elaboração de questionários, ou fazem entrevistas com um grupo de pessoas grande o suficiente para que as respostas possam ser analisadas segundo critérios estatísticos. Psicólogos também fazem uso de questionários e entrevistas. Estudiosos de política examinam estatísticas eleitorais – "psefologia", como tem sido chamada

---

[16] Ver seção seguinte deste capítulo, "O microscópio social".

essa técnica – e "pesquisas" de opinião pública, que são uma espécie de pesquisa social. Demógrafos estudam as variações nas taxas de natalidade, casamento e mortalidade nas diferentes sociedades. De modo mais polêmico, alguns estudiosos de comunicação praticam a chamada "análise de conteúdo", que costuma assumir a forma de um estudo quantitativo de jornais, revistas especializadas, livros ou programas de televisão, examinando, entre outras coisas, quanto de espaço é destinado a um tema específico e com que frequência ocorrem determinadas palavras-chaves.

Vários historiadores seguiram esses caminhos. Ao escrever sua história do Brasil do século XIX, Gilberto Freyre (1959) enviou um questionário a várias centenas de pessoas que viveram naquele período (inclusive ao presidente Getúlio Vargas, que não lhe respondeu). Os métodos da análise de conteúdo, ou "lexicometria", vêm sendo aplicados a documentos históricos como listas de processos trabalhistas produzidas por pequenas cidades e aldeias no início da Revolução Francesa. Os demógrafos históricos fizeram a contagem dos nascimentos, casamentos e óbitos nos arquivos paroquiais e fontes semelhantes. O surgimento do computador pessoal encorajou os historiadores a usarem métodos quantitativos, libertando-os da necessidade de perfurar cartões, consultar programadores etc., embora uma reação contra esses métodos, considerados pseudocientíficos, estivesse desenvolvendo-se ao mesmo tempo.[17]

Há mais de um método quantitativo, contudo, e alguns são mais adequados aos historiadores que outros. Sob medida para as necessidades dos historiadores é a análise estatística de uma série, que mostre, por exemplo, as mudanças do preço do grão ao longo do tempo, a idade média das mulheres no primeiro casamento, o percentual de votos consignados ao Partido Comunista nas eleições italianas, o número de livros latinos à venda na feira anual do livro em Leipzig ou a parcela da população de Bordéus que comunga

---

[17] Ver seção seguinte deste capítulo, "O microscópio social".

## Modelos e métodos

no Domingo de Páscoa. Isso é o que os franceses descrevem como "história em série" (*histoire sérielle*).

A "História Quantitativa" ou "cliometria" – às vezes chamada de um modo, às vezes, de outro –, no entanto, assume várias formas. No caso da análise de pesquisa histórica, é necessário estabelecer uma distinção óbvia entre pesquisas totais e pesquisas por amostragem. O Senado romano e o Parlamento inglês foram estudados por meio da biografia de seus membros, método conhecido como "prosopografia" (Stone, 1971). Nesses casos estudou-se todo o grupo, a "população total", como diriam os estatísticos. Esse método é apropriado para o estudo de elites relativamente pequenas ou para sociedades sobre as quais há poucas informações, de forma que os historiadores dedicados a esses campos devem coletar todos os dados que puderem encontrar.

Os historiadores de sociedades industriais, por sua vez, costumam ter acesso a mais informações do que conseguem administrar, sendo obrigados a trabalhar por amostragem. A técnica da amostragem foi desenvolvida pelos estatísticos a partir do fim do século XVII para estimarem a população de Londres, digamos, ou da França sem ter de enfrentar o trabalho e a despesa de uma pesquisa completa. O problema é escolher um grupo pequeno que "represente" a população total.

Gilberto Freyre, por exemplo, procurou mil brasileiros nascidos entre 1850 e 1900 que representassem os principais grupos sociais e regionais da nação, embora não tivesse esclarecido que método foi usado para a seleção dessa amostra (Freyre, 1959). Paul Thompson escolheu 500 eduardianos sobreviventes para a entrevista com base em uma "amostragem por cotas" que demonstrou um equilíbrio entre homens e mulheres, pequena cidade e país, norte e sul etc., semelhante ao equilíbrio prevalecente em todo o país na época (o que pode ser calculado com base no censo) (Thompson, 1975, p.5-8).

Outros métodos quantitativos são mais complexos. A chamada "nova história econômica" da década de 1960, por exemplo, difere da antiga pela ênfase dada à avaliação do desempenho de economias inteiras, o cálculo do produto nacional bruto no passado, em especial para os países ocidentais desde 1800, quando as estatísticas se tornaram relativamente abundantes e mais confiáveis do que já haviam sido (Temin, 1972). As conclusões desses historiadores frequentemente são apresentadas sob a forma de um "modelo" da economia.

Para um exemplo simples, pode-se retornar a Braudel, que descreveu a economia mediterrânea do final do século XVI como se segue. População: 60 milhões. População urbana: 6 milhões, ou 10%. Produto bruto: 1,2 milhão de ducados ao ano ou 20 ducados por pessoa. Consumo de cereais: 600 milhões de ducados, metade do produto bruto. Os pobres (definidos como aqueles com renda abaixo de 20 ducados ao ano): 20-25% da população. Tributos públicos: 48 milhões de ducados, ou seja, 5% abaixo da renda média (Braudel, 1949).

Essa descrição geral é um modelo, no sentido de que (como ele mesmo admite) Braudel não contou com dados estatísticos para toda a região, mas teve de extrapolar com base em dados parciais que não formavam uma amostra no sentido estrito do termo. Os historiadores especialistas em economias industriais constroem, a partir de dados relativamente abundantes e precisos, modelos matemáticos que podem ser expressos em forma de equações, modelos estes bastante parecidos com receitas, no sentido de que é possível especificar a quantidade de insumos (trabalho, capital etc.) para determinado produto. Os modelos podem ser testados mediante simulação computacional, uma espécie de experimento. Os demógrafos históricos também fazem uso da simulação computacional.

Sem os métodos quantitativos, seria impossível desenvolver alguns tipos de história, em especial o estudo do movimento dos preços e da população. O emprego desses métodos em algumas partes da disciplina estimula outros historiadores a hesitarem antes de usar termos como "mais" ou "menos", "aumento" e "queda", e a se perguntarem se há evidência quantitativa para o que, implicitamente, são demonstrações quantitativas. Essa abordagem propicia uma vantagem mais profunda à comparação, mostrando as semelhanças e as diferenças entre duas sociedades, bem como as correlações possíveis entre, digamos, o grau de urbanização e alfabetização em cada uma delas.

Os métodos quantitativos, porém, têm certas limitações. Em primeiro lugar, as fontes não são tão precisas nem tão objetivas quanto se costumava supor. Não é difícil demonstrar que determinado censo contém erros e omissões e, de forma mais geral, que muitas de suas categorias básicas ("serviçais", "cidadãos", "os pobres" etc.), embora úteis em determinado momento, são imprecisas (Burke, 1987, p.27-89). As classes sociais, por exemplo, não são tão objetivas quanto as várias espécies de plantas. Elas têm muito a ver com os modos estereotipados pelos quais os grupos se percebem a si mesmos e aos outros.[18]

O grande problema para o usuário de métodos quantitativos, no entanto, é a famosa dificuldade representada pela diferença entre dados *"hard"*, que são mensuráveis, e dados *"soft"*, que não o são. "Quase sempre", como uma veterana em pesquisas sociais, Barbara Wootoon, ressaltou com tristeza, "os dados *hard* são os que têm valor e os *soft*, de obtenção relativamente fácil." Por isso, o problema é encontrar "fatos *hard* que possam ser utilizados como bons índices dos fatos *soft*".

Índice pode ser definido como algo mensurável que está relacionado ou varia com alguma coisa que não se consegue medir (os termos técnicos são "correlação" e "covariância"). Alguns estudiosos se têm mostrado extremamente engenhosos em sua busca por índices. Nos anos 1930, por exemplo, o sociólogo norte-americano F. S. Chapin afirmou que a mobília da sala de estar de determinada família normalmente mantinha boa correlação com a renda e a profissão, podendo, desse modo, ser tomada como um índice do

---

[18] Ver, no capítulo 3 "Conceitos centrais", a seção "Mito e memória".

*status* social dessa família. Na "escala da sala de estar", um telefone ou um rádio, por exemplo, tinha um valor positivo elevado na classificação (+8), ao passo que um despertador representava um valor negativo (–2).

Resta o problema de se determinar se a renda e a profissão são índices exatos (e não indicadores incertos) de *status*, que por si só já é um conceito um tanto impreciso.[19] Além do mais, talvez o que, à primeira vista, se pareça com um índice possa ter suas próprias regras de variação. Por algum tempo, os historiadores dedicados a estudos sobre alfabetização acreditaram que uma assinatura em um registro de casamento, por exemplo, era um bom índice da capacidade de ler, embora não da capacidade de escrever qualquer coisa a mais. Mais recentemente, surgiram dúvidas. Conforme destacado, algumas pessoas que sabiam ler eram incapazes de assinar (porque certas escolas ensinavam a leitura, mas não a escrita) e até algumas pessoas que eram capazes de escrever podem ter feito uma cruz no registro de casamento em vez de assinar, para não constranger um cônjuge analfabeto. Tais objeções não são insuperáveis, porém, mais uma vez, servem para salientar as dificuldades de passar de dados *hard* para dados *soft* (Tóth, 2000, p.61-2).

Os sociólogos especialistas em religião têm de lidar com um problema ainda mais grave, o de encontrar índices para medir a intensidade ou a ortodoxia da crença religiosa. No mundo cristão, costuma-se voltar a atenção aos números que indicam o comparecimento à igreja ou capela, ou, nos países católicos, como a França ou a Itália, ao número de comunhões na Páscoa. Um criativo historiador francês até tentou calcular o declínio da devoção na Provença do século XVIII com base na queda do peso das velas acesas diante das imagens dos santos (Vovelle, 1973).

Certamente há, nesse tipo de estatística, pontos a serem esclarecidos, já que existe bastante variação entre regiões e muitas

---

[19] Ver, no capítulo 3 "Conceitos centrais", a seção "Classe e *status*".

mudanças, às vezes bem repentinas, ao longo do tempo. Se os historiadores são capazes, ou não, de decifrar esses pontos é outro assunto. Se formos utilizar a estatística da comunhão para estudar a intensidade da devoção em uma região específica, precisaremos saber (entre outras coisas) o que a prática da comunhão pascal significava para as pessoas envolvidas. É difícil ter certeza se, de acordo com as visões clericais ortodoxas dos camponeses da região de Orleães no século XIX, era importante, digamos, cumprir os "deveres pascais". Caso não fosse, seu não comparecimento à comunhão não pode ser usado como índice de descristianização. Medir a temperatura religiosa de uma comunidade, se está alta, baixa ou morna, não é tarefa fácil.

Os problemas resultantes da inferência de atitudes políticas com base em números de votos são da mesma ordem. De fato, a noção mesma de uma "série" é problemática, pois depende da premissa de que o objeto de estudo (testamentos, preços de grãos, comparecimento à igreja, seja o que for) não sofre, com o passar do tempo, alteração em sua forma, significado etc. Como poderiam esses documentos ou práticas não mudar a longo prazo? Mas como alguém pode calcular a mudança, se o próprio instrumento de medição se está alterando?

Por essa razão, entre outras, tem havido alguma reação contra os métodos quantitativos no estudo do comportamento humano e, ainda mais, contra as costumeiras pretensões grandiosas atribuídas a tais métodos. A intensidade dessa reação não deve ser exagerada. O uso da prosopografia por historiadores provavelmente está mais difundido que antes. Não é fácil negar o valor da reconstituição da família ou da tentativa de comparar o produto nacional bruto em diferentes períodos no passado. Ainda assim, está ocorrendo uma busca por abordagens alternativas. Por isso, em parte, a Etnografia, em que a utilização de métodos quantitativos sempre foi mínima, se tornou um modelo a que alguns sociólogos e historiadores aspiram seguir. Essa abordagem etnográfica está associada com um estudo aprofundado dos fenômenos de pequena escala.

## O microscópio social

A exemplo dos sociólogos, os historiadores sociais das décadas de 1950 e 1960 geralmente empregavam métodos quantitativos, interessavam-se pela vida de milhões de pessoas e se concentravam na análise das tendências gerais, observando a vida social "do décimo segundo andar", como diz o sociólogo Kai Erikson. Nos anos 1970, contudo, alguns deles passaram do telescópio para o microscópio. Na esteira dos antropólogos sociais, os sociólogos dedicaram mais atenção à análise microssocial, e os historiadores, àquilo que veio a ser conhecido como "micro-história".

Três trabalhos famosos muito contribuíram para colocar a micro-história no mapa. O primeiro foi um ensaio sobre a briga de galos em Bali, de autoria do antropólogo norte-americano Clifford Geertz. Valendo-se do conceito de Jeremy Bentham de "jogo profundo" (ou seja, apostar alto), Geertz analisou a rinha de galos como "essencialmente uma dramatização de problemas de *status*". Assim, ele passou do que chamou de um "exemplo microscópico" à interpretação de toda uma cultura (Geertz, 1973, p.432, 437, 912-54). Esse ensaio tem sido citado muitas vezes por historiadores e é fundamental para a compreensão do movimento ligado à micro-história.

Os outros dois estudos lidam com o passado: *Montaillou* (1975), de autoria do historiador francês Emmanuel Le Roy Ladurie, e *O queijo e os vermes* (1976), do historiador italiano Carlo Ginzburg. Os dois estudos baseavam-se, em essência, em registros que descreviam os interrogatórios de pessoas suspeitas de heresia pela inquisição, documentos comparados por Ginzburg com fitas de vídeo, sob o argumento de que se tomou muito cuidado para registrar não só as palavras exatas dos acusados, como também seus gestos e até gemidos sob tortura. Outra comparação que, às vezes, se faz é entre o inquisidor e o antropólogo, ambos na qualidade de agentes externos de alto *status* inquirindo pessoas comuns sobre questões cuja finalidade elas não raro acham difícil entender (Rosaldo, 1986).

## Modelos e métodos

O livro de Ginzburg deve ser considerado um caso extremo do método micro-histórico, visto que se preocupa em reconstruir as ideias, a visão do cosmo de um único indivíduo: um moleiro do século XVI, do nordeste da Itália, conhecido como "Menocchio". Le Roy Ladurie, por sua vez, descreveu uma aldeia no sudoeste da França no início do século XIV. O autor observou que pelo menos 25 suspeitos de heresia convocados pela inquisição vieram da aldeia de Montaillou e decidiu usar seus testemunhos para escrever um estudo sobre a aldeia mesma, discutindo a economia pastoril da região, a estrutura da família, a posição das mulheres e as concepções locais de tempo, espaço e religião, entre outros temas.

Desde esses estudos famosos e polêmicos concluídos por Le Roy Ladurie e Ginzburg foram produzidas micro-histórias que dariam para ocupar toda uma estante. Algumas das mais interessantes se concentram num incidente dramático, como um julgamento ou um ato de violência. Por exemplo, a historiadora norte-americana Natalie Davis escreveu sobre uma *cause célèbre* na França do século XVI, em que um camponês foi acusado de assumir a personalidade de outro homem. Outro historiador norte-americano, Bertram Wyatt-Brown, inspirado em Geertz, descreveu um linchamento em Natchez, Mississipi, em 1834, analisando esse ato de "justiça popular" contra um homem que assassinara a mulher como "um roteiro moral em que as ações falavam uma linguagem reveladora de paixões íntimas e valores sociais sentidos com intensidade", principalmente o senso de honra local (Wyatt-Brown, 1982, p.463).

Outro exemplo bastante conhecido da abordagem é um estudo, escrito por Giovanni Levi, sobre a pequena cidade de Santena, no Piemonte, no final do século XVII. Levi (1985) analisa o julgamento do padre da paróquia local, Giovan Battista Chiesa (acusado da prática de métodos não ortodoxos de exorcismo), como um drama social revelador dos conflitos que dividem a comunidade, sobretudo a luta entre duas famílias e seus seguidores. O autor destaca a importância do que chama de "herança não material", afirmando que

## Modelos e métodos

o poder espiritual de Chiesa era outra forma do domínio exercido por sua família.

A virada na direção da micro-história estava diretamente relacionada com a descoberta, pelos historiadores, do trabalho dos antropólogos sociais. Le Roy Ladurie, Ginzburg, Davis e Levi são versados em Antropologia. O método micro-histórico tem muito em comum com estudos de comunidades conduzidos por antropólogos no começo do século XX, ou o "estudo de caso ampliado" desenvolvido por Max Gluckman e outros, na década de 1940. O primeiro estudo histórico de comunidade ao estilo de Montaillou foi feito por um etnólogo sueco, Borje Hansen, nos anos 1950, que trabalhou no vilarejo de Österlen. A própria obra *Montaillou* segue, de forma consciente, o modelo de estudos das comunidades de Andaluzia, Provença e Ânglia Oriental (Hansen, 1952).

Embora seu trabalho se voltasse sobretudo para as tendências sociais de grande abrangência, o teórico social Michel Foucault estimulou os microestudos com a discussão sobre o poder não apenas na esfera do Estado, mas no âmbito da fábrica, da escola, da família e da prisão – a "microfísica do poder", como algumas vezes ele a chamou. A imagem proposta por Foucault para a sua microfísica não era a de um simples processo de cima para baixo, mas de formas "capilares" ou ramificadas, na medida em que o poder "alcança o âmago dos indivíduos, lhes toca o corpo e se insere em suas ações e atitudes, seus discursos, processos de aprendizagem e na vida cotidiana" (Foucault, 1980, p.89).[20] O estudo feito por Levi, acima mencionado, oferece uma vívida ilustração dessa ideia.

A passagem dos estudos de grande escala para os de pequena escala levanta certos problemas fundamentais que exigem nosso exame. Pode-se começar com a acusação de que os micro-historiadores banalizam a História mediante o estudo das biografias de pessoas comuns ou de dificuldades de pequenas comunidades. Al-

---

[20] A esse respeito, ver também Foucault (1975).

gumas contribuições para o gênero, na verdade, fizeram pouco mais que apresentar o que jornalistas denominam "matérias de interesse humano" sobre o passado. Em geral, contudo, o objetivo dos micro-historiadores reveste-se de maior ambição intelectual. Alegam eles, como Sherlock Holmes, que "a observação de ninharias" pode levar a conclusões importantes (Muir; Ruggiero, 1991, p.vii-viii). Se não aspiram a mostrar o mundo em um grão de areia, esses historiadores garantem que tiram conclusões gerais a partir de estudos de dados locais. Segundo Ginzburg, o moleiro Menocchio é um porta-voz da cultura popular oral tradicional, ao passo que Le Roy Ladurie apresenta o mundo da aldeia medieval por meio de sua monografia sobre Montaillou, que ele chama de uma gota no oceano.

Essas afirmações são problemáticas. De qual grupo maior supõe-se que o estudo de caso seja típico e em que se embasa tal afirmação? Montaillou constitui um exemplo típico de uma aldeia mediterrânea, uma aldeia francesa ou simplesmente uma aldeia do Ariège? Será que uma aldeia com tantos suspeitos de heresia pode ser considerada típica? Menocchio, por sua vez, era muito independente e parece ter sido considerado meio excêntrico em sua comunidade. O problema não é só desses dois historiadores, é claro. De que forma os antropólogos transformam suas notas de campo (repetidas vezes fundamentadas em observações feitas em uma única aldeia) em descrições de toda uma cultura? É famosa a afirmação de Geertz de que os antropólogos não estudam aldeias, estudam "em aldeias". Com base em que conseguem justificar a alegação de que as pessoas com as quais conviveram representam "os nueres" ou "os balineses"?

Apesar de tudo isso, o emprego do microscópio social pode ter várias justificativas. A escolha de um exemplo individual a ser estudado em profundidade pode ser motivada pelo fato de representar a miniatura de uma situação que o historiador ou antropólogo já sabe (por outras razões) ser predominante. Foi também convincentemente argumentado que diferentes tipos de explicação são necessários quando se trabalha com grande escala e pequena escala, de forma que as mudanças de escala esclareçam os processos sociais, permitindo que sejam vistos de diferentes ângulos. Historiadores como Braudel, que preferia o telescópio, tendem a ressaltar o determinismo, ao passo que a liberdade individual é mais visível sob o microscópio (Revel, 1996, p.87, 141).

Embora o surgimento da micro-história fizesse parte de uma reação contra os métodos quantitativos, uma tentativa de reconhecer rostos individuais em meio à multidão, muitos de seus praticantes – a chamada escola "social", oposta à da micro-história "cultural", como Ginzburg – analisam as redes sociais (Cerutti, 2004). O conceito de rede parece ter entrado em uso independentemente em três áreas: na pesquisa sobre comunicações, nos estudos urbanos e na Antropologia social.

Foi esse terceiro grupo, em especial na chamada Escola de Manchester de Antropologia, chefiada por Max Gluckman, que inspirou micro-historiadores como Maurizio Gribaudi e Simone Cerutti. Insatisfeitos com categorias como "guilda de ofício", "classe social" e "cultura popular", pois tais categorias não explicavam como agiam os indivíduos particulares, esses historiadores tentaram reconstruir redes de relações sociais centradas no ego, para descobrir como as pessoas se definiam a si mesmas e explicar suas "estratégias" sociais (Gribaudi, 2004).

Nem todos os micro-historiadores se interessam pelo típico. Pelo contrário, um caso particular pode ser escolhido para estudo exatamente por sua excepcionalidade e por revelar mecanismos sociais que não funcionam. Foi para debater esse tipo de situação que o historiador italiano Edoardo Grendi cunhou a expressão "o normal excepcional". O destino trágico do loquaz Menocchio, executado por heresia, nos diz algo sobre a silenciosa maioria de seus contemporâneos. Conflitos manifestos, como motins, podem revelar tensões sociais presentes o tempo todo, mas visíveis apenas vez por outra.

Alternativamente, os micro-historiadores podem concentrar-se, a exemplo de Giovanni Levi, em um indivíduo, um incidente ou uma pequena comunidade como lugar privilegiado para se observarem as incoerências de grandes sistemas sociais e culturais, as brechas, as fendas na estrutura que propiciam a um indivíduo um pouco de espaço livre, como uma planta que cresce entre duas rochas (Levi, 1985, 1991). Deve-se ressaltar, no entanto, que as incoerências entre as normas sociais nem sempre funcionam a favor do indivíduo. A planta pode ser esmagada entre as rochas.

Como exemplo desse problema, pode-se recorrer a um famoso incidente na história japonesa, um drama social que envolveu apenas algumas pessoas na época, mas vem sendo lembrado desde então e representado muitas vezes em peças e filmes, por seu valor exemplar ou simbólico. Trata-se do caso dos "quarenta e sete *ronins*". No início do século XVIII, dois nobres discutiram na corte do xogum, o verdadeiro manda-chuva do Japão. O primeiro, Asano, sentiu-se insultado, desembainhou a espada e feriu o outro, Kira. Como castigo por ter desembainhado a espada na presença do xogum, Asano recebeu a ordem de cometer suicídio ritual. Com isso, os samurais a seu serviço tornaram-se homens sem senhor, ou *ronins*. Esses ex-vassalos decidiram vingar seu senhor. Após esperarem o suficiente para não despertar suspeitas, atacaram a casa de Kira uma noite e o mataram. Isso feito, entregaram-se ao governo. De sua parte, o governo viu-se diante de um dilema. Os vassalos haviam violado a lei, era óbvio. Por outro lado, haviam feito exatamente o que deles se esperava pelo código informal de honra entre os samurais, segundo o qual a lealdade ao senhor era uma das maiores virtudes, e esse código de honra também era apoiado pelo governo do xogum. A saída para o dilema foi mandá-los cometer suicídio ritual como fizera seu senhor, mas também respeitar a memória deles (Ikegami, 1995, p.223-40).

O encanto desse relato para os japoneses na época e desde então, juntamente com os debates que provocou, está, por certo, relacionado com o modo pelo qual manifesta (na verdade, de forma dramática) um conflito latente entre normas sociais fundamentais. Ou seja, revela-nos algo importante sobre a cultura da era dos Tokugawa. Se o movimento da micro-história quiser escapar da lei dos retornos cada vez menores, seus praticantes precisam demonstrar os vínculos entre as pequenas comunidades e as tendências macro-históricas. Numa época em que tanto ouvimos falar da interação entre o local e o global,[21] os historiadores e os teóricos tornaram-se cada vez mais conscientes dessa necessidade (Hannerz, 1986; Sahlins, 1988).

---

[21] A esse respeito, ver também Foucault (1975).

# 3
# Conceitos centrais

O principal objetivo deste capítulo é analisar como os historiadores utilizam ou poderiam utilizar o aparato conceitual criado pelos teóricos sociais ou, pelo menos – visto que, claro, é impossível examinar todo o conjunto de conceitos em poucas páginas –, alguns dos mais importantes. Certos conceitos, como "feudalismo" ou "capitalismo", já estão tão incorporados na prática histórica que não serão discutidos aqui. Outros, como "classe" ou "mobilidade social", são familiares aos historiadores, mas as numerosas polêmicas acerca de seu uso talvez não sejam tão conhecidas. E ainda há os que, a exemplo de "hegemonia" ou "recepção", continuam desconhecidos a ponto de serem considerados uma espécie de jargão.

Com frequência, os historiadores acusam os teóricos sociais de falarem e escreverem um "jargão" incompreensível. Os intelectuais britânicos talvez sejam os que mais costumam trocar acusações sobre esse pecado, graças à sobrevivência da tradição do nobre amador. Nesses casos, "jargão" significa pouco mais que os conceitos do outro.

Vamos admitir que cada divergência da linguagem comum precise de justificativa porque dificulta a comunicação com os leitores em geral. Resta um mínimo de termos técnicos da teoria social cujo uso por parte dos historiadores seria recomendável. Alguns deles não possuem nenhum equivalente na linguagem comum – e, na falta de palavras para exprimi-los, podemos deixar de perceber determinado aspecto da realidade social. Outros termos são definidos de forma mais precisa que seus equivalentes da linguagem comum e, assim, possibilitam distinções mais perfeitas e uma análise mais rigorosa.

Uma outra objeção aos termos técnicos da teoria social merece ser levada mais a sério. Um historiador poderia perguntar por que motivo seria necessário oferecer substitutos modernos para os conceitos usados por contemporâneos (pelos "atores", como dizem os teóricos) para entender a sociedade deles. Afinal, os contemporâneos conheciam a face interna de sua sociedade. Os habitantes de uma aldeia francesa do século XVII entendiam, sem sombra de dúvida, essa sociedade melhor do que jamais seremos capazes de fazê-lo. Não há substituto para o conhecimento local.

Alguns teóricos ao menos têm certa empatia com esse ponto de vista. Os antropólogos, em especial, ressaltam a necessidade de estudar os modos pelos quais as pessoas comuns vivenciam a sociedade, e as categorias ou os modelos (no sentido amplo do termo "modelo") que empregam para apreender o significado desse mundo de experiência. De fato, talvez se pudesse sugerir que mesmo os historiadores, há muito interessados na reconstrução dos comportamentos do passado, têm algo a aprender com a meticulosidade com que esses acadêmicos reconstroem o que Malinowski chamou de "o ponto de vista do nativo", os conceitos e categorias empregados nas culturas ou subculturas estudadas. Diferentemente dos historiadores tradicionais, esses estudiosos dedicam atenção tanto às categorias oficiosas quanto às oficiais. O objetivo é recorrer ao que eles denominam "modelos populares" ou "planos" de ação, sem os quais a maior parte do comportamento humano permaneceria ininteligível (Holy; Stuchlik, 1981; Geertz, 1983, p.55-72).

A questão, contudo, não é substituir, mas, ao contrário, complementar os modelos populares com os modernos. Os contemporâ-

## Conceitos centrais

neos não entendem sua sociedade com perfeição. Os historiadores não contemporâneos têm ao menos as vantagens da compreensão *a posteriori* e de uma visão mais global. No âmbito nacional, ao menos, pode-se até dizer que compreendem os problemas do campesinato francês do século XVII, digamos, melhor do que os próprios camponeses. Na realidade, seria difícil compreender a história francesa, quanto mais a história europeia, se tivéssemos de nos restringir às categorias locais. Como foi destacado no capítulo anterior, os historiadores costumam fazer afirmações genéricas sobre grandes áreas (a Europa, por exemplo) em períodos específicos. Também fazem comparações. Para tanto, esses profissionais criaram seus próprios conceitos: "monarquia absoluta", "feudalismo", "Renascimento", entre outros.

Gostaria de lembrar que tais conceitos, embora ainda úteis, não são suficientes; portanto, seria aconselhável que os historiadores aprendessem a linguagem – ou melhor, as linguagens – da teoria social. Este capítulo oferece o que pode ser descrito como um guia introdutório ou, para variar a metáfora, um *kit* básico de ferramentas adequadas a algumas das "falhas" mais comuns ocorridas durante uma análise histórica. Na realidade, a metáfora é de certa forma enganadora, uma vez que conceitos não são "ferramentas" neutras. Conceitos costumam vir em pacotes de pressupostos que precisam de análise minuciosa – daí a preocupação, neste capítulo, com o sentido e o contexto originais dos conceitos examinados. Como a prova do valor de um conceito está em sua aplicação, cada termo também será discutido com referência a problemas históricos concretos.

O capítulo, no entanto, não é dirigido somente a historiadores; destina-se também a teóricos sociais. Os historiadores, às vezes, são acusados de roubar a teoria sem dar nada em retribuição, e de depender dos teóricos, o que quase justifica o desprezo de Spencer por historiadores,[1] tachando-os de carregadores dos tijolos com que

---

[1] A esse respeito, ver também Foucault (1975).

os sociólogos constroem os edifícios. Ao contrário (argumentarei), eles realmente têm algo de valor a oferecer em troca.

Levando em conta que os principais conceitos empregados em teoria social foram criados por estudiosos das sociedades ocidentais dos séculos XIX e XX (ou, no caso da antropologia, pelos investigadores ocidentais do que eles denominavam sociedades "primitivas" ou "tribais"), é bastante provável – para dizer o mínimo – que esses conceitos estejam igualmente vinculados à cultura. São, por vezes, associados a teorias sobre comportamento social que também estão ligadas à cultura. Por isso, podem necessitar de adaptações em vez de serem simplesmente "aplicados" a outros períodos e a outras partes do mundo.

As chamadas leis da economia clássica, por exemplo, nem sempre são universais. Alexander Chayanov (1925) afirmou que a teoria da utilidade marginal não era pertinente no caso da família camponesa, que continuaria trabalhando a terra marginal, apesar da diminuição do lucro, enquanto suas necessidades não fossem atendidas (Kerblay, 1971). Argumento semelhante pode ser encontrado em um livro escrito por um ilustre historiador econômico polonês, o falecido Witold Kula.

A obra de Kula, *Teoria econômica do sistema feudal*, publicada pela primeira vez em 1962, tratou de algumas grandes propriedades pertencentes a nobres poloneses no século XVII. Nesse livro, raro exemplo explícito da construção e do teste de um modelo histórico, Kula (1962) destacou que as leis da Economia clássica não funcionavam nesse caso. Quando o preço do centeio subia, a produção declinava; e quando o preço caía, a produção aumentava. Para explicar a anomalia, o autor apontou dois fatores: a mentalidade aristocrática e a existência da servidão. Os aristocratas poloneses do século XVII não estavam interessados em lucros cada vez maiores, mas em receber um rendimento estável que lhes possibilitasse viver como estavam acostumados. Quando o preço do centeio caía, precisavam vender mais para manter o padrão de vida e, supostamente, pediam aos capatazes para fazerem os servos trabalhar com mais afinco. Quando o preço do centeio subia, diminuía-se o ritmo.

É claro que essa reinterpretação da história econômica polonesa é bastante controversa, porém constitui um feito intelectual extraordinário, bem como um desafio às premissas tradicionais. Einstein não destruiu o sistema newtoniano, mas demonstrou que ele se aplica apenas sob certas condições. De maneira semelhante, Kula demonstrou que as leis da Economia clássica podem não se aplicar em todos os lugares. Ele as historicizou. Mais exemplos desse tipo de historicização serão debatidos ao longo do capítulo.

## Papéis e performances

Um dos conceitos mais centrais da Sociologia é o de "papel social", definido com base nos padrões ou normas de comportamento que se esperam daquele que ocupa determinada posição na estrutura social. Amiúde, mas nem sempre, as expectativas provêm dos pares. O papel da "criança", por exemplo, é definido pelas expectativas dos adultos, expectativas que mudaram bastante na Europa ocidental desde a Idade Média. O historiador francês Philippe Ariès chegou a sugerir ser a infância uma invenção moderna, que, segundo ele, originou-se na França do século XVII. Na Idade Média, afirmou Ariès, esperava-se que alguém de sete anos – número de anos chamado pela Igreja de a "idade da razão" – se comportasse o máximo possível como adulto. Ele ou ela era considerado(a) um pequeno adulto – fraco, ineficiente, inexperiente e ignorante, porém, ainda assim, um adulto. Dadas essas expectativas, o que denominamos "infância" na Idade Média deve ter sido muito diferente de qualquer coisa que os ocidentais vivenciam na atualidade. Muitos historiadores julgam as conclusões de Ariès (1960) um tanto exageradas, mas a sugestão de que "criança" é um papel social permanece válida.

Os historiadores têm muito a ganhar utilizando o conceito de "papel" de forma mais intensa, precisa e sistemática do que o fizeram até agora. Com isso, eles se sentiriam mais estimulados a considerar com maior seriedade as formas de comportamento que, via de regra, vêm sendo discutidas em termos individuais ou morais – e não sociais – e vêm sendo fácil e etnocentricamente condenadas.

Os favoritos do rei, por exemplo, foram muitas vezes considerados meros homens diabólicos que exerciam má influência sobre reis fracos, como Eduardo II, da Inglaterra, e Henrique III, da França. É mais esclarecedor, entretanto, tratar "favorito" como um papel social com funções definidas na sociedade da corte (talvez valha a pena acrescentar que o cargo sobreviveu até nosso século, como demonstra a carreira de Phillip Eulenburg na corte do Kaiser Guilherme II) (Röhl, 1982, p.11). Os governantes, igualmente a outras pessoas, precisam de amigos. Diferentemente de outras pessoas, eles necessitam de conselheiros oficiosos, em especial nas sociedades em que o direito de dar conselho oficial era monopólio da aristocracia. Também precisam de algum meio para contornar a máquina formal do próprio governo, ao menos de vez em quando. Os governantes necessitam de alguém em que possam confiar, alguém independente dos nobres ou autoridades que os cercam, alguém com cuja lealdade se possa contar porque o cargo mesmo da pessoa depende de sua lealdade e, especialmente, alguém para assumir a culpa quando as coisas saem erradas.

O favorito era tudo isso. Favoritos específicos como Piers Gaveston, no reinado de Eduardo II, ou o duque de Buckingham, nos reinados de Jaime I e Carlos I, talvez tenham sido desastres políticos (Peck, 1990, p.48-53). Podem ter sido escolhidos porque o governante se sentiu atraído por eles – Jaime I escreveu a Buckingham como sua "doce criança e esposa" – mais do que por suas capacidades. Ainda assim, como o poder dos eunucos nos impérios bizantino e chinês, o poder dos favoritos não pode ser explicado simplesmente pela fraqueza do monarca (Coser, 1974; K. Hopkins, 1978, p.172-96). Havia um lugar no sistema da corte que precisava ser preenchido por um amigo do rei, bem como um padrão de comportamento relacionado com esse papel.

Um dos problemas em relação aos favoritos é que seu papel não era visto pelos nobres e ministros do mesmo modo que pelo rei. Grupos diferentes podem ter expectativas incompatíveis sobre indivíduos que desempenham determinado papel, levando ao fenômeno conhecido como "conflito de papéis" ou "atrito entre papéis". Por exemplo, dizia-se que o *obá*, governante sagrado dos iorubás, era cercado de chefes que esperavam que ele se impusesse, mas também aceitasse as decisões deles (P. C. Lloyd 1968).

Comentário semelhante poderia ser feito sobre o relacionamento entre muitos governantes europeus e a nobreza. A reverência ao papel de rei podia inibir a crítica direta ao ocupante do trono, sob o argumento de que "o rei nunca faz nada de errado", porém não evitava ataques às suas políticas por outros meios, sobretudo a denúncia contra seus "conselheiros diabólicos". Essa denúncia recorrente era, ao mesmo tempo, um modo indireto de criticar o rei e uma manifestação do ódio por conselheiros que (como os favoritos) não eram de origem nobre; eram "alçados do chão" pela graça do rei. A continuidade de tais críticas – da Inglaterra de Henrique I e do cronista do século XII, Ordericus Vitalis, à França de Luís XIV e o duque de Saint-Simon – sugere ser o problema, de fato, de cunho estrutural (Rosenthal, 1967).

Em muitas sociedades, da Grécia antiga à Inglaterra elisabetana, os contemporâneos estavam absolutamente conscientes dos papéis sociais. Viam o mundo como um palco em que "cada homem desempenha muitos papéis na vida". Ainda assim, os teóricos sociais desenvolveram essas ideias de forma mais detalhada. Uma figura notável nesse aspecto foi o falecido Erving Goffman (1958), que era fascinado pelo que chamava de "dramaturgia" da vida cotidiana. Goffman relacionava o conceito de "papel" com os de "representação", "rosto", regiões frontais", "regiões dorsais" e "espaço pessoal" para analisar o que denominava "autoapresentação" ou "administração da impressão".

Talvez pareça estranho a um historiador voltar a Goffman, que fundamentou seu trabalho nas observações da vida contemporânea, principalmente nos Estados Unidos, e não revelava interesse específico por diferenças entre culturas nem por mudanças ao longo do tempo. Eu diria, contudo, que sua abordagem é até mais importante para o estudo do mundo mediterrâneo do passado do que o é para a sociedade norte-americana no presente. A análise de Goffman tem clara importância para a Itália renascentista, por exemplo. *O príncipe*, de Maquiavel, e *O cortesão*, de Castiglione, são, entre outras coisas, instruções para causar boa impressão – *fare bella figura*, como dizem os italianos – quando se desempenham papéis sociais específicos. O tratado de Maquiavel dedica atenção especial ao "nome" ou "reputação". Na verdade, em determinado momento ele chega a dizer que não é necessário possuir as qualidades de um governante ideal; basta aparentar que as possui. Nesse caso, existe uma compatibilidade relativamente boa entre os modelos da realidade social do ator e a teoria social mais recente.

Nos últimos tempos, as ideias de Goffman vêm despertando também a atenção de historiadores interessados no "individualismo", tradicionalmente associado ao homem renascentista, ou na autoapresentação por meio do retrato renascentista. Os retratos, por exemplo, revelam aquilo que o artista levava em consideração (ou o que ele achava que seu cliente levava em conta): a pose, os gestos, a expressão e os "acessórios" apropriados ao papel da pessoa que posava, incluindo armadura para nobres que jamais haviam participado de combates e livros para bispos que nunca tinham estudado (Weissman, 1985; Burke, 1987, p.150-167). Nesse caso, a leitura de Goffman despertou a atenção dos historiadores para certas características da sociedade italiana. Ao contrário de Goffman, no entanto, eles estão preocupados, sobretudo, com a questão da variação. Querem saber se havia mais preocupação com a autoapresentação em certos lugares, ou períodos, ou entre determinados grupos, e se o estilo desta mudava ou variava.

O conceito de papel social também tem seus empregos para os historiadores dos séculos XIX e XX. Hitler, por exemplo, foi descrito como um ator, que "sempre parecia mais implacável, mais frio, mais seguro do que era na realidade" (Mason, 1981, p.85). Não é difícil pensar em mais exemplos, de Mussolini, que supostamente deixava as luzes de seu gabinete acesas para dar a impressão de ter trabalhado até tarde da noite, a Churchill, que conhecia a importância de "muletas" – como seu famoso charuto. Na esfera coletiva, o debate sobre a deferência na Grã-Bretanha do século XIX foi enriquecido pela sugestão de que, ao menos para alguns membros da classe trabalhadora, a deferência e até a respeitabilidade não constituíam parte fundamental de sua identidade social, mas um mero papel a ser desempenhado perante uma audiência da classe média (Bailey, 1978).

Indo um pouco adiante nessa direção, passamos do "papel" social ao "drama" social. O termo "drama social" foi cunhado pelo antropólogo britânico Victor Turner para se referir a um conflito em pequena escala que revela tensões latentes na sociedade em geral e passa por uma sequência de quatro fases – ruptura, crise, ação corretiva e reintegração. Tal sequência também foi identificada em alguns conflitos de grande escala, como, por exemplo, a revolta de Nápoles contra o domínio espanhol, em 1647, uma revolta liderada – para surpresa e escândalo de alguns observadores contemporâneos – por um pescador, Masaniello (Turner, 1974; Burke, 1987, p.191-206).

Tornou-se relativamente banal falar que amotinados e rebeldes recorrem a um "repertório" cultural, dramatizando suas queixas ao enforcar em efígie figuras impopulares ou ao queixar-se do preço da comida desfilando com pães na ponta de varas. O linchamento descrito no capítulo anterior[2] também recorreu a um repertório bem-conhecido. Alguns historiadores e teóricos sociais chegariam ao ponto de dizer que amotinados e multidões de linchadores seguem "roteiros" culturais.

Outros, porém, rejeitam a noção de "roteiro" como rígido demais, não só no caso de motins, mas também no de rituais, alegando

---

[2] Ver, no capítulo 2 "Modelos e métodos", a seção "O microscópio social".

que o termo *"performance"* faz mais justiça ao elemento de improvisação, ao fato de que o "mesmo" ritual é um pouco diferente a cada ocasião em que é representado. Podemos dizer que o modelo ou metáfora "teatral" tem sido útil não para ser seguido, mas para se pensar, incentivando que sejam feitas distinções e fazendo que diversas características desses eventos venham à luz (Burke, 2005).

## Sexo e gênero

No primeiro capítulo foi sugerido que a relação entre História e teoria em geral tem sido indireta. Os historiadores acreditam que as teorias sejam mais úteis para sugerir perguntas do que para propor respostas. A teoria feminista reflete uma clara amostra dessa generalização. Ao se examinarem alguns estudos sobre a história da mulher – o trabalho de Natalie Davis, por exemplo, Elizabeth Fox-Genovese, Olwen Hufton, Joan Kelly ou Joan Scott, ou Caroline Bynum – encontra-se relativamente pouca referência a trabalhos de especialistas teóricas – de Hélène Cixous e Luce Irigaray (digamos), a Nancy Chodorow ou Elaine Showalter (Moi, 1987). Por outro lado, o feminismo deu enorme contribuição indireta para a escrita da História na geração passada. Como a "história de baixo para cima", a história da mulher oferece nova perspectiva sobre o passado (Scott, 1991; Smith, 2001; Wiesner-Hanks, 2001; Jordanova, 2002; Miller, 2003). Por exemplo, numa época em que o gênero de Deus se tornou tema de debate, um medievalista estudou a imagem de Jesus como mãe (Bynum, 1982, p.110-66).

Um dos resultados dessa nova perspectiva, segundo se afirma, é "questionar os esquemas aceitos de periodização" (Kelly, 1984, p.19).[3] Afinal, muitos desses esquemas – com a óbvia exceção dos períodos da História Demográfica – foram criados sem levar em conta as mulheres. Estas foram descritas como virtualmente "in-

---

[3] A esse respeito, ver também Foucault (1975).

visíveis" para os historiadores profissionais (eles mesmos, em sua grande maioria, homens, pelo menos até bem recentemente) no sentido de que a importância de seu trabalho diário e sua influência política, em geral, foi subestimada, enquanto a mobilidade social foi, via de regra, discutida apenas em termos masculinos (Bridenthal; Koonz, 1977; Scott, 1988).[4] Em outra metáfora contundente, as mulheres foram descritas como exemplo de um grupo "abafado", somente capaz (em muitas vezes e lugares) de expressar suas ideias por meio da linguagem dos homens dominantes (Ardener, 1975).

Todavia, o movimento feminista e as teorias com ele relacionadas encorajaram os historiadores e as historiadoras a fazerem novas perguntas a respeito do passado – sobre a supremacia masculina, por exemplo, em diferentes tempos e lugares. Era o patriarcado realidade ou mito? Assumiu ele diferentes formas em diferentes épocas ou em diferentes partes do mundo? Em que medida e como essa supremacia poderia ser rechaçada? Em que regiões e períodos e em que domínios – no seio da família, por exemplo – as mulheres exerciam influência não oficial? (Rogers, 1975; Segalen, 1980, p.158-72).

Outra série de perguntas diz respeito ao trabalho das mulheres. Que espécies de trabalho eram realizadas pelas mulheres em lugares e épocas específicas? O *status* da mulher trabalhadora diminuiu a partir da Revolução Industrial ou até mesmo desde o século XVI? O trabalho da mulher foi, com frequência, desconsiderado pelos historiadores do sexo masculino especialmente porque – em um surpreendente exemplo do problema da "invisibilidade" – boa parte dele não foi registrada nos documentos oficiais, pesquisas de trabalhadores encomendadas e realizadas por funcionários do sexo masculino. Na cidade de São Paulo, no início do século XIX, por exemplo, as atividades de muitas trabalhadoras pobres, negras e brancas – como a venda de alimentos na rua – só podem ser recupe-

---

[4] Sobre historiadoras, ver Smith (1998).

radas por meios indiretos, sobretudo mediante os registros judiciais de crimes e discussões ocorridos durante o trabalho (Tilly; Scott, 1978; Dias, 1984).

Já se sugeriu que essa nova perspectiva sobre o passado tem a mesma importância que a "história de baixo para cima". Também se poderia dizer que está exposta ao mesmo risco. Ao compensar as omissões da História tradicional, as duas novas formas de História arriscam-se a perpetuar uma oposição binária entre elite e povo, em um caso, homem e mulher, no outro. Do ponto de vista adotado neste estudo, o da "História total", seria mais útil concentrar-se nas mudanças das relações entre homens e mulheres, nas fronteiras dos gêneros e nas concepções do que é propriamente masculino ou feminino. A fundação em 1989 de uma revista com o título de *Gender and History* [Gênero e História] é sinal de que essa mudança de enfoque está ocorrendo, de fato.

A ênfase dada pelas feministas à construção cultural do gênero, como a ênfase na construção cultural em geral, exerceu um impacto considerável sobre a prática histórica (Butler, 1990). Se as diferenças entre homens e mulheres forem culturais, e não naturais, se "homem" e "mulher" forem papéis sociais, definidos e organizados de forma diversa em diferentes períodos, então os historiadores precisam explicitar o que quase sempre era deixado implícito na época, as regras ou convenções para ser mulher ou homem de determinada faixa etária ou grupo social em determinada região e período. Mais precisamente – visto que as regras às vezes eram contestadas –, os historiadores precisam descrever as "convenções dominantes sobre o gênero" em relação à vestimenta, à linguagem etc. (Fox-Genovese, 1988).[5]

Uma consequência paradoxal da antiga ausência de mulheres na história escrita era o que foi chamado de "supressão" do gênero dos homens (Ditz, 2004). De 1990 em diante, porém, surgiu um

---

[5] Sobre historiadoras, ver Smith (1998).

número substancial de estudos sobre a masculinidade em diferentes lugares e tempos, inclusive trabalhos sobre estereótipos e concepções de contraste, como o "inglês macho" e o "bengali efeminado" (Sinha, 1995). Um bom número de monografias discute as maneiras como se perde a masculinidade numa dada cultura (demonstrando-se covardia, por exemplo, ou sendo insultado), as maneiras como é recuperada (com um duelo, por exemplo), e ressaltam a necessidade contínua, em algumas culturas, de afirmar a própria virilidade, não raro pela violência ou ao menos pelo que se pode chamar de "teatro de agressão" (Nye, 1993; Mosse, 1996; Hitchcock; Cohen, 1999). O desafio agora é integrar as duas séries de estudos, mostrar como as ideias de masculinidade e feminilidade em determinada cultura são opostos complementares, e como as mudanças nas convenções de comportamento para um dos gêneros exprime reações a mudanças nas convenções relativas ao outro.

Mais e mais problemas históricos vêm sendo examinados do ponto de vista do gênero. São um exemplo óbvio os julgamentos de bruxas nos primórdios da Europa moderna, dado o fato notório de que na maioria dos países a maior parte dos acusados eram mulheres. (Thomas, 1971, p.568-9; Levack, 1987, p.124-30; Ankarloo; Henningsen, 1990). Além disso, a história de instituições tais como mosteiros, regimentos, guildas, confrarias, cafés e faculdades vem sendo esclarecida, considerando-se essas instituições exemplos de "vínculos masculinos", com relativamente poucos equivalentes femininos (conventos de freiras, colégios de moças, institutos de mulheres etc.). O mesmo acontece na história da política, quando os estudiosos se concentram nas eleitoras ou na exclusão das mulheres da chamada esfera pública, em diversas culturas (Landes, 1988; Wiesner, 1993).[6]

O processo da construção social ou cultural do gênero também está sob escrutínio histórico. Exemplo expressivo é o recente estudo

---

[6] Ver, neste capítulo, a seção "A sociedade civil e a esfera pública".

sobre 119 holandesas que viveram como homens (principalmente no Exército e na Marinha) nos primórdios da Idade Moderna, na Europa, seus motivos para essa mudança de vida e a tradição cultural alternativa que possibilitou essa decisão. Maria van Antwerpen, por exemplo, de fato nascida em Breda, em 1719, era órfã e foi acolhida, porém maltratada, por sua tia. Começou a trabalhar como empregada doméstica, mas foi despedida, e decidiu alistar-se como soldado. Segundo sua autobiografia, tomou essa atitude porque ouvira falar sobre outras mulheres que haviam feito o mesmo e por temer ser obrigada a prostituir-se (Dekker; Pol, 1989, p.64-5).

O sexo foi abordado de forma semelhante, graças às ousadas reconceituações de Michel Foucault, que chegou a aventar que a homossexualidade (como a própria sexualidade) era "invenção" moderna, uma nova forma de discurso sobre os relacionamentos humanos.[7] Foucault comparou esse discurso com "o modo pelo qual a atividade sexual era problematizada pelos filósofos e doutores" na Grécia antiga, na Roma antiga e nos primeiros séculos d.C., observando, entre outras coisas, que os textos clássicos faziam referências a atos homossexuais, e não a pessoas homossexuais.

A abordagem de Foucault foi ampliada e aprofundada em estudos recentes de antropólogos e acadêmicos clássicos que tentam reconstituir as regras e os pressupostos subjacentes à atividade sexual nas diferentes culturas. Por exemplo, afirmou-se que, para os gregos antigos, o prazer não era mútuo, mas restrito ao parceiro dominante. Em consequência, o sexo simbolizava (ou era construído como) um jogo competitivo entre vencedores "durões" e "frágeis" perdedores. Uma relação sexual entre homens não era vergonha em si, porém fazer o papel do subordinado ou "feminino" punha a honra em risco (Foucault, 1976-1984; Ortner; Whitehead, 1981; Winkler, 1990, p.11, 37, 52, 54).

---

[7] Acerca do "discurso", ver, neste capítulo, a seção "Mentalidade, ideologias, discursos".

## Família e parentesco

O exemplo mais óbvio de uma instituição composta de um conjunto de papéis mutuamente dependentes e complementares é, com toda certeza, a família. Da década de 1950 à de 1980, a história da família tornou-se um dos campos de pesquisa histórica com crescimento mais rápido e induziu um diálogo entre historiadores, sociólogos e antropólogos sociais em que cada grupo aprendeu com os demais e, ao mesmo tempo, os forçou a revisar algumas de suas premissas.

Em um dos primeiros clássicos da Sociologia, *L'organisation de la famille* [*A organização da família*] (1871), Frédéric Le Play caracterizou três tipos principais de família. Havia a "patriarcal", agora mais conhecida como família "conjunta", em que os filhos casados (do sexo masculino) permanecem sob o teto do pai; a "instável", hoje conhecida como a família "nuclear" ou "conjugal", que todos os filhos (do sexo masculino e feminino) deixam ao se casarem; e um meio-termo entre as duas, o tipo mais diretamente relacionado com Le Play, a "família-tronco" (*famille souche*), na qual apenas um filho casado (do sexo masculino) permanece com os pais (Laslett, 1972, p.17-23; Casey, 1989, p.11-4).

A etapa seguinte foi organizar esses três tipos em ordem cronológica e apresentar a história da família europeia como um relato da contração gradual, começando pelo antigo "clã" medieval (no sentido de um grande grupo de parentes), passando pela família-tronco nos primórdios dos tempos modernos e chegando à família nuclear característica da sociedade industrial. Essa teoria da "'nuclearização' progressiva", contudo, que costumava ser ortodoxia sociológica, foi contestada por historiadores na década de 1960, em especial por Peter Laslett e seus colegas do Cambridge Group for the History of Population and Social Structure [Grupo de Estudo da História da População e da Estrutura Social de Cambridge], mas também em outros países, como a Holanda (Laslett, 1972, p.299-302).

Esse grupo de estudos elaborou uma classificação tripla um pouco diferente daquela de Le Play, concentrando-se no tamanho e na composição do domicílio e fazendo distinção entre domicílios familiares "simples", "estendidos" e "múltiplos". A descoberta mais conhecida desses estudiosos foi a de que, entre os séculos XVI e XIX, o tamanho dos domicílios na Inglaterra quase não variou da média de 4,75 membros. Eles também observam que os domicílios desse tamanho há muito são comuns na Europa ocidental e no Japão (Laslett, 1972).

A abordagem do domicílio é precisa e relativamente fácil de documentar, graças à sobrevivência de registros de censos; tem seus perigos, no entanto. Dois desses perigos, em particular, foram observados por sociólogos e antropólogos em novas contribuições para o diálogo entre as disciplinas.

Primeiro, as diferenças entre os domicílios descritos como "múltiplos", "estendidos" ou "simples" podem – como já havia destacado o russo Alexander Chayanov (1925) nos anos 1920 – não passar de fases no ciclo de desenvolvimento do mesmo grupo doméstico, que se expande enquanto o jovem casal está criando os filhos e vai contraindo-se novamente à medida que os filhos se casam e se mudam (Laslett, 1972, p.335-74).

Uma segunda objeção ao tratamento do tamanho e da composição do domicílio como índice da estrutura familiar nos conduz novamente ao problema dos dados *hard* e dos dados *soft*.[8] O que queremos descobrir é o modo pelo qual as relações familiares são estruturadas em determinado lugar e época, porém essa estrutura talvez não seja revelada pelo tamanho do domicílio. A família não é apenas uma unidade residencial, mas também – pelo menos de vez em quando – uma unidade econômica e jurídica. Ainda mais importante, é uma comunidade moral, no sentido de um grupo com o qual os membros se identificam e mantêm envolvimento emocional (Casey, 1989, p.14). Essa multiplicidade de funções propõe problemas porque as unidades econômica, emocional, residencial

---

[8] Ver, no capítulo 2 "Modelos e métodos", a seção "Métodos quantitativos".

e outras podem não coincidir. Assim, um índice baseado na coabitação talvez não nos informe o que mais precisamos saber sobre a estrutura familiar.

Por exemplo, um estudo sociológico acerca da classe trabalhadora na região leste de Londres, na década de 1950, indicou que parentes moradores de domicílios separados podem residir perto uns dos outros e se verem praticamente todos os dias. Nesse caso, coexiste um domicílio "conjugal" com uma mentalidade "estendida". Apontar exemplos históricos dessa coexistência não é difícil: em Florença, na época da Renascença, era frequente parentes nobres viverem em palácios vizinhos, encontrarem-se com regularidade na *loggia* da família e manterem estreita colaboração em assuntos políticos e econômicos. A história da família aristocrática em Florença, Veneza ou Gênova (para mencionar só algumas) não pode ser escrita somente com base no domicílio (Kent, 1977).[9]

Uma versão revisada da teoria da nuclearização foi lançada por Lawrence Stone em um estudo sobre as classes altas da Inglaterra entre 1500 e 1800. Conforme afirmação de Stone (1977), o que ele chama de a "família de linhagem aberta" predominante no início do período foi, primeiro, substituída pela "família nuclear patriarcal restrita" e, depois, no século XVIII, pela "família nuclear voltada para a vida doméstica fechada". Até essa versão revisada foi, entretanto, questionada por Alan Macfarlane (1979), cuja sugestão é de que a família nuclear já existia nos séculos XIII e XIV.

A controvérsia sobre a época do surgimento da família nuclear na Inglaterra não é uma questão de mero interesse em temas antigos, mas reflete visões diferentes das mudanças sociais. Por um lado, há a tese de que as mudanças econômicas, sobretudo o surgimento do mercado e os primórdios da Revolução Industrial, remodelam as estruturas sociais, inclusive as da família. Por outro, existe a argumentação de que as estruturas sociais são muito resilientes e

---

[9] Ver, no capítulo 2 "Modelos e métodos", a seção "Métodos quantitativos".

que o desenvolvimento da Europa ocidental, em geral, e o da Inglaterra, em particular, deve ser explicado pela "adequação" entre as estruturas sociais preexistentes e o capitalismo (Macfarlane, 1986, p.322-3).

Quaisquer que sejam seus pontos de vista sobre essas questões – a serem discutidas em mais detalhes no capítulo final –, os historiadores especialistas em família agora trabalham com um vocabulário mais preciso do que antes e estão aptos a estabelecer diferenças mais sutis do que as viáveis antes de se interessarem por teoria social. Em troca, persuadiram os sociólogos a revisarem algumas de suas primeiras generalizações nesse campo.

As estruturas familiares têm sido um dos mais importantes temas de pesquisa. Outro tema é o que podemos chamar de "estratégia" de família, para usar uma expressão que Pierre Bourdieu tomou emprestada da arte da guerra e adaptou ao estudo dos casamentos de camponeses em Pau, no sudoeste da França (a região e o grupo social de que o mesmo Bourdieu provém). As questões – quem decide quem casa com quem e sobre que bases – recebem respostas muito distintas em diferentes culturas e épocas.

Por exemplo, segundo Lawrence Stone, houve uma passagem gradual nos primórdios da Inglaterra moderna de os pais escolherem uma noiva ou um noivo para os filhos (com os filhos tendo direito de veto), para os filhos escolherem por si mesmos (com os pais tendo o direito de veto). No que se refere às razões para casar, Stone ressaltou o que chamou de "cálculo pragmático de interesse familiar" no caso de filhos e pais pertencentes às classes proprietárias (os pobres eram livres para casar como quisessem) (Stone, 1977, p.180-91).

Alguns exemplos famosos do mundo da nobreza em outras partes da Europa reforçam a tese de Stone. Conta-nos o duque de Saint-Simon em suas memórias, por exemplo, que quando estava combinando seu casamento, em 1694 (após a morte do pai), confessou ao futuro sogro que era com ele que pretendia casar-se.

Igualmente, as memórias de um fidalgo polaco do século XVII, Jan Pasek, o descrevem como um bom partido em sua época: "Dois cavalheiros [...] queriam unir-me em casamento com suas famílias [...] mas meu coração se inclinou para Sladowska, pois os ouvi dizerem que em suas propriedades não crescia só trigo em todos os campos, mas cebolas também". Sob alguns aspectos, o século XVII parece mesmo muito remoto.

Persistem os problemas. Quando dizemos que os "pais" decidiam qual o parceiro de casamento, estamos pressupondo um consenso que talvez não tenha existido. Teoricamente, numa sociedade patriarcal, o pai decidia, mas, na prática, as coisas podiam passar-se de outro modo. O delicado equilíbrio entre emoções e interesses diferia de indivíduo para indivíduo. Tudo o que os historiadores podem dizer é que o "interesse familiar" desempenhava um papel mais importante nos casamentos em alguns lugares, épocas e grupos sociais do que em outros.

## Comunidades e identidades

Na seção anterior, a família foi descrita essencialmente como uma "comunidade moral". O conceito de comunidade passou a desempenhar papel cada vez mais importante na escrita da História. Como vimos, os estudos de comunidades já estavam bem sedimentados em Antropologia e Sociologia em meados do século XX. No caso da História, a tradição das monografias sobre aldeias é muito mais antiga, porém, via de regra, tais estudos eram elaborados por si mesmos ou como expressão do orgulho local, e não como um meio para o entendimento da sociedade mais ampla. Em contrapartida, *Montaillou*, de Le Roy Ladurie, adota uma abordagem mais sociológica ou antropológica, a exemplo de alguns estudos mais antigos da França que ressaltavam as diferenças políticas e religiosas entre a *plaine* e o *bocage* – em outras palavras, entre as regiões cultiváveis e as regiões pastoris mais arborizadas no nordeste da França.

Os estudos sobre comunidades nos primórdios da Idade Moderna na Inglaterra também revelam contrastes culturais entre tipos de povoados em meios ambientes diversos. A diferença entre terra cultivável e pastagem, por exemplo, estava relacionada com as diferenças em grau de alfabetização e até com atitudes religiosas ou alianças contrastantes na Guerra Civil. Os povoados nas áreas de bosques eram em número menor, mais isolados, menos alfabetizados e cultivavam atitudes mais conservadoras do que as aldeias dedicadas à plantação de milho (Underdown, 1985). Os estudos desse tipo, que destacavam a relação entre a comunidade e seu meio ambiente, evitaram o duplo perigo de tratar uma aldeia como se fosse uma ilha e de ignorar a relação existente entre a microanálise e a macroanálise.

Também há argumentos em favor da aplicação dessa abordagem a uma espécie completamente diferente de ambiente nas grandes cidades, em que a existência mesma de comunidades é problemática. Uma geração mais antiga de sociólogos urbanos, em especial Georg Simmel (1903), destacou o anonimato e o isolamento dos indivíduos na cidade. Mais recentemente, contudo, os sociólogos e antropólogos passaram a considerar a cidade como um conjunto de comunidades ou "aldeias urbanas" (Gans, 1962; Suttles, 1972). O desafio para os historiadores urbanos é estudar a construção, a manutenção e a destruição de tais comunidades, sem perder de vista que o termo "comunidade" é tão indefinível – e tão indispensável – como o termo "cultura".

Estudos recentes acerca de ritual e símbolo talvez ajudem na resposta a esse desafio. Em um desses trabalhos, o antropólogo Victor Turner (1969, p.131, 165), ao desenvolver uma das ideias de Durkheim (1912, p.469, 475) sobre a importância de momentos de "efervescência criativa" para a renovação social, cunhou o termo *communitas* para referir-se a solidariedades sociais espontâneas, não estruturadas (seus exemplos iam dos antigos franciscanos aos *hippies* da década de 1960). E é inevitável que essas solidariedades sejam impermanentes, pois um grupo informal desaparece ou, então, se solidifica em uma instituição formal. Ainda assim, as *communitas* podem ser revividas periodicamente dentro de instituições, graças a rituais e a outros meios utilizados para conseguir o que tem sido chamado de "a reconstrução simbólica da comunidade" (Cohen, 1985).

Na cidade existente nos primórdios da Idade Moderna, por exemplo, paróquias, bairros, guildas e confrarias religiosas tinham cada qual os seus rituais anuais. Esses rituais perderam importância, mas não desapareceram por completo quando as cidades ficaram maiores e mais – porém não completamente – anônimas. De fato, eles ainda existem em algumas cidades, da parada do dia de São Patrício em Nova York ao Carnaval de Notting Hill, em Londres, embora agora exprimam e construam identidades étnicas, e não ocupacionais ou religiosas.

Identidade coletiva, assim como etnicidade, é um conceito que ganhou importância na última geração, tanto no mundo acadêmico quanto na política. A formação da identidade nacional, em particular, estimulou vários importantes trabalhos desenvolvidos recentemente. Mais e mais eruditos têm sido recrutados para o estudo de tais encarnações de identidade, como os hinos, as bandeiras e os rituais nacionais (como o dia da Bastilha). O poder da memória, da imaginação e dos símbolos na construção de comunidades está sendo cada vez mais ressaltado (Hobsbawm; Ranger, 1983; Nora, 1984-1993).

Por outro lado, a questão das condições sob as quais se formaram as identidades nacionais, principalmente no século XIX, permanece controversa. Para Benedict Anderson (1983), por exemplo, os fatores relevantes na criação dessas "comunidades imaginadas", expressão por ele criada que se tornou famosa, são o declínio da religião e o surgimento de línguas vernáculas (encorajadas pelo "capitalismo da imprensa"). Para Ernest Gellner (1983, p.39), o fator decisivo é o surgimento da sociedade industrial, com a criação de uma homogeneidade cultural que "aparece na superfície sob a forma de nacionalismo". Já Eric Hobsbawm (1990) tem sido cauteloso ao distinguir o nacionalismo, por um lado, de governos formados a partir do nacionalismo do povo, por outro, alegando que o sentimento das pessoas comuns a respeito de nacionalidade se tornou uma questão de importância política apenas no fim do século XIX.

Problemas semelhantes são levantados pelo renascer ou ressurgir no cenário político de outras identidades coletivas: regionais (no norte da Itália, por exemplo, ou no sul da França), religiosas (na Índia, na Bósnia ou na Irlanda do Norte) e "étnicas" (na África ou nas Américas). A definição de etnicidade é polêmica, mas a caracterização proposta por Max Weber dos grupos étnicos continua sendo útil: "grupos humanos (mas não de parentesco) que acalentam uma tal crença em sua origem comum, que ela proporciona a base para a criação de uma comunidade".

Uma das pistas importantes para a compreensão desses ressurgimentos tem sido ressaltada por três antropólogos: Pierre Bourdieu, Arjun Appadurai e Anton Blok. Bourdieu argumentou que a "identidade social reside na diferença, e a diferença é afirmada contra o que está mais perto, que representa a maior ameaça" (1979, p.479). Appadurai vincula a violência étnica à "incerteza quanto às categorias" (1996, p.154-5). Blok, por seu lado, valendo-se do conceito freudiano de "narcisismo das pequenas diferenças" para analisar acontecimentos recentes na Irlanda do Norte, na Bósnia, em Ruanda e no Sri Lanka, chega à conclusão de que a violência é muitas vezes desencadeada pela "perda iminente das diferenças" (2001, p.131).

Ocorreu na Rússia um conflito anterior que a teoria de Freud-Bourdieu-Blok esclarece. Em 1667, a Igreja Ortodoxa dividiu-se em duas, quando um concílio eclesiástico, reunido em Moscou, apoiou algumas inovações recentes e excomungou os defensores da tradição local, mais tarde conhecidos como os "velhos crentes". As questões explícitas nesse debate parecem ter sido triviais. Deve o gesto de abençoar ser feito com dois ou três dedos? Deve o nome de Jesus ser escrito com um só i (Isus) ou dois (Iisus)? Não é difícil adivinhar como os historiadores racionalistas posteriores descreveram tais debates, vendo-os como típicos da mente religiosa ou supersticiosa, distante da vida real e incapaz de distinguir o significativo do insignificante. É, porém, mais instrutivo tratar essas diferenças menores como símbolos de identidade. Por um lado, o grupo que se identificava com o Cristianismo Oriental como um todo; por outro, aqueles para os quais a forma russa da Ortodoxia fazia parte de sua identidade. Ambas as partes podiam reivindicar a tradição para si – diferentes tradições.

Mais uma vez, na história da Igreja Católica, gastou-se mais energia em atacar os "heréticos" que diferem dos ortodoxos em pontos de detalhe (consubstanciação em vez de transubstanciação, por exemplo) do que em converter os descrentes. De fato, antes mesmo de Freud, Georg Simmel observou como, no caso da religião, "a mínima divergência" pode tornar-se fonte de graves conflitos (1908, p.43). Tese semelhante pode ser defendida a respeito do Partido Comunista na Rússia e em outros lugares: muitas vezes era mais perigoso ser um marxista não ortodoxo (um trotskista, por exemplo, na Rússia de Stalin) do que ser um não marxista ou mesmo um antimarxista. Eram os marxistas heterodoxos os que com maior frequência eram presos e até executados.

O modo pelo qual a identidade de um grupo é definida em relação ou comparação a outros – protestantes *versus* católicos, homens *versus* mulheres, nortistas *versus* sulistas, e assim por diante – foi analisado com clareza em um extraordinário trabalho de Antropologia Histórica que estuda a relação entre africanos e afro-americanos. No Brasil, no fim do século XIX, alguns escravos libertos com antepassados na África Ocidental decidiram voltar para a África, para Lagos, por exemplo, decisão que sugere que esses negros se julgavam africanos. Ao retornar, entretanto, foram considerados forasteiros – brasileiros – pela comunidade local (Carneiro da Cunha, 1985). Esse exemplo faz-nos lembrar a importância de estudar tanto a identidade individual como a coletiva de dois ângulos, de dentro e de fora. Não podemos pressupor que os outros nos veem como nós mesmos nos vemos.

O termo "comunidade" é, portanto, ao mesmo tempo útil e problemático. Precisa livrar-se do pacote intelectual em que ele faz parte do modelo consensual, durkheimiano de sociedade.[10] Não se pode supor que cada grupo seja permeado pela solidariedade; as comunidades precisam ser construídas e reconstruídas. E não se pode ter por certo que uma comunidade seja caracterizada por atitudes homogêneas ou esteja livre de conflitos – lutas de classes, entre outros. Os problemas de "classe" constituem o tema da seção seguinte.

## Classe e *status*

A estratificação social é uma área em que os historiadores mais costumam usar termos técnicos como "casta", "mobilidade social" etc., sem tomar conhecimento dos problemas a eles associados nem das distinções necessárias, segundo a descoberta dos teóricos sociais.[11] Não é exatamente uma surpresa descobrir que os historiadores que julgaram mais útil o modelo de classes são os que estudam a sociedade industrial, sobretudo na Grã-Bretanha (a sociedade em que o próprio Marx escreveu e na qual a linguagem de classe era usada por muitos contemporâneos) (Briggs, 1960; Jones, 1983; Joyce, 1990; Cannadine, 1998; Feldman, 2002). As classes foram até mesmo consideradas a chave para a história moderna britânica.

Mesmo nesse caso, porém, houve importantes controvérsias acerca dos usos do conceito, que levantaram duas questões em particular. Em primeiro lugar, com que amplitude é aplicado o termo "classe"? A quantas partes do mundo e em quantas épocas?

---

[10] Ver, no capítulo 2 "Modelos e métodos", a seção "Métodos quantitativos".
[11] Ver, no capítulo 2 "Modelos e métodos", a seção "Modelos e tipos".

## Conceitos centrais

Em segundo lugar, é a classe uma característica objetiva de certas sociedades ou simplesmente uma categoria intelectual e elas imposta? A segunda questão também é relevante para outras categorias de análise, e será, portanto, discutida mais adiante.[12] É a primeira questão que exige atenção aqui.

No caso das classes, como outras categorias usadas pelos historiadores, encontramos uma aparente adequação entre os modelos de atores e os modelos de historiadores. No entanto, os aspectos positivos e negativos de um modelo em geral ficam mais claros, estendendo-o, ou seja, tentando utilizá-lo fora da área para a qual foi projetado originalmente. Por isso, talvez seja mais instrutivo discutir algumas tentativas de analisar as sociedades pré-industriais em termos de classe.

Um exemplo conhecido desse tipo de análise é a elaborada pelo historiador soviético Boris Porshnev (1963) em seu estudo sobre as revoltas populares na França, no início do século XVII. Houve um número considerável dessas revoltas nas cidades e no interior, da Normandia a Bordéus, sobretudo entre 1623 e 1648. Porshnev destacou os conflitos entre proprietários e arrendatários, mestres e artífices assalariados, governantes e governados, e apresentou os rebeldes como homens com um objetivo consciente: derrubar a classe dominante e dar um fim ao regime "feudal" que os oprimia. O livro foi criticado como anacrônico por historiadores franceses como Roland Mousnier (1967), exatamente porque Porshnev insistiu em usar o termo "classe" – no sentido amplo de Marx – para descrever os conflitos do século XVII. De acordo com esses historiadores, as revoltas representavam protestos contra aumentos nos impostos pelo governo central, e o conflito por elas expresso era entre Paris e as províncias, não entre a classe dominante e o povo. Na esfera local, o que esses protestos revelavam eram vínculos, e não conflitos,

---

[12] Ver, no capítulo 6 "Pós-modernidade e pós-modernismo", a seção "Construções culturais".

entre as pessoas comuns e a nobreza urbana e rural (Bercé, 1974; Pillorget, 1975).

Supondo-se por enquanto que as críticas já resumidas sejam bem fundamentadas e que o modelo de classes não contribua para o entendimento dos protestos sociais nem, na verdade, para a compreensão da estrutura social na França do século XVII, que modelo os historiadores deveriam usar como substituto?

Segundo Mousnier, o modelo correto a ser utilizado nessa análise específica é o dos três estados ou três ordens: o clero, a nobreza e o restante. Esse modelo remonta à Idade Média e era empregado pelos próprios contemporâneos – Mousnier faz uso considerável de um tratado sobre "Ordens e dignidades", escrito por um advogado francês do século XVII, Charles Loyseau. A divisão tripartite da sociedade foi consagrada pela lei. Na França, antes da revolução de 1789, o clero e a nobreza eram estados privilegiados, com isenção tributária, por exemplo, enquanto os desprivilegiados formavam o "terceiro estado" residual – daí a afirmação de Mousnier de que Porshnev tentava impor ao Antigo Regime conceitos aplicáveis apenas ao período posterior à Revolução.

Vale salientar que Mousnier não elaborou sua teoria social só com base nos tratados do século XVII. Ele também leu alguns sociólogos, como o norte-americano Bernard Barber (Burke, 1992b). Esses sociólogos compartilhavam de uma tradição cujo representante mais ilustre é Max Weber. Este estabelece a diferença entre "classes", definindo-as como grupos de pessoas cujas oportunidades na vida (*Lebenschancen*) eram determinadas pela situação do mercado, e "estados" ou "grupos definidos por *status*" (*Stände*), cujo destino era determinado pelo *status* ou honra (*ständische Ehre*) que lhes era concedido por outros. A posição dos grupos definidos por *status* era normalmente adquirida no nascimento e definida por lei, mas era revelada por seu "estilo de vida" (*Lebenstil*) (Weber, 1948, p.180-94).[13]

---

[13] A esse respeito, ver também Bush (1992).

Enquanto Marx definia suas classes em termos de produção, Weber chegou perto de definir seus estados em termos de consumo. A longo prazo, propôs ele, a propriedade confere *status*, embora a curto prazo "tanto as pessoas com propriedades quanto as que não dispõem de bens possam pertencer ao mesmo *Stand*" (Weber, 1948, p.186-7). Fica claro que Weber extraiu seu conceito de "grupo de *status*" da ideia tradicional europeia dos três estados, mas também que ele aperfeiçoou a ideia e a tornou mais analítica, de forma que analisar o século XVII em termos weberianos não é exatamente a viagem circular que aparenta ser.

O modelo de Weber foi apresentado como alternativa ao de Marx, e os marxistas, por sua vez, responderam a Weber, destacando, por exemplo, que valores como *status* não chegam a ser a expressão de um consenso social geral como valores que a classe dominante tenta impor – com maior ou menor sucesso – a todas as outras pessoas (Parkin, 1971, p.40-7). Também se poderia argumentar que algumas declarações contemporâneas sobre a estrutura de uma sociedade específica não deveriam ser tomadas como descrições neutras, porém como tentativas, por parte de membros de determinado grupo, de justificar seus privilégios.

Por exemplo, a conhecida divisão da sociedade medieval em três estados ou em três funções – "os que oram, os que lutam e os que trabalham" – mais parece uma justificativa para a posição daqueles que não trabalham. Em estudo brilhante, o historiador Georges Duby (1978), valendo-se com discrição das ideias do filósofo Louis Althusser (1969, p.121-73), examinou o surgimento dessa divisão tripla da sociedade na França nos séculos XI e XII, bem como explicou seu sucesso em relação à situação social e política da época.

No caso do debate sobre a sociedade francesa do século XVII, pode-se argumentar que Mousnier aceitou a visão oficial do sistema muito facilmente. Loyseau, o advogado em cuja descrição da estrutura social Mousnier mais se baseou, não era um observador imparcial, desinteressado. Loyseau não descrevia simplesmente a sociedade francesa de sua época, mas articulava uma visão sobre o assunto do ponto de vista do ocupante de um cargo no seio dessa sociedade, o de magistrado alçado à condição de nobre. Sua visão deve ser comparada e contrastada com a de nobres tradicionais, que contestavam a pretensão do magistrado a um alto *status*, e, se possível, com outras visões da mesma sociedade vista de baixo para cima.

O debate entre Marx e Weber é complicado pelo fato de os dois tentarem responder a questões diferentes sobre a desigualdade. Marx estava preocupado especialmente com o poder e com o conflito, enquanto Weber estava interessado nos valores e nos estilos de vida. O modelo de classes passou a ser associado com uma visão que considerava a sociedade, em essência, conflituosa, minimizando as solidariedades, ao passo que o modelo de ordens passou a ser relacionado com uma visão da sociedade com características harmoniosas, subestimando o conflito. Há ideias importantes em ambos os modelos, mas o perigo de simplificação exagerada é óbvio.

Portanto, talvez seja útil tratar os modelos antagônicos como complementares, e não como modos contraditórios de ver a sociedade, em que cada um deles salienta algumas características da estrutura social em detrimento de outras (Ossowski, 1957, p.172-93; Burke, 1992b). O modelo de ordens parece mais pertinente às sociedades pré-industriais e o modelo de classes, às sociedades industriais, embora também se possam extrair boas ideias com a utilização crítica de ambos os modelos.

Os historiadores das sociedades não europeias, de qualquer modo, são forçados a adotar esse procedimento, uma vez que os conceitos rivais se originaram, como vimos, em um contexto europeu. Os mandarins chineses, por exemplo, constituíam um grupo de *status* ou uma classe social? É válido redefinir as castas indianas como uma espécie de grupo de *status* ou é melhor considerar a sociedade indiana como uma forma única de estrutura social? O defensor mais fervoroso desta última visão foi o antropólogo francês Louis Dumont, que argumentou que os princípios subjacentes às desigualdades na sociedade indiana, sobretudo a pureza, são diferentes de seus equivalentes no Ocidente. Infelizmente Dumont chegou a identificar o contraste entre sociedades hierárquicas e igualitárias com aquele existente entre a Índia e o Ocidente, como se as ordens privilegiadas do clero e da nobreza jamais houvessem existido na Europa (Dumont, 1966, 1977).[14]

Na verdade, o conceito de pureza foi usado algumas vezes também na Europa para justificar a posição de certos grupos sociais. Na Espanha em particular, a "pureza do sangue" (*limpieza del sangre*) era essencial, oficialmente, ao alto *status*, e em outros lugares, como na França, a nobreza costumava descrever seus inferiores sociais como impuros. Tais conceitos eram utilizados – sem sucesso – para impedir a mobilidade social.

## Mobilidade social e distinção social

A exemplo de "classe", mobilidade social é uma expressão suficientemente familiar aos historiadores, e foram dedicadas ao tema monografias, congressos e edições especiais. Talvez não sejam muito conhecidas algumas das distinções estabelecidas por sociólogos, das quais pelo menos três têm sua utilidade na prática histórica. A primeira é entre movimento ascendente e descendente na escala social, uma vez que o estudo da mobilidade descendente tem sido relativamente negligenciado. A segunda distinção é aquela entre a mobilidade dentro de uma existência individual ("intrageracional", como dizem os sociólogos) e a mobilidade difundida por várias gerações ("intergeracional"). A terceira distinção é a estabelecida entre a mobilidade individual e a do grupo. Os professores universitários britânicos, por exemplo, há um século desfrutavam de *status* mais alto do que aquele dos dias atuais. Por outro lado, pode-se demons-

---

[14] Uma crítica a essa visão de Dumont pode ser encontrada em Dirks (2001, p.54-59).

trar que certas castas indianas ascenderam socialmente ao longo do mesmo período (Srinivas, 1966).

Há dois grandes problemas na história da mobilidade social: as mudanças na taxa de mobilidade e as mudanças em seus modos. Historiadores de todos os períodos, segundo se observou, parecem ressentir-se da insinuação de que "sua" sociedade é fechada ou imóvel. Muito embora, certa vez, um imperador bizantino tenha decretado que todos os filhos do sexo masculino deveriam seguir a ocupação do pai, é improvável que alguma sociedade estratificada tenha existido em estado de completa imobilidade, o que significaria que todos os filhos e filhas desfrutassem (ou padecessem) do mesmo *status* que seus pais. A propósito, existe uma importante diferença a ser apontada entre o que se poderia chamar de a mobilidade "visível" dos homens nas sociedades patrilineares e a mobilidade "invisível" das mulheres por meio de casamentos em que elas alteram o nome.

As perguntas cruciais a serem feitas sobre mobilidade social em determinada sociedade são, por certo, relativas. Exemplo: a taxa de mobilidade social (ascendente ou descendente) na Inglaterra do século XVII era maior ou menor que a taxa da França e do Japão no mesmo século, ou da Inglaterra em período anterior ou posterior? Uma abordagem quantitativa e comparativa praticamente se impõe, apesar dos possíveis perigos.

Um exemplo desses perigos é dado por um estudo da China nos períodos Ming e Qing, ou seja, de 1368 a 1911, que alegou ter sido a sociedade chinesa muito mais aberta que a sociedade europeia do mesmo período. Provas da taxa extraordinariamente alta de mobilidade social na China foram fornecidas pelas relações de candidatos bem-sucedidos nos concursos para o funcionalismo público. Essas relações continham informações sobre a origem social dos candidatos. No entanto, como um crítico logo apontou, "dados relativos à origem social de uma classe dominante não constituem dados sobre os índices globais de mobilidade nem acerca das oportunidades na vida de pessoas das classes baixas". Por que não?

Porque é necessário levar em consideração o tamanho relativo da elite. No que tange a elites, os mandarins chineses representavam apenas pequena porcentagem da população. Mesmo que o acesso a essa elite tenha sido relativamente aberto – e até isso é polêmico –, as taxas de oportunidades na vida dos filhos (do sexo masculino) de mercadores, artífices, camponeses etc. teriam permanecido baixas (Ho, 1959; Dibble, 1960-1961).

Uma segunda questão importante a ser suscitada sobre a mobilidade social diz respeito a seus modos, isto é, aos vários caminhos para atingir o topo e aos diferentes obstáculos enfrentados por potenciais candidatos à ascensão (é provável que a mobilidade descendente revele menos variações). Se o desejo de subir na vida é uma constante, o modo de ascensão varia de lugar para lugar e muda com o passar do tempo.

Voltando à China, descobrimos que durante longo tempo (do final do século VI ao início do XX), a estrada real, ou melhor, a estrada imperial para o topo era propiciada pelo sistema de concursos. Como certa vez observou Max Weber, na sociedade ocidental perguntariam a um estranho quem era seu pai, mas na China lhe perguntariam em quantos concursos fora aprovado. O êxito em concursos era o principal meio de acesso à burocracia chinesa, e os postos burocráticos conferiam *status*, riqueza e poder.

Na prática, o sistema era menos meritocrático que na teoria, pois os filhos dos pobres não tinham acesso às escolas onde se adquiriam os conhecimentos necessários ao êxito nos exames. Apesar disso, o sistema chinês de recrutamento de mandarins – que inspirou a reforma do funcionalismo público britânico em meados do século XIX – era um dos mais sofisticados e, com toda probabilidade, uma das tentativas mais bem-sucedidas de recrutamento por mérito jamais desenvolvidas por um Estado pré-industrial (Weber, 1964; Miyazaki, 1976; Chaffee, 1985; Elman, 2000).

O principal adversário da China imperial nesse aspecto era o Império Otomano, onde o chamado "tributo das crianças" (*devshirme*) era cobrado pelo sultão, sobretudo nos séculos XV e XVI. Nesse sistema, ambas as elites, militar e administrativa, eram recrutadas em meio à população de súditos cristãos. As crianças eram selecionadas aparentemente com base em suas aptidões e recebiam uma educação completa. O "nível A" incluía os meninos mais brilhantes, que ingressavam no "Serviço Interno", no domicílio do sultão, podendo chegar a cargos importantes, como o de grão-vizir, ao passo que o "nível B" incluía meninos que ingressavam no "Serviço Externo", nas Forças Armadas. Todos os recrutas eram obrigados a converter-se ao Islamismo. Essa conversão à religião predominante no império tinha o objetivo – na verdade, a função – de romper seus laços com as raízes culturais, tornando-os, dessa forma, mais dependentes do sultão. Uma vez que os muçulmanos eram obrigados a educar os filhos de ambos os sexos como muçulmanos, a conversão garantia que os filhos (do sexo masculino) dos membros da elite não tivessem direito a cargos (Parry, 1969; Inalcik, 1973).

Na Europa pré-industrial, um dos principais caminhos da mobilidade social era a Igreja. Segundo a famosa tipologia de Stendhal, as carreiras eram mais abertas ao talento de "preto", na Igreja, do que de "escarlate", no Exército. O filho de um camponês talvez pudesse terminar sua carreira eclesiástica como papa, como ocorreu com Sisto V no fim do século VI. Sacerdotes importantes também podiam ocupar altos postos no Estado. Na Europa do século XVII, entre os principais ministros de Estado estavam os cardeais Richelieu e Mazarino, ambos a serviço dos reis da França, o cardeal Khlesl, a serviço do imperador Habsburgo, e o arcebispo Laud, a serviço de Carlos I. Richelieu veio da baixa nobreza, mas Khlesl era filho de um padeiro e Laud, de um comerciante de roupas. Para os governantes europeus, uma das vantagens da nomeação de membros do clero católico, em especial, como ministros era sua impossibilidade de terem filhos legítimos que pudessem reivindicar a sucessão nos cargos. Nesse sentido, o uso do clero forma um paralelo com a confiança otomana no *devshirme* e o emprego de eunucos em altos cargos dos impérios romano e chinês. Todos eles são exemplos do que Ernest Gellner chama de "cavalos castrados" (*gelding*) (Gellner, 1981, p.14-15).

Outro meio de ascensão social na Europa dos primórdios da Idade Moderna consistia em imitar o estilo de vida de um grupo mais alto na escala social e praticar o "consumo conspícuo".

## Consumo e troca

Mais acima neste mesmo capítulo, discuti a crítica de Kula às leis da economia clássica, sob a alegação de que elas não levavam em conta o comportamento econômico real de alguns grupos, como os magnatas poloneses dos séculos XVII e XVIII. Esses nobres não se enquadravam no modelo convencional de "homens voltados para a economia". Não estavam interessados em lucro nem em uma forma econômica de administração, mas em rendimentos estáveis para gastar com luxuosos produtos importados, como vinho francês – uma forma de "consumo conspícuo". Essa expressão remete ao sociólogo norte-americano Thorstein Veblen, no fim do século XIX.

A expressão faz parte de uma teoria. Segundo Veblen – defensor apaixonado do igualitarismo e praticante de um estilo de vida conspicuamente simples –, o comportamento econômico da elite, a "classe do lazer", como ele a chamava, era irracional e perdulário, motivado apenas pela "emulação". O sociólogo aplicou tanto às sociedades pré-industriais quanto às industriais as conclusões a que chegou o antropólogo Franz Boas em seus estudos sobre os kwakiutl. A instituição kwakiutl mais famosa era o "potlatch", a destruição de bens (sobretudo cobertores e gravuras em cobre) pelos chefes.

Todavia, o aparente desperdício do potlacht tinha o que poderíamos chamar de "racionalidade latente" (ver abaixo, p.138). Ele fazia parte de uma estratégia de dominação. A destruição de bens era um modo de demonstrar que o chefe que organizava o potlatch era mais rico que seus adversários e, por conseguinte, o potlatch era também um modo de humilhá-los. Era uma forma de "lutar usando os bens como armas". Os chefes estavam interessados não no acúmulo de riqueza, mas em usá-la para ganhar *status* e poder (Veblen, 1899; Boas, 1966).[15]

Na década de 1970, o sociólogo francês Pierre Bourdieu adotou uma abordagem semelhante em relação ao consumo, como parte de um estudo mais genérico das estratégias pelas quais as pessoas – principalmente as das classes média e alta francesas – se distinguem das outras. A exemplo de Boas e Veblen, Bourdieu atesta que

> o poder econômico é, acima de tudo, o poder de se afastar da necessidade econômica; por essa razão, é sempre marcado pela destruição da riqueza, pelo consumo ostentatório, pelo desperdício e por todas as formas de luxo injustificado (Bourdieu, 1979).

Desde a publicação do livro de Bourdieu, cada vez mais historiadores têm adotado o conceito de consumo conspícuo (Brewer; Porter, 1993). Esses estudos não só ilustram a teoria, mas a aperfeiçoam e a qualificam em diversos aspectos. Por exemplo, os historiadores têm observado que alguns contemporâneos ao menos estavam a par do que ocorria e elaboravam análises na linha de Veblen. Nos primórdios da Idade Moderna, um conceito fundamental era "magnificência", termo que resume nitidamente a conversão de riqueza em *status* e poder. Todos os escritores de ficção estavam cientes da importância dos símbolos de *status*, em especial as roupas. A "literatura picaresca" espanhola dos séculos XVI e XVII concentra-se nas tentativas do herói (de fato, um malandro ou pícaro) de se passar por nobre, utilizando-se precisamente desses meios.

O conhecimento do uso de símbolos na luta pelo alto *status* não se restringiu aos escritores de ficção. Um burgomestre de Gdansk do século XVII tinha até o lema "para ser invejado" (*pro invidia*) inscrito na fachada de sua casa. À mesma época, um escritor florentino

---

[15] A esse respeito, ver também Codere (1950).

fazia referência à "tentativa por parte dos ricos de distinguirem-se dos outros", enquanto um genovês afirmava que os aristocratas de sua cidade gastavam mais do que o necessário "a fim de causar sofrimento àqueles que não podiam fazer o mesmo e deixá-los muito infelizes" (Burke, 1987, p.134-5).

Estes últimos comentários são moralizantes e satíricos, é óbvio. Servem para lembrar-nos da necessidade de distinguir entre diferentes atitudes em relação ao consumo conspícuo dentro da mesma sociedade. Foi mostrado pelos historiadores que nos primórdios da Europa moderna, a visão de "magnificência" como obrigação dos grandes coexistia com a teoria de que ela exemplificava o orgulho espiritual. Na prática, o consumo conspícuo parece ter variado de região para região (alto na Itália, baixo na República Holandesa, por exemplo), bem como de um grupo social para outro. Também houve mudança a longo prazo, com o consumo competitivo alcançando um pico aparente no século XVII.

Aprofundando-nos um pouco mais na análise dos conceitos, podemos afirmar que as estratégias para distinguir-se assumiram formas diferentes, incluindo a de privar-se visivelmente do consumo, uma "ética protestante" (nas palavras de Weber), que, a bem da verdade, não se limitava aos protestantes. Tal opção parece ter gozado de popularidade crescente no século XVIII, tempos de um debate sobre as consequências prejudiciais do "luxo". Vale a pena, contudo, observar que uma estratégia dessa espécie propiciava uma possível fuga às consequências autodestrutivas do consumo competitivo.

O consumo deve ser analisado não só segundo a classe social, mas também segundo o gênero. Na Europa, ele foi dominado pela mulher, pelo menos na área de roupas e mobílias, desde o início da chamada sociedade de consumo, na Inglaterra do século XVIII ou mesmo antes (Brewer; Porter, 1993: p.119-20, 274-301). Na França do fim do século XVII, por exemplo, um jornal chamado *Mercure Galant* [Mercúrio Galante] – talvez a primeira revista feminina – oferecia a cada mês informações sobre as últimas tendências da moda.

O consumo conspícuo é apenas uma estratégia para um grupo social mostrar-se superior a outro. Essa forma específica de comportamento, entretanto, representa muito mais que uma estratégia. Um dos perigos da teorização é o reducionismo, ou seja, a tendência de ver o mundo como nada mais que exemplos para a teoria. Nesse caso, o pressuposto de que os consumidores desejam simplesmente exibir sua riqueza e *status* foi contestado por um sociólogo britânico, Colin Campbell (1987), ao sugerir que a razão pela qual as pessoas compram muitos objetos de luxo é a conservação da imagem que fazem de si mesmas. O que elas estão realmente comprando é identidade, individual ou coletiva (Clammer, 1997).

O modo mais simples de corrigir a tendência para o reducionismo é voltar a atenção para uma teoria oposta. Portanto, neste ponto talvez seja útil examinar o consumo conspícuo de outro ângulo: o da troca ou reciprocidade, estudada na década de 1940 pelo economista húngaro Karl Polanyi. Como Kula, vinte anos depois, Polanyi criticou os economistas por suporem que suas generalizações fossem universalmente válidas, e distinguiu três sistemas básicos de organização econômica. Só um deles, o sistema de mercado, está sujeito às leis da Economia clássica. Polanyi (1944) chamou os outros dois modos de organização de sistemas de "reciprocidade" e de "redistribuição" (Skocpol, 1984, p.47-8).

O sistema de reciprocidade baseia-se no presente. Em um estudo sobre as ilhas do Pacífico ocidental, o antropólogo polaco Bronislaw Malinowski (1922) apontara a existência de um sistema circular de troca. Armilas de conchas viajavam em uma direção, pulseiras de conchas, em outra. A troca não tinha nenhum valor econômico, mas mantinha laços de solidariedade social. Em seu famoso ensaio sobre o dom, o sociólogo francês Marcel Mauss fez generalizações com base em exemplos desse tipo, afirmando que essa "forma arcaica de troca" tinha grande importância social e religiosa e se fundamentava em três leis não escritas: a obrigação de dar, a obrigação de receber e a obrigação de retribuir. Não existem "dons gratuitos"

(Mauss, 1925; Douglas, 1990). Polanyi levou a generalização um passo adiante, ao considerar o presente a característica central do primeiro de seus três modelos de sistema econômico.

O segundo sistema de Polanyi baseia-se na redistribuição. Quando os presentes são trocados entre iguais, a redistribuição depende de uma hierarquia social. O tributo vai para a metrópole de um império e sai novamente para as províncias. Líderes distribuem a seus seguidores os bens tomados de pessoas estranhas ao grupo. Os seguidores dão aos líderes lealdade e prestam serviços a eles.

Tais ideias exerceram influência considerável sobre os historiadores preocupados com a vida econômica nas sociedades pré-industriais, embora estes tendessem a ignorar a distinção estabelecida por Polanyi entre reciprocidade e redistribuição e a contrastar dois sistemas, o arcaico e o moderno. Georges Duby (1973) destacou as funções da troca de presentes no desenvolvimento dos primeiros estágios da economia medieval, ao passo que o ambicioso estudo de Fernand Braudel sobre a vida material e o capitalismo nos primórdios dos tempos modernos também deve muito às ideias de Polanyi, que é citado várias vezes no texto (Braudel, 1979, p.2, 26, 225, 623).

Tenha ou não se originado de uma leitura de Polanyi, a influente ideia de uma "economia moral", apresentada por E. P. Thompson, pode ser situada nessa tradição. Como já foi sugerido, a ideia de economia moral representa um dos relativamente poucos exemplos de um conceito cunhado por um historiador e, depois, aceito por colegas de outras disciplinas. Para ser exato, Thompson encontrou a expressão "a economia moral do sistema fabril" na obra *Philosophy of Manufactures* [Filosofia das Manufaturas] (1835), de Andrew Ure, que discutia a religião em termos econômicos, como parte do "maquinário moral" do sistema. E. P. Thompson, entretanto, virou Ure de cabeça para baixo, utilizando a expressão para referir-se à economia moralizada construída com base na ideia do preço justo e imposta em épocas de escassez pela turba do século XVIII

(Thompson, 1963, p.389ss.; Thompson, 1991, p.188-258).[16] Se essas multidões realmente voltavam os olhos para uma era dourada no passado, como propõe Thompson, é assunto para debate. O que fica claro é que estudos sobre outras sociedades, algumas tão distantes da Inglaterra como o sudeste asiático, consideraram fértil o conceito de uma "economia moral" (Scott, 1976).[17]

Os historiadores da cultura e da política também têm escrito acerca da importância dos presentes considerando quem (superiores, iguais, inferiores) dava o quê (espadas, anéis, taças, roupas, livros, vinho, faisões) a quem ("amigos" no sentido amplo da palavra), quando (no ano-novo ou nos casamentos), segundo que rituais etc. Como os antropólogos, sugerem que os dons são objetos materiais com uma mensagem ("Diga-o com faisões"), criando amizades e mantendo uma rede social. Nem sempre apresentam as trocas como algo que aplaine as relações sociais, como visam a ser, mas também ressaltam a importância de "dons que dão errado", de acusações de ingratidão e de conflitos de interesse. É difícil recusar presentes, mas no século XVII os presentes para os juízes, por exemplo, podiam levar a acusações de suborno, como no caso do lorde chanceler Francis Bacon (Gurevich, 1968; Bestor, 1999; Davis, 2000; Groebner, 2000).

Muitos estudos da troca de dons pressupunham que se tratava de uma característica apenas de sociedades tradicionais ou, como dizia Mauss, "arcaicas", mas alguns trabalhos recentes ressaltam a sua persistente importância depois da Revolução Industrial e até mesmo nos dias de hoje. São distinguidos diversos tipos de troca, inclusive os que são dados por e para mulheres e homens, e são comparados os repertórios de troca de diferentes culturas (Strathern, 1988; Davis, 1992; Godbout, 1992). Um campo importante de debate diz respeito à racionalidade do ato de dar, se é melhor

---

[16] Para uma crítica, ver Stevenson (1985).
[17] Ver também Thompson (1991, p.341-9).

vê-lo como altruísmo ou investimento, a criação de "capital" social ou cultural.

## Capital cultural e social

Segundo Bourdieu, por exemplo, o desperdício aparente, como os presentes ou as diversões dispendiosas, é na realidade um modo de converter o capital econômico em capital político, social, cultural ou "simbólico". Gastar agora para obter lucros menos tangíveis, mais para a frente, pode ser considerada uma forma de investimento. Seu exemplo favorito era o sistema educacional francês. Observando a diferença em rendimento acadêmico entre os filhos e as filhas da burguesia e os da classe trabalhadora, Bourdieu explicava o melhor desempenho dos primeiros em termos das "estratégias de investimento cultural" adotadas pelos pais, estratégias tais como dar-lhes para ler romances clássicos ou levá-los a concertos e museus. A obtenção de boas notas pelos estudantes burgueses, o que impulsionava suas futuras carreiras, era descrita como a conversão de capital herdado em capital adquirido (Bourdieu, 1979, p.80-3).

Essa conversão é um meio do que Bourdieu chama "reprodução cultural". Essa expressão refere-se à tendência da sociedade em geral, e do sistema educacional em particular, de se reproduzir, inculcando os valores do passado na geração que desponta (Bourdieu; Passeron, 1970).[18] As tradições não persistem automaticamente, por "inércia", como os historiadores por vezes dizem (Mosse, 1996, p.485-7). São transmitidas como resultado de uma boa dose de trabalho pesado por parte dos pais, professores, sacerdotes, empregadores e outros agentes de socialização.

O conceito de "reprodução social" é útil por chamar a atenção para o esforço envolvido em correr sem sair do lugar – ou seja, manter a sociedade mais ou menos como está. A restrição "mais ou

---

[18] A esse respeito, ver também Althusser (1970).

menos" tem de ser acrescentada porque, como afirma o antropólogo Marshall Sahlins, "toda reprodução de cultura é uma alteração, na medida em que ao serem postas em prática, as categorias pelas quais um mundo presente é orquestrado assumem novo conteúdo empírico" (1985, p.144). Basta que cada geração reinterprete, por pouco que seja, as normas no processo de recebê-las e retransmiti-las, para ocorrerem consideráveis mudanças sociais a longo prazo.

A metáfora do capital e do investimento parece tornar-se cada vez mais atraente. Um estudo recente sobre a política é construído ao redor da ideia de "capital moral" – em outras palavras, o investimento da reputação de um líder político (Charles De Gaulle, por exemplo, ou Nelson Mandela) para conseguir sucesso numa tarefa difícil, tal como a saída pacífica da Argélia no caso da França ou uma transição pacífica para a democracia no caso da África do Sul (Kane, 2001).

No que se refere ao capital social, o conceito tornou-se um foco de interesse na década de 1990, graças, sobretudo, à publicação de dois estudos por parte do cientista político Robert Putnam. No primeiro estudo, alegou ele que, se as instituições funcionavam melhor no norte da Itália do que no sul do país, em termos, era porque lá havia mais cooperação e menos desconfiança. Explicou esse contraste das tradições cívicas do norte. Graças a essas tradições, o norte possuía mais "capital social". O capital social é o equivalente do que se costumava chamar de "espírito público", definido com maior exatidão em termos de "confiança, normas e redes", laços sociais informais que podem ser mobilizados para conseguir fazer algo. Num segundo estudo, Putnam se voltou para os Estados Unidos, afirmando que seu estoque de capital social, medido pela participação em associações de voluntários, declinou uniformemente no último meio século (Putnam, 1992, 2000).[19]

Tanto no caso italiano como no norte-americano, Putnam tecia considerações tanto sobre o passado como para o futuro. Essas

---

[19] A esse respeito, ver também Portes (1998) e Field (2003).

considerações chamaram naturalmente a atenção dos historiadores, e em 1999 o *Journal of Interdisciplinary History* [Jornal de História Interdisciplinar] dedicou dois números especiais à sua noção de capital social. Dois historiadores italianos comentaram a tese de que o espírito cívico dos italianos do norte remontava à época das cidades-Estados independentes da Idade Média e do Renascimento. Um desses historiadores observou que o capital social desses regimes compreendia a "religião cívica", ou seja, o forte vínculo entre a religião e a cidade, simbolizado pelo santo padroeiro (São Marcos em Veneza, São João Batista em Florença etc.), cujas festas seriam um dos maiores eventos do ano, não só uma data religiosa, mas uma celebração da cidade mesma. A religião, portanto, contribuiu para o que os italianos da época chamavam de *vita civile*, a vida politicamente ativa do cidadão. O outro historiador, porém, ressaltou a fraqueza e as limitações desses regimes urbanos, sugerindo que Putnam os vira através de lentes cor-de-rosa. Outro historiador levantou uma questão mais geral, a do "fechamento de rede", acerca do mal que as associações e as redes fazem para as pessoas que excluem, tomando como exemplo o fato de as guildas excluírem as mulheres nos primórdios da Alemanha moderna (Brucker, 1999; Muir, 1999; Ogilvie, 2004).

Outra crítica à tese de Putnam vai ainda mais fundo. O conceito de "capital social" parece ser neutro e descritivo, mas na verdade é normativo, sugerindo que a democracia de estilo ocidental é a melhor forma de governo. Putnam passa sorrateiramente do "fazer a democracia funcionar" para o fazer das instituições funcionarem, afirmando que o rendimento institucional é "mais alto" no norte e seus governos regionais mais "bem-sucedidos" graças às "normas de reciprocidade" e "redes de acordos cívicos" nessa parte da Itália.

Usando-se, porém, o conceito de capital social de maneira neutra, poder-se-ia argumentar razoavelmente que o norte e o sul têm formas diferentes dele (tanto normas como redes), que são mobilizadas para fins diferentes, mas com a mesma eficiência. Há duas formas principais de capital social no sul da Itália (e também em muitas outras sociedades).[20] A primeira forma é a família. Um estudioso norte-americano do sul da Itália fez uma conhecida descrição do seu sistema social em termos de "familismo amoral", mas o apego à própria família pode ser mais bem caracterizado como "moral". A segunda forma de capital social no sul é o apadrinhamento.

## Padrinhos, clientelismo e corrupção

Quando analisa o capital social, Putnam parece ter em vista, sobretudo, as associações voluntárias, inclusive o seu famoso exemplo dos clubes de boliche, e, portanto, os vínculos "horizontais" entre iguais. Ele vê essas associações como escolas de cidadania. Sua sugestão, porém, de que as redes informais facilitam a ação política efetiva também lança luz sobre a ação do apadrinhamento no passado.

O apadrinhamento pode ser definido como um sistema político fundamentado em vínculos "verticais" – em outras palavras, relacionamentos pessoais entre indivíduos desiguais, entre líderes (ou padrinhos) e seus seguidores (ou afilhados). Não raro, as duas partes usam a linguagem da amizade, inclusive "amigos de amigos", ou a linguagem do parentesco, como o hoje famoso padrinho ou "chefão" (*godfather*). É, porém, mais realista ver a relação entre eles como uma forma de troca. Cada parte tem algo a oferecer à outra. Os afilhados proporcionam apoio político aos padrinhos, bem como deferência, expressa em várias formas simbólicas (gestos de submissão, linguagem respeitosa, presentes, entre outras manifestações). Já os padrinhos oferecem hospitalidade, empregos e proteção aos afilhados. É assim que conseguem transformar riqueza em poder.

Existe certo grau de apadrinhamento em todas as sociedades, por mais "modernas" que sejam. Em algumas culturas, contudo, em que as normas "burocráticas" são frágeis[21] e a "solidariedade

---

[20] Acerca da África, ver Chabal e Daloz (1999).
[21] Ver, no capítulo 2 "Modelos e métodos", a seção "Modelos e tipos".

vertical" é particularmente forte, pode-se dizer que a sociedade tem por base o sistema de apadrinhamento. Os problemas persistem, no entanto. O pressuposto de que os vínculos entre padrinho e afilhado são fundamentais, como a ideia de uma "sociedade de estados",[22] estimula o observador ou historiador a desdenhar as solidariedades horizontais e os conflitos entre governantes e governados (Gellner; Waterbury, 1977, p.7-19, 167-83).

Antropólogos e sociólogos fizeram muitas análises do mecanismo do apadrinhamento, sobretudo no mundo mediterrâneo. Suas conclusões questionaram ou relativizaram o que poderia ser chamado de teoria política "clássica" de forma tão eficiente quanto Polanyi e outros relativizaram a teoria econômica clássica. Demonstraram que – a exemplo do mercado em economia – a burocracia e a democracia parlamentaristas não podem ser tratadas como modelo político universal e que os sistemas alternativos têm lógica própria. Esses sistemas não podem ser tratados como mera "corrupção" ou como formas "pré-políticas" de organização. Eles também se baseiam no capital social, sob a forma de redes, normas e confiança.

Tomemos o exemplo dos patanes de Swat, tais como estudados na década de 1950 pelo antropólogo norueguês Fredrik Barth. O governante de Swat, o *wali*, era relativamente fraco, dando lugar ao florescimento de um sistema de "chefes" ou "figurões" locais, os *khans*. Os *khans* competiam por terra, *status* e poder. Gastavam sua riqueza em presentes e hospitalidade, para estruturar uma clientela. A autoridade de cada *khan* era pessoal; ele era aquilo de que podia apoderar-se de cada um dos seus seguidores. "Os seguidores procuram os líderes que lhes ofereçam as maiores vantagens e mais segurança." Em troca, oferecem serviços e lealdade. Ter bom número de seguidores dava ao líder honra (*izat*) e o poder de humilhar os rivais.

Por outro lado, a necessidade de contentar os seguidores forçava os *khans* a competirem entre si. Na sociedade patane, onde a honra

---

[22] Ver, neste capítulo, a seção "Classe e *status*".

depende das aparências, um *khan* com problemas econômicos não iria diminuir sua hospitalidade, e podia até ampliá-la, mesmo que tivesse de vender terra para alimentar os visitantes e afilhados. A lógica subjacente a esse paradoxo pode ser resumida numa observação feita a Barth (1959) por um dos *khans*: "Só essa contínua exibição de força mantém os abutres sob controle". O estudo de caso de Barth associa uma vívida descrição com uma análise penetrante, observa o apadrinhamento de baixo para cima e de cima para baixo e lança luz tanto sobre a economia como sobre a política de reciprocidade.

Se, por um momento, examinarmos a Inglaterra do século XV, mais especificamente a Ânglia Oriental revelada na correspondência da família Paston, encontramos uma sociedade parecida com a de Swat sob certos aspectos importantes. Também na Inglaterra, a aquisição de terras era um dos maiores objetivos dos adultos do sexo masculino, e a competição pela terra às vezes assumia forma violenta, como no caso da tomada da propriedade senhorial de Gresham, pertencente a John Paston, por seu poderoso vizinho, lorde Moleyns. Ainda na Inglaterra, os laços entre os líderes locais ("senhores" ou "mestres") e seus seguidores (conhecidos como "amigos" ou "simpatizantes") foram fundamentais para a organização da sociedade.

Os pequenos precisavam da "boa terra senhorial" dos grandes. Os seguidores agradavam aos líderes não apenas com deferência, mas também com presentes. Como um correspondente dos Parsons destacou certa vez, "homens não atraem falcões com mãos vazias". Por outro lado, os líderes precisavam de seguidores para aumentar sua honra ou "culto" (sua *izat*, como diriam os patanes). Por isso, mantinham a casa aberta e, a seus seguidores, ofereciam "libré", ou seja, presentes na forma de roupas nas cores associadas com a família do senhor e usadas como demonstração de lealdade e apoio. Um comportamento social que, no passado, historiadores haviam interpretado como reação ao colapso da autoridade central transforma-se, durante as guerras das Rosas, em exemplo de um fenômeno social muito mais generalizado.

A existência de relacionamentos do tipo padrinho-afilhado na vida política não constitui novidade para os historiadores. De fato, foi nos anos 1920 que Lewis Namier apresentou sua argumentação, chocante na época, de que os partidos Whig e Tory não tinham importância na política do século XVIII. O que realmente importava era a "facção" – em outras palavras, um grupo de afilhados em torno de um padrinho, um grupo unido não por ideologia ou programa, mas pelo relacionamento comum com determinado líder.

Em seu famoso relato sobre o consumo conspícuo do pariato Tudor e Stuart, Lawrence Stone descreveu a hospitalidade deles, a exemplo de Veblen, essencialmente em termos de desperdício, da necessidade de "justificar a existência de *halls* que ecoam e suítes suntuosas para visitas de cerimônia e de afastar a melancolia e a solidão de uma mansão quase vazia" (Stone, 1965, p.555). A leitura de Fredrik Barth ou de Marcel Mauss acerca do dom sugere uma explicação alternativa. Será que as redes de apadrinhamento da aristocracia poderiam ter sobrevivido sem essa hospitalidade? Se alguns aristocratas mantinham a casa aberta quando mal dispunham de recursos para fazê-lo, talvez estivessem agindo por motivos semelhantes aos dos *khans* que, com isso, tentavam manter os abutres sob controle (Heal, 1990, p.57-61).

Para os historiadores, o grande valor da abordagem antropológica desses problemas reside em sua ênfase na ordem subjacente àquilo que – para os observadores ocidentais modernos – muitas vezes parece desordem, no realce dado às regras do jogo e às pressões sobre todos os atores, os líderes e também os seguidores, para que continuem a desempenhar seu papel. Alguns estudos recentes sobre a política francesa do século XVII se valeram, com vantagens, da crescente literatura antropológica a respeito de apadrinhamento. Observam, por exemplo, que o cardeal de Richelieu, o virtual governante da França no começo do século XVII, escolhia seus subordinados mais de forma pessoal que impessoal. Em outras palavras, não procurava o candidato mais apto para preencher determinado posto, mas oferecia o cargo a seus afilhados ou, para usar o expressivo termo do século XVII, a uma de suas "criaturas".

O método de seleção adotado por Richelieu passava bem longe do modelo "burocrático". Tinha seu fundamento lógico, no entanto. Talvez o cardeal não houvesse sobrevivido politicamente se não tivesse agido desse modo. Precisava de subordinados em que pudesse confiar e, com exceção dos parentes, só poderia depositar confiança em suas criaturas, da mesma forma que os príncipes podiam confiar apenas em seus favoritos (Ranum, 1963). Por motivos semelhantes, os primeiros papas modernos, que eram governantes seculares e espirituais, rodeavam-se de parentes e afilhados. Esse "nepotismo" foi muitas vezes condenado nos séculos XIX e XX, mas temos de estar cientes dos aspectos positivos da prática.

Outro estudo sobre a França do século XVII, que se concentra nos padrinhos, afilhados e no que a autora chama (na esteira do antropólogo Eric Wolf) de "intermediários" entre eles, argumenta que as redes de apadrinhamento eram paralelas e suplementares às instituições políticas oficiais na França do século XVII e que os rituais sociais do presente serviam a finalidades políticas. Mais uma vez, o poder dependia da troca. O sistema oferecia uma contribuição positiva à integração política, apesar de estimular o conflito e a "corrupção" (Wolf, 1971; Kettering, 1986, 1988).

O problema da "corrupção", que já veio à tona várias vezes (como no caso de Francis Bacon, por exemplo), merece uma atenção mais sistemática (Scott, 1969; Peck, 1990; Chabal; Daloz, 1999, p.95-100). Será o termo algo mais que um julgamento pessoal e implica uma queda nos padrões de uma era moral de ouro em algum ponto do passado? É um simples rótulo utilizado pelos membros das chamadas sociedades burocráticas para descartar outras formas de organização da vida política?

Suponhamos que definimos a corrupção de forma relativista como um comportamento que se desvia dos deveres formais inerentes a uma função pública, transgredindo as "fronteiras morais" de uma dada sociedade (Harding, 1981). Em que situações sociais surge ou prospera essa espécie de comportamento? Ou melhor, em que situações sociais se percebe seu crescimento? Ao estruturarmos a pergunta desse modo, vemos que a corrupção em parte se encontra nos olhos do observador. Quanto mais organização formal tiver a sociedade, mais profunda será a distinção entre esferas pública e privada e mais claros serão os casos de corrupção.

Como no caso do "favorito",[23] também é válido perguntar se essa forma de comportamento corrupto preenche uma função social para o público e as autoridades envolvidas – se, por exemplo, deveria ser considerado uma forma de atividade de grupos de pressão. Essa questão leva a outra. Desempenha a corrupção um papel mais ou menos importante nas diferentes culturas, menos na Suécia (digamos) e mais na Nigéria? Por outro lado, assume a corrupção diferentes formas e em diferentes culturas? Poder-se-ia, por exemplo, estabelecer a diferença existente entre a concessão de favores por altos funcionários a seus parentes e amigos e a venda de tais favores, isto é, a exploração do cargo de acordo com as regras do mercado. O surgimento da corrupção neste último sentido parece ser parte do desenvolvimento geral da sociedade de mercado do século XVIII em diante.

## Poder e política cultural

A discussão acerca do apadrinhamento e da corrupção leva-nos ao problema do poder. "Poder" é um termo tão incorporado na linguagem comum, ao menos no Ocidente, que talvez não pareça problemático. Essa aparente clareza, entretanto, é falsa, aspecto que emerge de estudos sobre a ideia do poder em outras culturas – em Java, por exemplo, onde o poder é considerado uma forma de energia criativa que os adversários podem tirar uns dos outros (Anderson, 1990, p.20-22). Um pressuposto semelhante subjaz à ideia de "carisma".

---

[23] Ver, neste capítulo, a seção "Papéis e performances".

Seja ou não considerado energia, o poder é um conceito muitas vezes reificado. É fácil pressupor que uma pessoa, grupo ou instituição em determinada sociedade – o governante, por exemplo, a "classe dominante" ou a "elite" política – "tenha" esse poder, enquanto todos os outros não o detenham. Como certa vez, em seu costumeiro estilo incisivo, declarou o cientista político norte-americano Harold Lasswell (1936, p.13), "aqueles que conseguem o máximo são *elite*; o resto é *massa*". Os historiadores frequentemente partem dessa premissa.

A existência de uma elite do poder em determinada sociedade é, contudo, mais bem vista como hipótese que como axioma. Os problemas envolvidos na comprovação da hipótese, de fato na definição do conceito, podem ser ilustrados por uma famosa polêmica sobre a distribuição do poder nos Estados Unidos. Alegou-se que o "modelo da elite" só pode ser testado quando se tomam decisões sobre questões em que há um conflito observável de interesses entre diferentes grupos da sociedade.

Essa formulação certamente trouxe mais clareza e precisão ao debate. Por outro lado, essa visão "unidimensional" do poder pode ser criticada por concentrar-se na tomada de decisões e ignorar as maneiras como um determinado grupo ou grupos conseguem excluir da agenda política certas questões ou reivindicações (Dahl, 1958; Bachrach; Baratz, 1962).[24] Os críticos, por sua vez, foram criticados em razão de sua visão "bidimensional", que incluía a manipulação, bem como a tomada de decisão, mas ignorava muita coisa mais, inclusive o "poder de evitar que o povo [...] tivesse queixas, moldando sua percepção, cognição e preferências de tal forma que aceitasse seu papel na ordem existente das coisas" (Lukes, 1974, p.24). Esse tipo de "hegemonia" cultural será discutido mais adiante.[25]

---

[24] A esse respeito, ver também Giddens (1985, p.8-9).
[25] Ver, neste capítulo, a seção "Hegemonia e resistência".

De um modo mais geral, Michael Mann propôs que "as sociedades são constituídas de múltiplas redes socioespaciais de poder que se imbricam e se cruzam". Prossegue ele distinguindo quatro fontes de poder: ideológica, econômica, militar e política (Mann, 1986, p.518-21).[26] Tanto a preocupação de Mann com o poder ideológico quanto a referência acima a "percepções e cognições" sugerem que um estudioso da matéria deve examinar não só as estruturas políticas, mas também a "cultura" política.

Esse termo – que entrou no discurso dos cientistas políticos na década de 1950 e no dos historiadores nos anos 1970 – pode ser definido como o conhecimento, as ideias e os sentimentos políticos vigentes em determinado lugar e época. Engloba a "socialização política", isto é, os meios pelos quais essa cultura é transmitida de uma geração para outra, quer na família, quer na escola, quer na rua (Almond; Verba, 1963, p.12-26; Baker, 1987; Lucas, 1988). Na Inglaterra do século XVII, por exemplo, o fato de as crianças crescerem em famílias patriarcais deve ter-lhes facilitado a aceitação da sociedade patriarcal sem questioná-la. Elas eram informadas de que a obediência ao rei era imposta pelo mandamento bíblico "honra teu pai" (havia bem menos discussão sobre as mães) (Schochet, 1975).

O conceito de cultura política, como o de capital social, tem sido às vezes criticado por implicitamente normativo e até etnocêntrico, e é verdade que alguns cientistas políticos julgaram as culturas políticas segundo sua proximidade dos valores democráticos ocidentais. Mesmo assim, o exemplo do patriarcado, como o dos patanes ou dos pashtuns, sugere que o conceito possa ser liberto desse tipo de pressuposto. Ele pode ser definido como um "conjunto de discursos e práticas" acerca dos fins e meios políticos (Baker, 1987, p.xi-xiii). Nesse sentido do termo, tanto o norte como o sul da Itália, para voltarmos ao exemplo de Putnam, têm culturas políticas. O problema para uma Itália unida é que essas duas culturas são incompatíveis.

---

[26] A esse respeito, ver também Scott (1994).

Uma das consequências dessa abordagem da política é a necessidade de levar os símbolos a sério, de reconhecer seu poder na mobilização do apoio. As eleições, por exemplo, podem ser estudadas não só como uma oportunidade para que os eleitores façam suas escolhas entre os partidos, mas também como uma forma de ritual que se concentra mais nas personalidades do que nas questões, porque isso as aproxima do drama e do apelo popular (Edelman, 1971; Kertzer, 1988; O'Gorman, 1992).

Alguns estudos recentes da Revolução Francesa, por outro lado, também adotaram esse ponto de vista e tratam os símbolos da revolução como aspectos centrais, e não periféricos, do movimento. Assim, a historiadora francesa Mona Ozouf (1976) dedicou um livro à análise dos festivais revolucionários – o Festival da Federação, o Festival do Ser Supremo e outros –, dando especial atenção ao modo pelos qual os organizadores desses eventos tentavam reestruturar a percepção de espaço e tempo dos participantes. Existia uma tentativa sistemática de criar novos espaços sagrados, como o Champ de Mars, em Paris, para substituir os espaços católicos tradicionais.

Além disso, a historiadora norte-americana Lynn Hunt ressaltou que na França, na década de 1790, "diferentes vestimentas indicavam políticas diferentes". Ela destaca a importância do cocar tricolor, do barrete frígio e da árvore da liberdade (uma espécie de madeira para mastro, que veio a adquirir sentido político) no que os teóricos chamam de "mobilização política" do povo. Em maio de 1792, haviam sido plantadas 60 mil árvores da liberdade. De forma semelhante, as ideias e os ideais da Revolução introduziram-se na vida cotidiana (Ozouf, 1976; Hunt, 1984).[27]

Uma das implicações dessa nova abordagem é que o termo "política" deve ser ampliado, para abranger os aspectos informais do exercício do poder. O filósofo-historiador francês Michel Foucault foi um dos primeiros a defender o estudo da "microfísica" do poder,

---

[27] A esse respeito, ver também Lucas (1988).

isto é, seu exercício em várias instituições de pequena abrangência, como prisões, escolas, hospitais e até famílias (Foucault, 1980).[28] Sugestão ousada quando ele a propôs, essa visão está agora em vias de tornar-se ortodoxa.

Outra implicação dessa abordagem mais ampla do poder é que o relativo sucesso ou fracasso de formas particulares de organização política – democracia de estilo ocidental, por exemplo – em diferentes regiões ou épocas continuará ininteligível sem o estudo da cultura mais ampla, em especial do que veio a ser conhecido como "sociedade civil" e a "esfera pública".

## A sociedade civil e a esfera pública

"Sociedade civil" é um termo que descreve o amplo terreno entre o Estado, por um lado, e a família, pelo outro, ou, como diz Gellner, "aquele conjunto de diversas instituições não governamentais que é forte o bastante para contrabalançar o Estado" (1994, p.5). Nesse terreno, habitado por associações voluntárias, são mais visíveis os efeitos políticos do "capital social".

A sociedade civil é o tema de um estudo famoso, hoje com mais de quarenta anos de idade, de autoria do filósofo-sociólogo alemão Jürgen Habermas sobre a transformação do que o autor chama de a "esfera pública" (*Öffentlichkeit*) no século XVIII. Habermas discutiu a invasão da esfera pública tradicional, restrita a uma pequena elite, pela burguesia – em outras palavras, "os particulares agregam-se como um público". Esse público desenvolveu suas próprias instituições, como cafés, teatros e jornais, sobretudo nas grandes cidades, como Londres e Paris. Graças a essas instituições, surgiu uma arena de debates que encorajou o pensamento crítico e racional (Habermas, 1962).[29]

---

[28] Ver, no capítulo 2 "Modelos e métodos", a seção "O microscópio social".
[29] A esse respeito, ver também Calhoun (1992).

## Conceitos centrais

Há muito alguns historiadores sugeriram que foi no final do século XVIII que surgiu a "opinião pública". Em certo sentido, Habermas substituiu um rótulo velho por um novo. Contudo, a vantagem da nova expressão "esfera pública" sobre a velha expressão "opinião pública" é que ela comunica mais um senso de debate, de uma arena mais do que uma atitude, e também mais senso dos locais onde o debate era travado.

Com um considerável atraso, o conceito de esfera pública adentrou o discurso dos historiadores, incentivando-os a estudar não só os cafés destacados por Habermas, mas também outras instituições informais, como academias, clubes e salões (Melton, 2001). Tomemos o caso dos clubes. Londres sozinha tinha cerca de 3 mil clubes no fim do século XVIII, e seus rituais, como a eleição dos dirigentes, o rodízio da palavra e a redação de atas das reuniões foram moldados com base nos rituais e regras do Parlamento. Foi também no século XVIII que os maçons se tornaram importantes, tanto como uma rede de associações voluntárias quanto como grupo de pressão política (Clark, 2000).[30]

Por sua vez, um estudo da América colonial de autoria de David Shields, inspirado em parte em Habermas, analisa formas de sociabilidade e lugares de conversação, como tavernas, cafés e clubes (para homens) e chás e reuniões (para ambos os sexos). Ele ressalta o "grude verbal" que mantinha unida essas comunidades discursivas, as regras a que elas obedeciam em sua escolha da maneira ou do tom da fala ou um tema de conversação, e os ideais de civilidade e equidade em que se baseava a boa fala. Assim como exprimiu um artigo publicado no *New England Weekly Journal* [Jornal Semanal da Nova Inglaterra] na década de 1720, "Título e Distinção devem ser postos de lado para se falar e agir de maneira sociável". Passando da fala para a escrita, o autor nota a importância das "sororidades cívicas", comunidades de mulheres "constituída por meio da troca de cartas" (Shields, 1997, p.xvi, 287, 319).

---

[30] Ver também Melton (2001, p.197-272).

Shields é um professor de inglês que entrou no campo da história sociocultural em busca dos contextos da poesia de ocasião da época, mas tinha plena consciência das implicações políticas de seu estudo. Retornando à noção de capital social, pode-se dizer que o seu livro nos ajuda a compreender como o "civil" e o "cívico" estavam ligados e como as elites coloniais podiam cooperar na ação coletiva na época da Revolução Americana.

Outra instituição que merece ser levada a sério em qualquer descrição da esfera pública é a manifestação, que pode ser descrita como o uso do espaço público para fins não oficiais e por vezes antioficiais. O termo inglês correspondente, "*demonstration*", só é registrado no século XIX, mas a prática é muito mais antiga. Em Londres, na década de 1640, por exemplo, e de novo na década de 1680, gente do povo marchou até o Parlamento com suas petições (Zaret, 2000). Devemos devolver o "demo" à democracia, por duas razões em especial. Primeiro, trata-se de um exemplo de ação coletiva não violenta. Segundo, ela "demonstra" ou "manifesta" um amplo apoio pelo número dos participantes ou pelo número de assinaturas apostas à petição.

Ironicamente, um dos estudos históricos cujos conceitos, métodos e organização seguem o modelo de Habermas de forma mais direta faz críticas incisivas ao mesmo Habermas por não lograr discutir o lugar da mulher. Joan Landes afirma que a mulher tentou entrar na esfera pública durante a Revolução Francesa (quando a Declaração dos Direitos do Homem foi logo seguida pela Declaração dos Direitos da Mulher), mas teve o caminho bloqueado: "A República foi construída não apenas sem as mulheres, mas contra elas" (Landes, 1988).

Em termos mais gerais, a análise de Habermas é vulnerável a bom número de críticas. Ele tem sido acusado, por exemplo, de idealizar a esfera pública burguesa e de se esquecer da maneira como os meios de comunicação – os jornais, por exemplo – sempre manipularam a opinião ao informá-la. Já foi observada a sua despreocupação com o debate religioso, assim como seu desinteresse por esferas públicas anteriores – na Inglaterra do século XVII, por exemplo (Zaret, 2000). Habermas também pode ser criticado por pressupor que a esfera pública esteja ou presente na sociedade ou ausente dela, como se os EUA do século XX, por exemplo, tivessem uma esfera pública, ao passo que a Rússia, a China e a Síria, não.

O conceito de "esfera pública" é algo menos claro do que parece, pois diferentes períodos, diferentes culturas e diferentes grupos sociais (homens e mulheres, por exemplo) possivelmente traçam a fronteira entre o público e o privado em lugares diferentes. Talvez devêssemos falar e pensar em termos não da simples presença ou ausência de uma esfera pública, mas das diferentes formas por ela assumidas e da importância relativa que ela pode ter em diferentes culturas. Em diferentes lugares e épocas, o papel dos hoje famosos cafés foi desempenhado por tavernas, barbearias ou farmácias.

Talvez fosse de esperar que a esfera pública feminina estivesse ausente dos regimes políticos fortemente islâmicos, mas dois livros recentes revelam que um pequeno espaço político para as mulheres – por vezes, nos mais improváveis lugares – existiam tanto no Irã dos aiatolás como no Afeganistão do Talibã. O "círculo de costura de Herat", por exemplo, era uma reunião de mulheres numa casa particular para estudo da literatura ocidental e, portanto, inevitavelmente também para discussão de questões políticas. Nesse contexto, até Jane Austen e Henry James eram subversivos (Lamb, 2002; Nafisi, 2003).

Esses exemplos são paradoxais, de esferas públicas que eram mantidas secretas, além de pequenas em escala, mas não devem ser esquecidos. Eles nos incentivam a pensar nas esferas públicas e nos públicos no plural, mais do que no singular, permeando a cultura do mesmo modo como o poder tal como visto por Foucault.

## Centros e periferias

Processos de centralização política constituem objeto tradicional de estudo. Já o conceito de "periferia" tornou-se conhecido em tempos relativamente recentes, em consequência de debates entre economistas dedicados ao estudo do desenvolvimento, como Raúl Prebisch, Paul Baran e André Gunder Frank, nas décadas de 1950 e 1960. Seguindo em linhas gerais a análise leninista do imperialismo e a visão marxista do capitalismo, esses economistas afirmaram que a prosperidade das nações industrializadas e a pobreza dos chamados países subdesenvolvidos representava faces opostas de uma mesma moeda, um exemplo do que Marx chamou de as "contradições" estruturais no sistema capitalista. "A metrópole expropria o superávit econômico de seus satélites e o apropria para seu desenvolvimento econômico" – daí a expressão "desenvolvimento do subdesenvolvimento" (Frank, 1967).

Historiadores da Polônia e da Hungria utilizaram essa teoria da dependência para desfazer um aparente paradoxo na história europeia: o fato de que o surgimento das pequenas cidades e o declínio da servidão na Europa ocidental, durante os séculos XVI e XVII, ocorreram simultaneamente ao declínio das pequenas cidades e ao surgimento da chamada "segunda servidão" no Leste europeu ou Europa "centro-oriental", um elemento central no modelo do feudalismo econômico de Kula.[31]

O sociólogo norte-americano Immanuel Wallerstein avançou ainda mais em sua análise sobre o surgimento do capitalismo, combinando as teorias dos economistas da América Latina e dos historiadores do Leste Europeu e argumentando que o preço do desenvolvimento econômico no Ocidente incluía não apenas a servidão no Oriente, mas a escravidão no Novo Mundo como parte da nova divisão do trabalho entre o "núcleo" e a "periferia". As mudanças nos locais que ele chamou de a "semiperiferia", em especial a Europa mediterrânea, eram partes do mesmo sistema-mundo. O desenvolvimento econômico numa parte do mundo foi o resultado de um crescente "subdesenvolvimento" em outros lugares.

---

[31] Ver introdução deste capítulo.

Portanto, os conceitos espaciais desempenham papel central na reestruturação da teoria marxista da mudança social elaborada por Wallerstein (1974).[32]

Os modelos de centro-periferia também foram empregados em outras áreas, da política à cultura. Por exemplo, o historiador William McNeill organizou dessa maneira o seu estudo sobre o Império Otomano. A eficácia com que o autor usa o modelo para explicar as mudanças ao longo de várias gerações torna o trabalho adequado para uma discussão mais detalhada. McNeill é do Meio-Oeste e lecionou em Chicago, e seu estudo do que denomina "fronteira de estepes da Europa" revela um débito óbvio a Frederick J. Turner. No entanto, ele se mostra muito mais preocupado que Turner com a natureza da relação entre o centro e a periferia. Sua tese principal é de que "o centro somente era capaz de manter o poder militar organizado em grande escala por longos períodos mediante o saque das comunidades periféricas". O produto desse confisco livrava o regime de ter que oprimir o campesinato de suas províncias centrais. A conquista pagava-se por si mesma. Ademais – embora McNeill não destaque muito esse ponto – o chamado tributo das crianças (*devşirme*), recolhido entre a população cristã das províncias conquistadas, estimulava um sistema administrativo meritocrático.[33]

O império estava, portanto, voltado para a conquista contínua. O problema dos otomanos era que as conquistas não poderiam ser mantidas e as fronteiras, expandidas por tempo indefinido. De acordo com a argumentação persuasiva de McNeill (1964; 1983), era necessário interromper esse processo de expansão por motivos fundamentalmente logísticos. "O único limite eficiente à expansão do poder turco", escreve ele, "era a distância que o exército do sultão poderia percorrer de seus quartéis de inverno para a temporada de campanha."

---

[32] A esse respeito, ver também Skocpol (1984, p. 276-317). Ver ainda, no capítulo 5 "Teoria social e transformação social", a seção "O modelo de Marx".
[33] Ver, neste capítulo, a seção "Mobilidade social e distinção social".

Esse limite foi alcançado no fim do século XVI, época em que o equilíbrio de poder entre os impérios rivais, Otomano e Habsburgo, causou um impasse. A zona fronteiriça entre os impérios era assolada naturalmente por ambos os lados; em consequência, diz McNeill, "as próprias operações do exército turco tendiam a [...] criar condições na faixa extrema de seu raio de ação efetiva que o impediam de avançar".

Quando cessou a expansão, o sistema político começou a desintegrar-se e a estrutura social, a mudar. Os soldados fixaram-se na terra e, segundo McNeill, "a campanha para sucessão hereditária entre a elite militar do império ganhou força". Deve-se acrescentar que a oferta de crianças cristãs disponíveis para recrutamento na elite provavelmente tinha diminuído. Os tributos substituíram os saques como fonte principal de receita, de modo que aumentou o ônus sobre os camponeses. Surgiram os notáveis locais, e o sistema político tornou-se menos centralizado. Em resumo, a organização do centro transformou-se com mudanças iniciadas na periferia (McNeill, 1964, 1983).

Teóricos e historiadores da Escandinávia, que por vezes se descrevem como habitantes da periferia da Europa, demonstraram interesse especial pelos centros e periferias na política. Por exemplo, o cientista político norueguês Stein Rokkan elaborou uma tipologia de possíveis diferentes relações entre centros territoriais e suas periferias dependentes, mediante o exame do grau de "especificidade do centro", do grau de "integração da periferia", da força das "intervenções uniformizadoras" etc. na era da formação dos Estados nacionais na Europa ocidental (Rokkan, 1975, p.565-70).

A elegância intelectual das análises em termos de um conjunto de conceitos opostos, mas complementares, é bastante atraente. A utilização desses conceitos deve estimular a busca de uma linha de investigação histórica frutífera, apesar de relativamente negligenciada. Os historiadores estão acostumados a estudar a centralização, porém mal começaram a explorar o processo de "periferização". Exemplo óbvio vem da história da língua; a crescente centralização política da Grã-Bretanha e da França no século XIX foi acompanhada pela difusão do inglês e do francês e pela marginalização ou "periferização" do bretão, do galês, do provençal etc. Essas línguas não desapareceram, mas recuaram, não só no sentido de serem faladas por uma proporção menor da população, mas também de serem excluídas de certas áreas – das escolas, por exemplo – ou da esfera literária, às vezes por ação direta do Estado. Palavras das línguas dominantes ou centrais tenderam a invadir o vocabulário dos idiomas subordinados ou periféricos (Certeau; Revel; Julia, 1976; Grillo, 1989).

Por outro lado, houve contramovimentos, movimentos de ressurgimento linguístico na periferia, como no caso do "Renascimento" do provençal e do catalão no começo do século XIX. Houve declarações de independência das formas provinciais ou coloniais de uma língua, como no caso do inglês americano depois de 1776 e do espanhol americano depois das guerras de independência. A relação entre centro e periferia, na língua como em outras coisas, raramente é estável.

A história do conhecimento é outra área que pode ser analisada em termos de centro e periferia. A informação pode levar muito tempo para chegar à periferia, como no caso dos livros espanhóis exportados para o México e o Peru coloniais. Em alguns casos – como o do Brasil, por exemplo –, não existiam universidades locais no período colonial. Para receberem uma educação superior, os estudantes tinham de viajar para a metrópole (mais precisamente, para Coimbra).

Por outro lado, o sociólogo Bruno Latour observou a importância do que chama de "centros de cálculo", normalmente situados em cidades, desde a antiga Alexandria até a Paris moderna, em que informações vindas de diversas partes do mundo são comparadas, criticadas e classificadas. Estabeleceu-se uma analogia entre os fluxos de informação e os fluxos comerciais, a "matéria bruta" que vem da periferia para ser "processada" no centro. Isso, porém, é

## Conceitos centrais

diminuir a importância dos informantes locais, cuja contribuição não se limitava a pontos concretos específicos. Reconhecida ou não a sua contribuição, eles por vezes também forneceram categorias intelectuais aos estudiosos situados no centro (Jacob, 1992; Latour, 1996; Burke, 2000, p.53-80).

"Periferia" é, em parte, uma questão de psicologia, não só de geografia, uma forma de consciência. Os provincianos muitas vezes se sentem inferiores, sofrendo do que os australianos descrevem vividamente como "acanhamento cultural" (Philips, 1963). Creem que seu conhecimento está ultrapassado, como suas roupas estão fora de moda. Xenofilia e a moda do estrangeiro são características recorrentes da história cultural brasileira, por exemplo, embora muitos outros países (da Rússia à Argentina, ou da Turquia ao Japão) ofereçam paralelos.

Às vezes, porém, o povo da periferia é conscientemente regionalista e pode resistir à cultura da metrópole. Não são tão centrípetos como centrífugos, criativos e subversivos. Revoltas e heresias muitas vezes têm origem na periferia, que pode não ter sido completamente conquistada (no caso da periferias imperiais) e costuma ser controlada menos atentamente. As periferias são às vezes portos seguros nos interstícios entre autoridades rivais. Por essa razão, Voltaire decidiu viver em Ferney, na fronteira entre a França e a Suíça. Numa época em que a produção de livros era estritamente controlada na França, o país era invadido por livros subversivos através da fronteira, no século XVII vindos de Amsterdã e no século XVIII, de Neuchâtel (Eisenstein, 1992; Darnton, 1995).

Os conceitos associados com "centro" e "periferia" têm um valor considerável, portanto, em toda espécie de contexto, mas também seu preço – a ambiguidade, por exemplo. O termo "centro" às vezes é usado em sentido literal (geográfico), porém outras vezes em sentido metafórico (político ou econômico). Em consequência, declarações como "a centralização da França foi obra de Luís XIV" são muito menos claras do que parecem à primeira vista.

Outro problema decorre do fato de algumas análises – a de Rokkan, por exemplo – subentenderem uma visão da sociedade com ênfase no equilíbrio e outras, como a de Wallerstein, ressaltarem os conflitos. No caso dos teóricos do subdesenvolvimento, tem-se afirmado que o conceito fundamental de superávit precisa de esclarecimentos e que se têm oferecido informações insuficientes para demonstrar a dependência econômica do núcleo para com a periferia politicamente dependente. Essas críticas, entretanto, não implicam que os conceitos devam ser abandonados; apenas que devem ser utilizados com cuidado, estabelecendo distinções entre diferentes tipos de centro – político, econômico ou até ideológico.

Por exemplo, o sociólogo norte-americano Edward Shils analisou o que chama de o "sistema de valor central" da sociedade e o sistema institucional central que o legitima: "É central por causa de sua conexão íntima com o que a sociedade considera sagrado; é central porque é abraçado pelas autoridades dirigentes da sociedade. Esses dois tipos de centralidade estão essencialmente relacionados. Cada um define e respalda o outro" (Shils, 1975, p.2). Por exemplo: a deferência com que os indivíduos são tratados varia com sua proximidade do centro da sociedade. Dessa forma, Shils estabelece relação com temas importantes (ou até "centrais") nos trabalhos de Durkheim (sobre a sacralidade da ordem social) e Weber (acerca do fenômeno do carisma).

Entre os estudos históricos que se basearam nas ideias de Shils, o mais famoso é, sem dúvida, o da realeza divina em Bali no século XIX, elaborado pelo antropólogo Clifford Geertz. Em seu estudo, o autor destaca o que chama de a "natureza expressiva" do Estado balinês e a teoria do "centro exemplar", ou seja, a ideia de que o governante e sua corte representam "ao mesmo tempo um microcosmo da ordem sobrenatural [...] e a personificação material da ordem política". O governante ficava imóvel durante as cerimônias da corte para "projetar grande calma no centro de uma enorme atividade". Um dos exemplos mais vigorosos dessa enorme atividade é a descrição de uma procissão pomposa que termina com a cremação de um rajá balinês morto em 1847, em cujas chamas saltam suas concubinas, presenciada por uma multidão de aproximadamente 50 mil espectadores. Mas o território governado pelo rajá era pequeno e seu poder, limitado: "O que era alta centralização em termos de representação constituía enorme dispersão em termos institucionais" (Geertz, 1980, p.121-2, 132).

A noção de um centro sagrado ou exemplar também é pertinente à Europa. No século XVII, por exemplo, a corte real era considerada um microcosmo do universo. Salas planetárias nos palácios e representações de reis como deuses emprestavam relevo à analogia. Felipe IV da Espanha, por exemplo, era conhecido como o "rei do planeta" e, quando fazia suas raras aparições públicas, parecia estar imóvel como uma estátua – ou como um rajá balinês. A Versalhes de Luís XIV, o "Rei Sol", é uma amostra ainda mais clara de um centro exemplar. O *lever*[34] do rei (que poderia ser descrito como "o "nascer do rei", em uma analogia com o nascer do sol) era um ritual diário, como suas refeições ou os preparativos para dormir. Os modos dos cortesãos, suas roupas e vocabulário eram imitados em Paris e – com um atraso habitual de alguns anos – nas províncias.

Essa imitação da corte, contudo, não implica que todos na França admirassem ou respeitassem Luís XIV ou o sistema de governo por ele representado. Na verdade, pode-se afirmar de um modo mais geral que Shils, como Durkheim, superestimou o consenso e subestimou o conflito social. O sociólogo holandês W. F. Wertheim, ao contrário, ressaltou os vários sistemas de valor dentro das fronteiras de determinada sociedade e o "contraponto" ou os choques entre eles (1974, p.105-20).

Outra maneira de fazer essa crítica consiste em dizer que a fascinante análise da centralidade proposta por Shils não foi acompanha-

---

[34] "Despertar", em francês. O verbo também é usado para designar o nascer do sol: *le lever du soleil* (N.T.).

da de igual atenção à periferia. Em seu trabalho, a periferia parece ser pouco mais que um conceito residual, "o que não é centro". Segundo uma análise perceptiva da historiografia da arte italiana, "a periferia só está presente como uma área sombreada que serve para realçar o brilho da metrópole" (Castelnuovo; Ginzburg, 1979).

Uma abordagem mais positiva e construtiva da periferia seria analisá-la como a fronteira tem sido analisada desde a época de Frederick Jackson Turner, ou seja, como uma região promotora de liberdade e igualdade, um refúgio para rebeldes e hereges. A Ucrânia dos séculos XVI e XVII é um bom exemplo da fronteira como refúgio. Nos interstícios entre três centros de poder (os poloneses, os russos e os turcos), uma comunidade igualitária de cossacos logrou florescer, recrutando seus membros entre os servos fugitivos. Analogamente, no Brasil do século XVII, os escravos que fugiam das duras condições das plantações de cana da Bahia e de Pernambuco encontravam refúgio no interior não colonizado, onde estabeleciam colônias livres, conhecidas como quilombos.

Se adotada uma visão global imparcial da sociedade, uma periferia desse tipo parece uma contraparte (contraparte necessária, talvez) à ortodoxia e ao respeito pela autoridade e tradição associadas com o centro. Para usar o vocabulário de Albert Hirschman (1970), ela acrescenta uma terceira opção ("saída") às alternativas convencionais de protesto ("voz") e conformidade ("lealdade").

Parece haver uma forte tendência a analisar a relação entre os centros e as periferias em termos culturais, bem como econômicos e políticos (Wolf, 1969, p.278ss.). Por exemplo, no Império Otomano dos séculos XVI e XVII, a alta cultura baseada no modelo persa predominava na capital, Istambul, e nos centros provinciais. Já nas regiões fronteiriças o que predominava era a cultura popular dos guerreiros, juntamente com a religião popular e, às vezes, não ortodoxa dos daroeses (Inalcik, 1973). A fronteira entre o cristianismo e o islamismo era extremamente permeável. Na verdade, a zona de fronteira era lugar de intercâmbios culturais com muçulmanos que visitavam santuários cristãos e reverenciavam santos cristãos e vice-versa. Os poloneses e os húngaros aprenderam com seus inimigos turcos o uso da cavalaria ligeira e da cimitarra, assim como os norte-americanos e canadenses habitantes das fronteiras aprenderam com os métodos de guerra dos americanos nativos. Em linhas mais gerais, poder-se-ia de fato afirmar (como no caso dos Pireneus franceses e espanhóis) que – pelo menos antes dos Estados centralizados dos séculos XIX e XX – os homens e as mulheres de cada lado da fronteira tinham mais em comum entre si do que com os respectivos centros (Sahlins, 1989).

## Hegemonia e resistência

Um dos problemas suscitados pelo uso dos conceitos emparelhados do "centro" e da "periferia", como vimos, refere-se à relação entre ambos: complementaridade ou conflito? Problema semelhante é provocado pelo uso das expressões "cultura de elite" e "cultura popular". Nesse caso, uma das possibilidades consiste na substituição dos termos "cultura de elite" e "cultura popular" pelos de cultura "dominante" e "subordinada" para analisar a relação entre os dois no tocante à "hegemonia cultural".

Claro, a pergunta de se os valores da classe dominante são aceitos, ou não, pelos governados em um lugar e época específicos é difícil de responder. Se são aceitos, por que a resistência (para não dizer a revolta declarada) é tão frequente? Se não são aceitos, como a classe dominante continua a dominar? Seu poder depende de coerção ou consenso, ou há algo intermediário? O marxista italiano Antonio Gramsci aventou que deve existir algo desse tipo. O termo-chave usado por ele, derivado do movimento social democrático russo, foi "hegemonia" (*egemonia*) (Anderson, 1976-1977; Joll, 1977; Femia, 1981).

A ideia básica de Gramsci era a de que a classe dominante não governava pela força (ou, de qualquer modo, não só pela força), mas também pela persuasão, uma combinação de força e consenso.

A persuasão era indireta: as classes subordinadas ou "subalternas" (*classi subalterne*) aprendiam a enxergar a sociedade pelos olhos dos governantes graças à sua educação e à sua posição no sistema.

O conceito de hegemonia não atraiu muita atenção quando Gramsci o formulou; porém, mais tarde, começou a despertar maior interesse. Na verdade, o conceito foi extraído de seu contexto original para analisar uma gama muito mais ampla de situações, inclusive o governo das elites em seu próprio país ou em impérios, a predominância econômica no campo das relações internacionais (Lears, 1985; Frank; Gills, 1993). No caso da história econômica, dois estudos complementares sugerem que o período a partir de 1970 pode ser descrito como o de "pós-hegemonia" e o período anterior a 1500 como o de "pré-hegemonia" (Keohane, 1984; Abu-Lughod, 1989).

No caso da cultura, para corrigir a inflação ou diluição do conceito, pode ser útil formular as seguintes três perguntas – perguntas que se aplicam quase igualmente bem à "aculturação":

1. É a hegemonia um fator constante ou só ocorreu em certos lugares e em certas épocas? Se só em certos lugares e épocas, quais as condições e os indicadores de sua presença?

2. É meramente descritivo esse conceito ou deve ser também explicativo? Na segunda hipótese, refere-se a explicação proposta às estratégias conscientes da classe dominante (ou dos grupos nela inseridos) ou ao que poderia ser chamado de racionalidade latente de suas ações?

3. Como analisar a conquista bem-sucedida dessa hegemonia? Impõe simplesmente a classe dominante os seus valores às classes subordinadas, ou há algum tipo de compromisso? Pode ela ser estabelecida sem o conluio, a conivência, a colaboração ou a cumplicidade de pelo menos alguns dos dominados? Menos glamorosa que a resistência, a cumplicidade não atraiu a teorização que merece.

Nos últimos vinte anos, mais ou menos, o emprego e desenvolvimento mais importante das ideias de Gramsci ocorreu no campo da história indiana, o trabalho de um grupo de historiadores fundado por Ranajit Guha, que publicou uma série de volumes coletivos sob o título *Subaltern Studies* [Estudos Subalternos]. O grupo surgiu em reação às interpretações "elitistas" do movimento pela independência da Índia como obra de um grupúsculo de classe alta (Chaturvedi, 2000; Chakrabarty, 2003).

Os historiadores subalternistas, ao contrário, ressaltam a participação do povo, e em especial as diversas formas de resistência popular ao domínio britânico na época de Gandhi. Guha não se satisfez com a descrição feita por Hobsbawm das atitudes dos camponeses nas sociedades pré-industriais como "pré-políticas", e assim, apesar de seu interesse dirigir-se mais para a resistência do que para a hegemonia, ele se voltou para Gramsci, cuja visão do "valor incalculável" de "cada vestígio de iniciativa independente da parte dos grupos subalternos" tem sido uma inspiração para a sua rede de estudiosos (Guha, 1983, 1997; Guha; Spivak, 1988; Gramsci apud Pandey, 2000, p.282).

Para interpretar a resistência popular (revoltas, greves etc.) e reconstruir as atitudes que subjazem a ela, os historiadores subalternistas, apesar de sua adesão original ao marxismo, têm recorrido a teóricos posteriores, que vão de Roland Barthes e Jacques Lacan a Michel Foucault e Jacques Derrida. De fato, o Grupo de Estudos Subalternos é uma das redes com maior preocupação teórica no mundo hoje. Sob esse aspecto, ela tem sido uma inspiração para os historiadores e críticos de diversas partes do mundo, da Irlanda à América Latina.

Mesmo assim, talvez seja profícuo ampliar a questão ainda mais do que Guha e seus seguidores, introduzindo nesta análise mais dois conceitos "violência simbólica" e "negociação". "Violência simbólica", outro conceito lançado por Pierre Bourdieu, refere-se à imposição da cultura da classe dominante aos grupos dominados e, em particular, ao processo pelo qual esses grupos subordinados são forçados a reconhecer a cultura dominante como legítima e a própria cultura como ilegítima (1972, p.190-7). Os exemplos vão da história da língua – como no caso da pressão sobre os falantes de dialetos para julgarem o próprio discurso incorreto – à história de curandeiros populares, transformados em hereges ou criminosos ao serem tachados de "bruxos" e forçados a confessar serem suas atividades literalmente diabólicas.

Quanto ao termo "negociação" – a princípio utilizado por sociólogos no sentido literal para analisar acordos em que o réu reconhece a culpa para advogados e clientes apelarem da sentença –, ele foi adaptado para discutir o processo silencioso de troca entre médicos e pacientes ou entre elites e grupos subordinados. Assim, uma análise do sistema de classes britânico demonstrou que, em geral, os desprivilegiados não rejeitam os valores dominantes, mas "os negociam ou modificam à luz de suas condições existenciais" (Strauss, 1978, p.224-33; Parkin, 1971, p.92).

Também os historiadores consideraram o termo útil, quer para analisar a redefinição dos valores de "respeitabilidade" por parte dos trabalhadores qualificados da Edimburgo vitoriana, quer para investigar a relação entre o catolicismo oficial e não oficial em Nápoles, no século XVII. O processo de canonização dos santos na Igreja da Contrarreforma era o resultado de tal processo de negociação entre a periferia, ou seja, a região em que florescia o culto a um herói local, e o centro, Roma, onde os juristas eclesiásticos tomavam a decisão de aceitá-lo ou de rejeitá-lo. No campo das missões, alegou-se que, por exemplo, em Madagascar, no século XIX, as populações indígenas, muitas vezes conseguiam influenciar o processo de evangelização. Eram agentes ativos, e não apenas receptores passivos de uma nova mensagem, ou seja, a forma de cristianismo por eles adotada foi o resultado de um processo de negociação (Gray, 1976; Burke, 1987, p.48-62; Larson, 1997).

Alternativamente, as classes subordinadas – escravos, servos, proletários, trabalhadores rurais e outros – podem decidir pela resistência no lugar da negociação. O termo "resistência" abrange uma ampla variedade de formas de ação coletiva, "armas dos fracos", nas palavras do antropólogo James Scott, como "pequenos furtos, pretensa ignorância [...] operação tartaruga [...] sabotagem [...] incêndio criminoso, fuga" e muito mais (1990, p.188). Foi descrita como "Švejkismo", do "bom soldado Švejk" do livro do romancista tcheco Jaroslav Hašek, que descreve a resistência do herói ao Exército por meio do que outro antropólogo, Frederick Bailey, descreve como "cabular, embromar, fazer corpo mole, chicanear, trapacear, tapear" (Bailey, 1993, p.7-17).

Quanto à operação tartaruga, uma descrição notavelmente vigorosa do processo pode ser encontrada nas reminiscências do poeta Gyula Illyés, que cresceu em uma grande fazenda na planície húngara, ou *puszta*, no início do século XX. Na *puszta*, o trabalho dos empregados da fazenda era ininterrupto, de muitas horas nos dias de semana, assim como aos domingos. Sua reação – como a dos animais da fazenda – era praticar cada ação em câmara lenta. Illyés afirma ter observado tio Róka encher o cachimbo "em ritmo de tartaruga": "Ele segurava os fósforos como se o palito em sua mão fosse o último meio possível de obter fogo, e o destino de toda a humanidade dependesse de um palito de fósforo" (1967, p.126-7). Esse tipo de comportamento pode ser considerado uma forma de resistência às exigências excessivas impostas pelos proprietários de terras e pelos capatazes, "uma defesa instintiva", nas palavras de Illyés. Vale indagar quantos servos e escravos se comportaram de modo semelhante ao longo da História.

Não só ações individuais ou de grupos, mas também formas culturais podem ser analisadas dessa maneira. De fato, alguns estudiosos de cultura popular chegam a defini-la como cultura de resistência ao domínio da cultura oficial ou da elite. A estratégia adotada é defensiva, apropriada à posição de subordinação – subversão em vez de confrontação, táticas de guerrilha e não guerra declarada, porém, ainda assim, de resistência (Certeau, 1980).[35]

---

[35] A esse respeito, ver ainda Ahearne (1995, p.162-4).

A resistência pode assumir uma forma defensiva, de conformidade aparente somada à dissimulação. Quando os escravos das grandes plantações coloniais foram obrigados a aceitar o cristianismo, eles ocultaram sua religião tradicional por trás de uma fachada cristã, encontrando equivalentes a seus deuses entre os santos, de modo que o deus Legba, da África Ocidental, encontrou seu equivalente em Santo Antônio, e Xangô, em Santa Bárbara. Assim, os cultos africanos conseguiram sobreviver no Novo Mundo.

Aliás, a resistência pode assumir a forma ambígua da imitação – com diferenças que podem ser interpretadas de cima para baixo como enganos, mas, vistas de baixo para cima, mais parecem gozação. Outra maneira de descrever esse tipo de imitação é "reinscrição transgressiva", expressão cunhada para chamar atenção para a maneira como um grupo subordinado ou marginal (o povo, as mulheres, os colonizados, homossexuais etc.) adota e adapta, ou converte e subverte o vocabulário de outro grupo mais respeitável ou poderosos (Bhabha, 1994, p.85-92; Dollimore, 1991).

## Protesto social e movimentos sociais

Ocasionalmente, é claro, a resistência diária transforma-se em revolta declarada ou em alguma outra forma de "movimento social". Essa expressão passou a ser empregada pelos sociólogos nos Estados Unidos, na década de 1950, e continuou popular desde então (Tilly, 1978; Tarrow, 1994; Melucci, 1996). Um dos primeiros historiadores a usá-la foi Eric Hobsbawm, cuja obra *Rebeldes primitivos* (1959) tem o subtítulo "Estudos de formas arcaicas de movimento social nos séculos XIX e XX" e inclui de bandidos a crentes na chegada do milênio. Esse livro logo foi seguido por uma série de estudos, em especial sobre movimentos milenaristas, um trabalho conjunto de antropólogos, sociólogos e historiadores.

Um possível ponto fraco em *Rebeldes primitivos* é o amplo uso da expressão "movimento social", que inclui tudo, desde um tumulto de apenas algumas horas a organizações permanentes, dos carbonários à máfia. O valor do estudo de Hobsbawm e da expressão "movimento social", de forma mais geral, é, contudo, chamar a atenção para características comuns a movimentos religiosos e políticos, antes estudadas separadamente.

Alguns desses movimentos podem ser descritos como "ativos", tomando a iniciativa na busca de objetivos precisos, como a independência nacional, a abolição da escravatura ou os votos para as mulheres. Embora não seja habitual discutir a Reforma alemã como um movimento social, pode ser útil acompanhar o falecido Bob Scribner (1987) e considerar primeiros anos dela dessa maneira, ressaltando a importância da ação coletiva e popular na transformação da ordem existente.

Outros movimentos são mais bem descritos como reativos, respondendo a mudanças que já estão ocorrendo e tentando preservar um modo tradicional de vida contra ameaças externas. São exemplos clássicos desse tipo de movimento a Guerra Camponesa alemã de 1525, que respondia a um aumento das exigências feitas pelos senhores, e a Vendeia, no noroeste da França, que reagiu contra a Revolução Francesa. Ainda mais defensiva foi a chamada revolta de Canudos, no sertão do Nordeste brasileiro, em 1896-1897, uma reação contra o estabelecimento da República por um golpe militar em 1889. Tal reação assumiu a forma de "saída", mais do que de "voz", de retirada e de fundação de uma cidade santa mais do que de rebelião. Mesmo assim, a cidade foi atacada e destruída pelo exército (Levine, 1992).

Dentre as questões que podem ser levantadas acerca dos movimentos sociais, estão estas três:

(1) Primeiro, quem está se movendo? Que tipo de gente lidera, e que tipo de gente obedece? Muitos movimentos, tanto religiosos como políticos, têm líderes do tipo que Max Weber definiu como "carismático", de São Francisco ou Martinho Lutero a Napoleão ou

Lênin. Definiu Weber o carisma como uma qualidade graças à qual um indivíduo é tratado como "dotado de poderes ou qualidades sobrenaturais, sobre-humanas ou pelo menos especificamente excepcionais" (1920, v.I, p.241).

No caso de Canudos, por exemplo, o líder carismático era um santo andarilho, Antônio Conselheiro, um asceta que se tornou famoso pelas profecias de desastres iminentes, de que o Brasil seria salvo pelo retorno do rei Dom Sebastião (morto em 1578 em combate contra os muçulmanos no Norte da África). Os movimentos carismáticos bem-sucedidos não raro têm dois líderes com papéis complementares, o líder carismático, mas fora do mundo, que arrasta os seguidores e o líder burocrático, que se encarrega da organização. Não devem ser esquecidos os líderes locais, dentre os quais o clero, que desempenhou um papel importante na Vendeia e em movimentos semelhantes em outros lugares.

Weber foi criticado por dar ênfase excessiva aos atributos do líder, mais do que às expectativas dos seguidores que lhe "conferem" essas qualidades (Shils, 1975, p.126-84; Anderson, 1990, p.78-93). Pode-se perguntar se há tipos de seguidores especialmente susceptíveis a líderes carismáticos, como, por exemplo, os jovens. Com frequência, os jovens são preeminentes nos movimentos sociais, talvez porque sua capacidade de ação espontânea ainda não tenha sido empanada pela rotina e porque tenham menos a perder do que os mais velhos em caso de fracasso e repressão. De qualquer modo, os jovens foram muito importantes na Reforma, nas revoluções de 1848 e nos movimentos de 1968 em Paris e em Praga (Brigden, 1982).

(2) Em segundo lugar, que meios são usados para alcançar as metas coletivas? Ocorre um conflito recorrente nos movimentos sociais, entre participantes que estão dispostos a usar de violência na busca de seus objetivos e aqueles, como Gandhi no movimento pela independência da Índia, que rejeitam o emprego da força e

tentam encontrar alternativas, desde manifestações pacíficas até o boicote de produtos estrangeiros.

Na esteira do sociólogo Charles Tilly e outros, podemos falar dos diferentes "repertórios" dos diversos movimentos. Um elemento recorrente nos movimentos pacíficos é a assinatura de petições para apresentá-las às autoridades. Outra é a greve de fome, usada pelas *suffragettes* e pelo IRA para exigir o estatuto de preso político.

Mesmo os motins, por mais espontânea que seja a origem, recorrem a repertórios, como rituais que são familiares numa dada cultura, rituais que tanto legitimam a ação popular, apresentando-a como uma procissão ou peregrinação, como também a torna mais persuasiva, dando-lhe uma forma dramática. Ou então fazem referência a outras revoltas, adotando símbolos tradicionais, como o enforcamento em efígie de figuras impopulares ou a colocação de um pão na ponta de uma vara em protesto contra o preço dos alimentos.

(3) Em terceiro lugar, o que torna alguns movimentos mais bem-sucedidos do que outros? Um conceito fértil cunhado pelos teóricos sociais é o da "mobilização" bem-sucedida de recursos, como armas, dinheiro e, sobretudo, gente (Tilly, 1978, p.69-84; Oberschall, 1993; Melucci, 1996, p.289-312). Uma das chaves para a mobilização é a liderança carismática, mas outra é a criação de organizações. No século XIX, na Irlanda, por exemplo, o apoio à independência, ou "Home Rule", foi mobilizado pela criação da Associação de Governo *The Home*, a Fraternidade Republicana Irlandesa, a Liga Nacional Irlandesa e até mesmo a Associação Atlética Gaélica. As assinaturas dos membros não só ajudaram a financiar o movimento, mas também encorajaram a lealdade por parte dos "investidores".

A reutilização de organizações já existentes é um procedimento comum, que ajuda a explicar por que os movimentos sociais são mais bem-sucedidos em alguns lugares, com uma forte "cultura de associações", do que em outros. Nos primórdios da Europa moderna, as confrarias religiosas formaram a base da Liga Católica, uma organização antiprotestante militante que foi um dos principais protagonistas nas guerras religiosas da França do século XVI. De fato, a Liga, também conhecida como "Santa Liga", pode ser considerada uma confraria gigante. Um movimento social contemporâneo que originalmente se baseava em organizações preexistentes é a Forza Italia de Silvio Berlusconi, uma organização de torcedores de futebol que se transformou num partido político, ilustrando de forma nítida o conceito de "capital social" de Putnam.

Os movimentos sociais são essencialmente fluidos e informais, caracterizados pelo que Victor Turner chamou de *"communitas"*. Por isso, não podem durar muito tempo sob essa forma. Alguns deles definham até morrer e outros se transformam por seu próprio sucesso. O crescimento leva à "rotinização da *communitas*" – como Turner, adaptando a "rotinização do carisma" de Weber, a descreveu – ou, de maneira mais prosaica, ao desenvolvimento de instituições permanentes, como a Ordem Franciscana, a Igreja Luterana e o Partido Comunista. O "movimento" para de se mover (Turner, 1969, p.131ss.).

Mais tarde, quando as vitoriosas organizações encomendam histórias oficiais de si mesmas, tais histórias em geral dão a impressão de que essas entidades foram conscientemente planejadas e institucionalizadas desde o começo. É prudente sermos céticos em relação a tais pretensões.

## Mentalidade, ideologias, discursos

Os problemas políticos de dominação e resistência remetem-nos novamente à esfera da cultura, a questões de *ethos*, mentalidade ou ideologia. Vimos que o sistema padrinho-afilhado depende da cultura da honra. As formas de burocracia já discutidas[36] também dependem de um *ethos* específico, que inclui o respeito (como diriam

---

[36] Ver, no capítulo 2 "Modelos e métodos", a seção "Modelos e tipos".

alguns, respeito excessivo) pelas regras formais que definem esse tipo de sistema administrativo. Além do mais, a hegemonia da classe dominante está na dependência de certo grau de aceitação pelas classes subordinadas. Em cada caso, não é possível compreender o funcionamento do sistema sem entender as atitudes e os valores dos participantes.

Talvez se pudesse afirmar, portanto, com alguma justiça, ser impossível escrever história social sem introduzir a história das ideias, desde que a expressão seja entendida como a história das ideias de todos, e não as ideias dos pensadores mais originais de determinada época. Essa história das ideias no sentido amplo está associada a dois conceitos rivais, mentalidade e ideologia.

A história das mentalidades começou como uma abordagem durkheimiana das ideias, embora o próprio Durkheim preferisse a expressão "representações coletivas". Foi desenvolvida pelo seguidor de Durkheim, Lucien Lévy-Bruhl, no estudo *La mentalité primitive* (Burke, 1997, p.162-82). Os sociólogos e antropólogos contemporâneos costumam falar mais de "modos de pensamento", "sistemas de crenças" ou "mapas cognitivos".

Qualquer que seja o termo utilizado, a abordagem difere da história intelectual convencional ao menos em três características. Em primeiro lugar, atribui-se mais destaque a atitudes coletivas do que a individuais; ao que pode ser chamado "comunidades de crença". Em segundo lugar, é dada mais ênfase a pressupostos implícitos do que a teorias explícitas, ou seja, ao "senso comum" ou, mais exatamente, ao que parece ser senso comum em uma cultura específica. Em terceiro lugar, há uma preocupação com a estrutura dos sistemas de crenças, como as categorias usadas para interpretar a experiência e os métodos predominantes de prova e persuasão, categorias e métodos compartilhados por indivíduos que podem discordar a respeito de muitas coisas. Existe um paralelo óbvio entre essas três características da história das mentalidades e a abordagem de Michel Foucault em *As palavras e as coisas* (1966), trabalho que o autor costumava chamar de "arqueologia" dos sistemas de pensamento ou "epistemes".

Exemplo do tipo de problema que a abordagem das mentalidades ajuda a solucionar é o ordálio medieval. O fato de, nos primórdios da Idade Média, a culpa ou a inocência ser algumas vezes determinada por um ordálio – como carregar ferro em brasa ou mergulhar a mão do suspeito em água fervente – há muito vem constituindo um grande obstáculo à compreensão do período. Como apontou o historiador escocês do século XVIII, William Robertson: "Entre todas as instituições esdrúxulas e absurdas que têm a existência debitada à fraqueza da razão humana, essa [...] parece ser a mais extravagante e ridícula".

No fim do século XX, entretanto, surgiram vários estudos que levam o costume do ordálio a sério e tentam torná-lo mais inteligível mediante a investigação dos pressupostos dos participantes. O estudioso de história antiga Peter Brown (1975), por exemplo, propôs que o ordálio funcionava como instrumento de consenso. Outros historiadores discordam dessa conclusão específica, mas concordam com a preocupação de Brown de reposicionar o ordálio em seu contexto cultural. Assim, pode-se de fato concluir que a história das mentalidades sobreviveu ao seu próprio julgamento pelo ordálio (Morris, 1975; Bartlett, 1986).

Um problema semelhante provocou o estudo pioneiro de Marc Bloch, *Os reis taumaturgos* (1924). Bloch, cuja admiração por Durkheim já foi mencionada, escreveu a história da crença de que os reis da França e da Inglaterra tinham o poder milagroso de curar os portadores de uma doença da pele, a escrófula, pelo toque. Esse poder era sinal de carisma, conceito que Weber formulara recentemente, mas Bloch provavelmente desconhecia. A crença no toque real persistiu por muitos séculos. Na Inglaterra, a prática durou até o reinado da rainha Ana (entre as crianças por ela tocadas estava um menininho chamado Samuel Johnson). Na França, ela durou até a Revolução e foi reavivada por Carlos X em 1825.

Bloch partiu da premissa de que os reis e as rainhas da Inglaterra e da França, a bem da verdade, não tinham o poder de curar doenças de pele e prosseguiu analisando por que essa "ilusão coletiva", como a denominou, logrou persistir por tanto tempo. O autor ressaltou o fato de as pessoas esperarem um milagre. Se os sintomas da doença desaparecessem, elas consequentemente davam crédito ao rei. Por outro lado, se os sintomas não sumissem, significava apenas que o doente precisava ser tocado pelo rei outra vez. Bloch também observou que a propensão a acreditar em algo refutado pela experiência é "uma característica essencial da chamada mentalidade 'primitiva'" discutida por Lévy-Bruhl (Bloch, 1924, p.421n.).

Na França, a história das mentalidades tem sido parte da prática histórica da década de 1960 em diante. Ela, contudo, demorou um pouco para atrair os britânicos e, quando finalmente o fez, chegou a eles por via, de certa forma, indireta. O antropólogo britânico Edward Evans-Pritchard foi inspirado por Durkheim e Lévy-Bruhl a estudar o sistema de crenças dos azendes (que habitam a África Central). Evans-Pritchard salientou o caráter autoconfirmante dos oráculos de veneno dos azendes de modo a lembrar o trabalho de Bloch – que havia lido em sua época de estudante de História Medieval – sobre o toque real (Evans-Pritchard, 1937, p.194). Foi graças a Evans-Pritchard e outros antropólogos que os modos de pensamento e os sistemas de crenças vieram a interessar os historiadores britânicos, em especial Keith Thomas em sua obra *Religião e o declínio da magia* (1971).

A história das mentalidades demonstrou ser uma abordagem bastante profícua do passado, e o livro de Bloch é apenas uma entre as obras-primas do gênero. Ainda assim, ao resolver problemas tradicionais, criaram-se novos problemas. O mais grave deles pode ser denominado problema da "imobilização". Os historiadores obtiveram muito mais sucesso ao descrever as mentalidades em um ponto específico do passado do que ao explicar como, quando e por que elas mudaram (Lloyd, 1990).

*As palavras e as coisas*, de Foucault, também padece desse mal, como foi apontado por muitos críticos. Esse ponto fraco está diretamente relacionado com um dos pontos fortes da abordagem, o pressuposto de um sistema de crenças em que cada parte depende das demais. Como escreveu Evans-Pritchard, "nessa teia de crenças, cada fio depende de todos os outros fios". Essa premissa permite aos historiadores explicar a persistência de certa mentalidade ao longo do tempo, apesar da existência de inoportunas evidências empíricas. Quanto mais satisfatória a explicação sobre a persistência, entretanto, mais difícil se torna esclarecer a mudança de mentalidade quando ela por fim ocorre.

Um segundo problema grave suscitado pela história das mentalidades poderia ser denominado problema da "homogeneização". Concentrar-se nas mentalidades coletivas é esquecer que os indivíduos não pensam exatamente da mesma forma. A essa objeção poder-se-ia responder com as palavras do historiador francês Jacques Le Goff (1974), que sugere que o termo "mentalidade" seja utilizado apenas para descrever as crenças que os indivíduos têm em comum com os demais membros do grupo.

Um problema ainda mais grave surge do fato de os historiadores das mentalidades admitirem logo a existência de uma oposição binária entre dois sistemas de crenças, o "tradicional" e o "moderno", reproduzindo em diferentes palavras a distinção estabelecida por Lévy-Bruhl entre o que ele chama de pensamento "pré-lógico" e "lógico". O pensamento moderno é considerado mais abstrato, menos dependente do contexto e mais "aberto" no sentido de que há vários sistemas concorrentes disponíveis. Resultado: os indivíduos inteiram-se mais facilmente das alternativas às próprias crenças. Um homem zande, para citar Evand-Pritchard mais uma vez, não pode fugir a essa "teia de crenças" porque "é o único mundo que ele conhece" (Horton, 1967, 1982; Gellner, 1974, p.18).

Para demonstrar os problemas inerentes a essa oposição, talvez se pudesse tentar uma experiência simples, a de ler rápida e sucessivamente dois clássicos da área: *O pensamento chinês* (1934), de Marcel Granet, e *O problema da incredulidade no século XVI* (1942), de Lucien Febvre. As características atribuídas ao chinês tradicional e ao francês do século XVI parecem ser bem iguais. Ambos são definidos pela comparação com o intelectual francês do século XX, e a comparação entre "eles" e "nós" reduz a variedade do "outro" à uniformidade. Esse tipo de redução é o preço da análise estrutural.[37]

Algumas das dificuldades associadas ao conceito de mentalidade coletiva são evitadas por uma análise em termos de "ideologia", uma abordagem da história do pensamento construída sobre bases marxistas e desenvolvida por Gramsci e pelos "sociólogos do conhecimento" alemães, como Karl Mannheim (1936), que estudou o que chamou de "estilos de pensamento" e os vínculos entre tipos de conhecimento e as situações sociais. O surgimento do interesse por essa abordagem das ideias ocorreu no entreguerras, ou seja, durante a ascensão das ideologias rivais do comunismo e do fascismo.

"Ideologia" é um termo com um grande – na verdade, exagerado – número de definições. Algumas pessoas empregam o termo no sentido pejorativo: eu tenho crenças, ele (ou ela) tem ideologia. Outros lhe dão um sentido neutro, como sinônimo de "visão de mundo" (Geuss, 1981; Thompson, 1990). Mannheim estabeleceu uma distinção útil entre os dois conceitos de ideologia. A primeira, que ele chamou de concepção "total" da ideologia, sugere haver uma associação entre um conjunto específico de crenças ou visão do mundo em determinado grupo ou classe social, dando assim a entender que Bloch e Febvre estavam equivocados ao examinar a mentalidade do francês medieval ou do século XVI sem estabelecer diferenças sociais.

A segunda, que Mannheim chamou de concepção "particular" de ideologia, é a noção segundo a qual as ideias ou representações podem ser utilizadas para manter determinada ordem social ou política. Por exemplo, a ideia de democracia pode ser usada para "mis-

---

[37] Ver, no capítulo 4 "Problemas centrais", a seção "Estruturalismo".

tificar", esconder que o poder é exercido por um pequeno grupo. Alternativamente, as ideias podem justificar (ou, como diria Weber, "legitimar") o sistema, muitas vezes, pela representação da ordem política como natural em vez de cultural, o rei, por exemplo, como o sol. Essas concepções de ideologia foram elaboradas no final dos anos 1960 pelo filósofo francês Louis Althusser (1970), que descreveu a ideologia como algo que se refere ao "relacionamento imaginário [ou 'imaginado'] dos indivíduos com suas condições reais de existência". Não mais restrita a formas do que Marx chamou "falsa consciência", a ideologia tornou-se praticamente indistinguível da imaginação coletiva.

A relação entre mentalidades e ideologias talvez precise de esclarecimentos (Vovelle, 1982, p.1-12). Para tanto, seria interessante retomar o exemplo do toque real. O estudo clássico de Marc Bloch tratou a crença no toque real como se fosse "inocente". No entanto, uma análise baseada na ideologia destacaria este fato: o regime real tinha interesse em que as pessoas comuns acreditassem que o rei era dotado do poder de operar milagres. O carisma não constituía um atributo natural dos reis da França e da Inglaterra. Era, em certo sentido, fabricado, produzido por mantos reais, rituais etc.

Embora a comparação entre mentalidades e ideologias seja profícua, as tentativas de analisar os modos pelos quais as ideias sustentam os sistemas políticos trouxeram à luz dificuldades, parecidas com as associadas ao conceito de "hegemonia".[38] Por vezes, a ideologia tem sido tratada como uma espécie de "cimento social" que mantém a sociedade unida. Sua importância nesse sentido, contudo, foi contestada em uma série de estudos recentes, com críticas a ambos, marxistas e durkheimianos. Esses estudos aventam, por exemplo, que a coesão social da democracia liberal é mais negativa que positiva; em outras palavras, que ela não depende de um consenso sobre os valores fundamentais incorporados no regime, mas,

---

[38] Ver, no capítulo 4 "Problemas centrais", a seção "Conceito de cultura".

sim, de uma falta de consenso sobre as críticas dirigidas ao governo (Abercrombie; Hill; Turner, 1980; Thompson,1990, p.3).

Um terceiro conceito, que ocupa parte do mesmo espaço intelectual das mentalidades e das ideologias e passou a ser usado regularmente nos últimos vinte anos, aproximadamente, é "discurso", deslocando a atenção dos pensamentos para os meios em que são expressos – falas, imagens ou textos. Os linguistas já falavam de "análise do discurso" na década de 1950, para se referirem ao estudo de unidades maiores do que a sentença, quer fossem fragmentos de conversa, quer parágrafos de um livro. Foi só, porém, quando Foucault adotou o termo que ele se difundiu pela disciplina.

Em sua *Arqueologia do Saber* (1969), Foucault introduziu a palavra "discurso" (*discours*) como parte de sua dupla crítica ao que considerava as ilusões da "verdade" e do "individual". O discurso, sugeria ele, "constrói" os temas de seu interesse, de modo que há diferentes "regimes de verdade" expressos em diferentes discursos, mais do que descrições objetivas da realidade.[39]

Outra razão para a introdução por parte de Foucault do termo "discurso" era criticar a noção, própria do senso comum, de um texto escrito por certo indivíduo e que expressa as suas ideias. Para Foucault, ao contrário, o discurso é uma construção coletiva. Um texto particular deve ser considerado parte de um sistema ou repertório mais amplo de textos, a que ele se refere consciente ou inconscientemente. Ele segue "um conjunto de regras que caracteriza uma prática discursiva", fazendo suas escolhas a partir de um estoque ou repertório comum (Foucault, 1969).[40]

Tese semelhante acerca do que veio a ser conhecido como "intertextualidade" foi aventada antes, sem o termo "discurso", pelo russo Mikhail Bakhtin (1981), teórico da literatura, ao sugerir que devemos escutar os textos como se eles conversassem uns com

---

[39] Esse problema será discutido a seguir.
[40] Para uma síntese dos discursos dos linguistas e de Foucault, ver Fairclough (1995).

os outros, respondendo uns aos outros. A ideia era parte de uma teoria mais geral do "diálogo" (Morson; Emerson, 1990, p.52-62; Holquist, 1990).

O conceito de Foucault foi adotado por Edward Said, cujo livro *O orientalismo* (1978) definia seu tema como um discurso que criava "o Oriente", bem como uma instituição usada pelo "Ocidente" para dominar o Oriente Próximo. De formação ligada à Crítica Literária, Said ofereceu uma análise minuciosa de bom número de textos ocidentais acerca do Oriente, quer por viajantes, como Richard Burton, quer por romancistas, como Gustave Flaubert, quer por eruditos, como Ernest Renan. A sua análise ressalta o que ele chama sua "esquematização do Oriente" via estereótipos, como passividade, sensualidade e degeneração. Assim, os textos legitimavam o domínio ocidental, retratando os orientais como inaptos a se autogovernarem, feminilizando-os para justificar a intervenção dos imperialistas, agressivamente masculinos (Said, 1978).[41]

Uma geração antes, Said poderia ter escrito o mesmo livro, mas tê-lo descrito de modo diferente. Poderia ter chamado seu livro de um estudo da "retórica" do Orientalismo, ou mesmo da "mentalidade orientalista", embora tais formulações não o tivessem permitido ressaltar o lugar dos textos no apoio aos impérios. Poderia também ter descrito o orientalismo como uma "ideologia", em vez de como "discurso".

"Discurso", assim como "mentalidade", é um termo impreciso. A imprecisão pode ser parte do charme, em ambos os casos (como no de "cultura"), mas também leva a problemas quando se tenta trabalhar com o conceito. Onde e quando, por exemplo, acaba um discurso e começa outro? Há um só "discurso colonial", por exemplo, ou muitos deles? Vale a pena distinguir os discursos de acordo com os grupos sociais (governantes e governados, clero e laicato, doutores e advogados) ou segundo os tempos e os lugares?

---

[41] Para uma crítica da análise de Said, ver MacKenzie (1995).

Onde acabaria esse processo de distinção? O individual, posto porta afora por Foucault, poderia voltar pela janela, como o autor de determinada seleção e combinação de um repertório cultural. Como um editor do século XVI de uma coletânea de textos sobre a política uma vez escreveu, "nada é meu" porque os textos foram escritos por outros, mas "tudo é meu", porque ele os arranjou, conferindo-lhes assim um sentido.

O caráter vago não é o único problema. Concentrar-se no discurso é executar uma análise interna de um texto, sem preocupar-se com o contexto. Tal contexto inclui leitores e ouvintes.

## Comunicação e recepção

O discurso fica a apenas um passo da ideia de comunicação, que há muito é foco de interesse em numerosas disciplinas, como mostram estes quatro exemplos. Originalmente voltado ao estudo da política, Harold Lasswell (1936), com seu costumeiro estilo vigoroso, certa vez defendeu os objetos desse estudo como "quem diz o que a quem e com que efeitos" (supondo que tais "efeitos" sejam mensuráveis). Procedente da Literatura, Raymond Williams (1962) apresentou uma definição um pouco mais suave, com mais ênfase na forma (estilo, gênero): "as instituições e formas pelas quais as ideias, as informações e as atitudes são transmitidas e recebidas". Estudioso de Linguística, Joshua Fishman contribuiu com outra variação sobre o tema, quando propôs "o estudo de quem fala qual linguagem a quem e quando", ressaltando a propensão de muitos falantes a mudar de linguagens ou formas de linguagem em diferentes situações ou "domínios do discurso". Dell Hymes, antropólogo, adotou uma visão ainda mais ampla sobre o assunto, ao recomendar uma etnografia de eventos comunicativos que levasse em conta não só as mensagens, os emissores e os receptores, mas também os "canais", "códigos" e "cenários" (Giglioli, 1972).

Inspirados em Hymes, Fishman e seus colegas, alguns historiadores estão trabalhando na história social da linguagem, suas formas mutantes e suas várias funções (Burke; Porter, 1987, 1991). Por exemplo, a linguagem é, como o consumo, um meio utilizado por alguns grupos sociais para se distinguirem dos outros. Como exemplo concreto, poder-se-ia tomar a afirmação de Thorstein Veblen (1899) de que o modo de falar da classe do lazer era necessariamente "pesado e ultrapassado", porquanto tais costumes implicavam um desperdício de tempo e, logo, a "dispensa do emprego e da necessidade de discurso direto e convincente".

Os sociolinguistas também tiveram muito a dizer sobre o uso da linguagem como símbolo de *status*. Um dos melhores exemplos é a discussão sobre o emprego do idioma inglês pela classe alta (*upper-class*, ou "U") e pelas outras classes, as não altas (*non-upper-class*, ou "não-U"), na década de 1950, em que se afirmou que o termo *looking-glass* era "U", enquanto *mirror* era "não-U", ambos utilizados para designar um espelho; para papel de carta, *writing-paper* era "U", *note-paper* era "não-U" e assim por diante (Burke; Porter, 1987, p.4-5). De modo semelhante, na França do século XVII, François de Callières, que era secretário particular de Luís XIV, já apontara as diferenças entre o que chamava de "modos de falar burgueses" (*façons de parler bourgeoises*) e o vocabulário característico da aristocracia. Nesses casos, a escolha de algum termo específico parece ser arbitrária, motivada pelo desejo dos aristocratas de se distinguirem da burguesia. Esta, por sua vez, muda seus padrões de discurso para se parecer com a aristocracia, que, por isso, é constantemente obrigada a inovar.

Uma estratégia alternativa era o uso diário de uma língua estrangeira por certas elites, como o francês na Rússia do século XIX, na Prússia do século XVIII e na Holanda do século XVII. Esse era, ao mesmo tempo, um modo de diferenciá-las das pessoas de escala social inferior e uma homenagem a Paris como o centro da civilização. Veblen poderia ter acrescentado que o ato de comunicar-se em idioma estrangeiro com falantes nativos da própria língua evidencia o lazer das "classes do lazer".

Até agora analisamos os comunicadores, suas intenções e estratégias. O que dizer da audiência e de suas respostas? Nessa área, teóricos literários, como Hans-Robert Jauss (1982) e Wolfgang Iser ofereceram uma importante contribuição, destacando o papel dos leitores e seu "horizonte de expectativas" (uma expressão derivada da tradição filosófica alemã) na construção do significado (Culler, 1980, p.31-83; Holub, 1984, p.38-63). Da mesma forma, o teórico francês Michel de Certeau (1980) destacou a criatividade das pessoas comuns e suas reinterpretações ativas das mensagens a elas dirigidas pela televisão e outros meios de comunicação. São conceitos centrais nessa discussão o de "apropriação", usado por Michel Foucault e Paul Ricoeur, e o de "reutilização", usado por Certeau. Um caso extremo desse processo é a "reinscrição transgressiva" mencionada acima.[42]

Claro, os historiadores seriam imprudentes em tomar partido quanto à questão, em última análise, metafísica, de se os significados "reais" se encontram nos textos ou são neles projetados. Por outro lado, a questão empírica das diferenças entre a mensagem transmitida e a mensagem recebida por espectadores, ouvintes ou leitores em diferentes épocas e lugares reveste-se de visível importância histórica. Lutero, por exemplo, queixou-se certa vez de que os camponeses alemães interpretavam erroneamente os seus ensinamentos ao afirmar que a servidão deveria ser abolida porque Cristo morreu por todos os homens.

O termo horizonte tem sido por vezes criticado por ser vago demais, mas uma preocupação com as expectativas dos receptores das mensagens é igualmente esclarecedora em relação a outras formas de história "de baixo para cima". Tais expectativas são não raro coletivas, de modo que passaram a ser utilizados termos como "comunidades textuais" e "comunidades de interpretação" (mais uma vez, ficou claro que o termo "comunidade" é indispensável).

---

[42] Ver, neste capítulo, a seção "Protesto social e movimentos sociais".

O problema da recepção é central para o que se tornou conhecido como a "história da leitura". Em um trecho famoso da obra *O queijo e os vermes* (1976), Carlo Ginzburg discutiu as "grades" mentais pelas quais o moleiro herege Menocchio lia certos livros e as discrepâncias entre sua leitura da literatura religiosa do final da Idade Média e a leitura ortodoxa dos inquisidores.[43] Roger Chartier (1987), que reconhece sua dívida intelectual para com Certeau, e Robert Darnton (1991) estão entre os historiadores que realizaram explorações mais sistemáticas desse tipo, concentrando-se na França do século XVIII e reconstruindo as visões dos leitores sobre determinados textos, por meio do estudo das anotações, dos registros das bibliotecas circulantes e das cartas dos leitores a autores famosos, como Jean-Jacques Rousseau.

O interesse crescente pela história da tradução e das diferenças entre obras originais e versões publicadas em outras línguas também faz parte da mudança geral de interesse da produção para a recepção. Os historiadores da arte também se mostram cada vez mais preocupados com as respostas às imagens. A iconoclastia, por exemplo, seja dirigida contra imagens de demônios, seja voltada contra imagens de santos, foi estudada como indício que nos capacita a reconstruir o ponto de vista de espectadores mortos há muito tempo (Freedberg, 1989, p.378-428). Quanto maior a distância cultural entre o receptor e o remetente original, mais se pode aprender pelo estudo das respostas dos leitores, ouvintes e espectadores.

Estudos desse tipo sobre a recepção levantam algumas questões difíceis. Se aceitarmos a visão de Certeau sobre a criatividade da recepção, a distância entre originais e cópias ou entre mensagens enviadas e mensagens recebidas, há mais de um modo de explicar as diferenças. Se falarmos de "reinterpretação", sugerimos que a atividade é consciente. Se falarmos de "má interpretação", sugerimos que é inconsciente (além de incompetente). Em muitos casos, é impossível decidir entre as alternativas e difícil fazer algo mais

---

[43] A esse respeito, ver Foucault (1971, p.11).

do que registrar o fato de que aquilo que é, do ponto de vista do remetente, uma má interpretação, pode ser uma adaptação criativa aos olhos da posteridade.

Permanece o problema das diferenças na receptividade, não só no que se refere aos leitores de determinado texto, mas a culturas inteiras. O que torna algumas culturas relativamente abertas (ou vulneráveis) a influências de fora, ao passo que outras são mais capazes de resistir a essas influências – na verdade incapazes de fazer outra coisa? Os africanistas foram mais longe na explicação de por que alguns povos – os ibos, por exemplo – demonstram uma notável receptividade à transformação, enquanto outros, como os pakotos, mostram uma resistência igualmente notável. Eles contrastam as culturas muito integradas, que tendem a ser fechadas, com outras que têm mais conflitos internos e são, portanto, mais abertas (Braudel, 1973, p.704; Bascom; Herskovits, 1959 p.180-167).

Também fica claro que uma tradição de receptividade à influência estrangeira pode ser desenvolvida ao longo do tempo. Os japoneses, por exemplo, já estavam acostumados a adaptar as ideias, práticas e instituições chinesas muito antes de se encontrarem com o Ocidente, e isso ajuda a explicar a velocidade e o bom êxito com que se apropriaram de diversos elementos da cultura ocidental, sobretudo de meados do século XIX em diante. Pode, porém, ser pouco prudente oferecer uma explicação dessa tradição de inovação em termos do caráter japonês, sem investigar as diferenças entre grupos sociais e também entre áreas culturais.

Os problemas de apropriação, receptividade e distância cultural são temas importantes daquilo que veio a ser conhecido como "Estudos Pós-Coloniais".

## Pós-colonialismo e hibridismo cultural

"Pós-colonialismo" é um termo relativamente novo, ainda não aceito, em sua versão inglesa, *postcolonialism*, pelo *Oxford English Dictionary* [Dicionário Oxford de Inglês]. "Neocolonialismo" data do início da década de 1960, como parte de uma ideia de esquerda de que a "descolonização" era mais aparente do que real. Mesmo o termo "colonialismo", usado para descrever um sistema político, remonta apenas ao final do século XIX.[44]

Quanto aos "Estudos Pós-Coloniais", trata-se, como os "Estudos Culturais" que lhes serviram de modelo, de uma espécie de disciplina interdisciplinar dominada por especialistas em Literatura, sobretudo Literatura de língua inglesa, que se voltaram para os textos produzidos nas antigas colônias e também para a teoria, seja ela literária, linguística, cultural, psicológica, social, econômica ou política (Moore-Gilbert, 1997; Young, 2001). Por que especialistas em Literatura deviam desempenhar um papel tão central no cultivo desse campo é uma questão intrigante. Uma das respostas poderia ser que eles estejam mais abertos à teoria do que (digamos) os historiadores. Ou então seria possível afirmar que os críticos literários estariam à procura de uma nova atividade após a longa crise do "cânone", isto é, a perda da fé num currículo educacional baseado numa seleção de textos "clássicos", em sua maioria escritos por HBMs (homens brancos mortos).

De qualquer forma, veio à luz um novo campo, que combina o interesse pelos textos literários e pelas culturas – colonial, neocolonial ou pós-colonial – em que eles se inscrevem. As colônias ou ex-colônias estudadas normalmente são britânicas, apesar de haver um corpo de estudos também sobre a América Latina, bem como de tentativas de estender a abordagem ainda mais. Na esteira de Edward Said, a ideia de "discurso" em geral e de "discurso colonial" em particular tornou-se central nesses estudos (Washbrook, 1999). Dois temas principais são recorrentes: identidade e hibridismo.

Foi o escritor negro norte-americano W. E. B. Du Bois que cunhou o termo "dupla consciência" para descrever o sentimento de ser ao mesmo tempo americano e africano (Gilroy, 1993, p.30, 111-45).

---

[44] Ver, neste capítulo, a seção "Centros e periferias".

O problema da identidade pós-colonial tem sido estudado com referência especial aos escritores e colocado em termos de "desterritorialização". Muitos escritores que se identificam como índios, digamos, ou africanos escrevem no idioma de seus antigos senhores. Que significa essa língua para eles? Em certo sentido, são exilados em seu próprio país ou, na verdade, "deslocados" em toda parte, como escreveu Edward Said em algumas de suas pungentes reflexões sobre o exílio. Uma versão mais branda do problema aparece na obra de escritores cuja língua materna é o inglês, mas para os quais a tradição literária inglesa é alheia, por viverem muito distantes da metrópole. Estamos de volta ao tema dos centros e das periferias.

Para uma discussão exemplar acerca do problema, podemos consultar o crítico brasileiro Roberto Schwarz. Escrevendo sobre o grande romancista do século XIX, Machado de Assis, Schwarz lançou a ideia das "ideias fora de lugar", apontando a contradição entre o entusiasmo pelas ideias francesas e inglesas entre os brasileiros educados do tempo de Machado e as realidades de uma sociedade baseada na escravidão. Machado era "um mestre da periferia do capitalismo", escrevendo em português, bom conhecedor das tradições literárias francesas e inglesas, mas tendo como alvo o público de seu próprio país. Como poderia evitar a imitação da cultura do centro e encontrar sua própria voz? Valendo-se do vocabulário da Europa, sugere Schwarz, mas usando-o para dizer algo diferente (1992, p.19-32).

Esse é o tipo de diferença que tem sido explorada pelos teóricos do hibridismo cultural. Os antropólogos que primeiro discutiram o que eles chamam de "aculturação" fizeram duas suposições acerca do processo que mais tarde foram desafiadas: em primeiro lugar, que a mudança acontecia num só sentido, as culturas subordinadas imitavam as dominantes; e, em segundo lugar, que a mudança assumia a forma da imitação, mais do que da adaptação.

O sociólogo cubano Fernando Ortiz argumentou que "aculturação" era um nome inapropriado, e que um termo mais adequado seria o de "transculturação", sugerindo que os contatos culturais afetaram ambos os lados, no caso cubano, a cultura dominante espanhola, bem como as culturas dominadas africana e ameríndia (Ortiz convenceu Malinowski a adotar a sua sugestão). De modo semelhante, Gilberto Freyre observou que as culturas africana e ameríndia influenciaram a portuguesa no Brasil, e reciprocamente, um processo de mudança por ele descrito como de "interpenetração" (Freyre, 1933; Ortiz, 1940). Hoje, já é comum falar de "intercâmbio" cultural.

A ideia de imitação foi desde então substituída pela de adaptação. A adaptação não precisa ser consciente: um dos exemplos de Freyre referia-se aos carpinteiros negros no Brasil, que copiavam cadeiras Chippendale e transformavam os ângulos em curvas, graças ao poder das tradições culturais africanas. Às vezes, porém a adaptação é um projeto consciente. Machado de Assis – como muitos escritores asiáticos, africanos e americanos depois dele – baseou-se na tradição europeia do romance para dizer algo acerca de seu próprio país. Mais uma vez, alguns missionários europeus seguiam deliberadamente uma prática que chamavam de "acomodação", ou seja, a adaptação da mensagem cristã a diferentes culturas na China, no Japão, na Índia e outros lugares.

O resultado desses processos é a formação de textos, religiões e culturas inteiras que são muitas vezes descritos como "híbridos" ou "mistos". No caso da religião, onde uma geração anterior de historiadores falava confiantemente de "conversão", os estudiosos estão cada vez mais inclinados a ver formas locais de Cristianismo, por exemplo, ligadas tanto a (digamos) tradições africanas ou japonesas como às europeias, como no exemplo malgaxe acima citado. O termo tradicional na análise da interação entre religiões é "sincretismo".

O termo "sincretismo" padece de certas desvantagens. Precisa ser libertado dos matizes pejorativos dados por missionários que o utilizavam para descrever a cristianização malsucedida. Como termo impessoal, ele nos incentiva a desdenhar o papel dos agentes individuais na interação entre religiões. Mesmo assim, ele continua sendo útil como um "termo guarda-chuva" que abrange uma série de processos que podem ser distinguidos. Por exemplo, podemos distinguir a ação de cima para baixo dos missionários e governantes, e a ação de baixo para cima, como no caso dos escravos que chamavam seu deus Legba de "Santo Antônio".[45] Ou podemos contrastar uma coexistência temporária de elementos de diferentes religiões com uma síntese formal (Pye, 1993; Stewart; Shaw, 1994).

Fora da esfera religiosa, um dos termos mais comuns para descrever os resultados do intercâmbio cultural é "hibridismo cultural" (Canclini, 1989). "Hibridismo" é uma metáfora tomada da Zoologia, usada por antropólogos e outros para falar da miscigenação racial antes de ser utilizada para discutir a cultura. Como "sincretismo", padece da desvantagem de tornar os resultados do contato cultural parecerem automáticos, como se os indivíduos não participassem do processo. Por essa razão, parece preferível usar uma metáfora linguística e falar de "tradução" cultural (Pálsson, 1993). Tradutores individuais adaptam objetos exóticos (textos, religiões, estilos de construir etc.) aos contextos culturais locais, e essas adaptações são às vezes bem-sucedidas no sentido de serem adotadas por outras palavras para por fim tornar-se parte da tradição local.

Do processo de miscigenação e adaptação surgem novas formas culturais e até novas culturas. Este foi o aspecto do hibridismo ressaltado por Mikhail Bakhtin, que parece ter desenvolvido o conceito independentemente dos antropólogos. Escrevendo sobre o surgimento das literaturas vernáculas no Renascimento europeu, por exemplo, ele frisou a interação destas com o latim e também umas com as outras. Essa "interanimação", como ele a chama, de línguas e literaturas incentivou a consciência das alternativas e com isso estimulou a criatividade (Bakhtin, 1965, p.81-2).[46]

---

[45] Ver, neste capítulo, seção "Hegemonia e resistência".
[46] A esse respeito, ver também Morson e Emerson (1990, p.142-5, 325-44).

Esse processo criativo não se limita à língua, embora seja instrutivo descrevê-lo por meio de outra metáfora linguística, "crioulização". Generalizando a partir de estudos sobre o Caribe, os linguistas vieram a usar esse termo para descrever a situação em que um antigo *pidgin* desenvolve uma estrutura mais complexa. A partir de suas afinidades ou congruências, duas línguas em contato tornam-se mais afins uma com a outra, "convergindo" para criar algo novo.

Generalizando a partir desse modelo, o antropólogo sueco Ulf Hannerz descreveu as culturas crioulas como aquelas que tiveram tempo "de ir na direção de certo grau de coerência" e "podem articular as coisas de novas maneiras". Alguns historiadores da Jamaica colonial descreveram esse processo de reforma nos estudos da religião, da música, da habitação, do vestuário e da culinária afro-americana (Hannerz, 1987; Buisseret; Reinhard, 2000).

Em alguns casos, os teóricos da adaptação adaptaram eles mesmos e reutilizaram os conceitos de críticos anteriores do colonialismo, inclusive poetas e romancistas. (Moore-Gilbert, 1997, p.179-84). Tal reutilização é característica do desenvolvimento de novas disciplinas – observou-se acima,[47] por exemplo, que nos primórdios da Sociologia, Max Weber tomou emprestada a ideia de carisma dos historiadores da Igreja.

Uma característica mais distintiva dos estudos do pós-colonialismo é a contribuição feita por autores de fora do Ocidente – mesmo se tais autores são muitas vezes ocidentalizados ou até culturalmente híbridos, como o palestino-norte-americano Said ou os expatriados indianos Homi Bhabha e Gayatri Spivak, todos os quais passaram pelo processo de desterritorialização que analisam. O estudo pioneiro do processo de desterritorialização foi a obra de um cubano – Ortiz – e o do hibridismo, de um brasileiro – Gilberto Freyre – que defendia o que chamava de "tropicalização" da teoria social, modificando generalizações que se baseavam num leque

---

[47] Ver, no capítulo 1 "Teóricos e historiadores", a seção "O abandono do passado".

muito pequeno de experiências humanas, em sua maioria nas zonas temperadas do mundo. Os estudos pós-coloniais oferecem uma oportunidade rara de opor-se à hegemonia da teoria ocidental e de permitir que outras vozes se façam ouvir. Eles proporcionam um ambiente acolhedor para o que o erudito argentino Walter Mignolo (2000) chama de "pensamento liminar", ideias que subvertem e ultrapassam as simples dicotomias.

Problemas, como sempre, persistem: o problema de decidir que culturas devem ser tidas como "pós-coloniais", por exemplo (o termo foi às vezes estendido ao Canadá, à Irlanda e à China); o problema de distinguir entre as formas mais profundas e mais superficiais de europeização; o problema de fazer uma síntese entre as abordagens dos críticos literários, dos antropólogos e dos historiadores (talvez devêssemos falar de "sincretismo" nesse contexto). Mesmo assim, a atenção voltada para o intercâmbio e a miscigenação vem renovando o estudo da história cultural.

## Oralidade e textualidade

Uma das formas de hibridismo que ainda não foi analisada é o resultado da interação entre o oral e o escrito, ou o oral e o impresso. Muitas vezes se observou que os romancistas africanos, de Amos Tutuola a Chinua Achebe, mantêm-se mais próximos da fala coloquial e das tradições orais do que a maioria de seus colegas europeus.

A comunicação oral possui seu próprio estilo ou estilos. Um famoso estudo sobre boato afirmava que, no decorrer da transmissão oral, as mensagens são adaptadas às necessidades dos receptores, em um processo que envolve simplificação ("nivelamento"), seleção ("apuramento") e assimilação do desconhecido ao conhecido (Allport; Postman, 1947). Um também célebre estudo acerca de poemas épicos orais na Bósnia propôs serem as histórias improvisadas pelo poeta graças ao uso de elementos pré-elaborados, em especial as "fórmulas" (expressões já prontas como "mar escuro como vinho", de Homero) e "temas" (episódios recorrentes como conselhos e batalhas). Com base em estudos desse tipo, o teórico dos meios de comunicação Walter Ong descreveu as características fundamentais do "pensamento e expressão de base oral", em especial a redundância e uma estrutura que adiciona uma declaração à outra em vez de subordiná-las umas às outras (Lord, 1960, p.80-98; Ong, 1982, p.31-77).

Essas análises e debates causaram um impacto de certa forma retardado na escrita histórica. Só agora estão começando a aparecer estudos sobre as culturas orais do passado (Fox; Woolf, 2002). Mesmo os estudos históricos sobre o boato continuam relativamente raros, apesar do exemplo de Georges Lefebvre, que dedicou um livro inteiro à divulgação do chamado "Grande Medo" de 1789. Lefebvre (1932) elaborou uma análise meticulosa da cronologia, geografia e sociologia da propagação de boatos a respeito de uma trama aristocrática e sobre ataques iminentes de "salteadores", explicando esses "pânicos" quanto à situação econômica, social e política de uma época em que o pão era escasso e o descontentamento se transformava em revolução. De modo semelhante, o boato corrente em Paris, em 1750, de que o governo de Luís XV estava raptando crianças foi interpretado como uma expressão concreta de um descontentamento mais geral com o regime (Farge; Revel, 1988).

Lefebvre tinha pouco a dizer sobre as diferentes versões desses boatos – ainda estamos esperando que alguém analise as ansiedades de 1789 ou (digamos) os temores dos protestantes ingleses de um "complô papal" em 1678 valendo-se dos processos de "nivelamento" e "apuramento", ou da assimilação de acontecimentos recentes a temas tradicionais da narrativa oral, como complôs, envenenamentos e raptos. Os boatos da volta de um líder desaparecido, de El Rei Dom Sebastião de Portugal ao revolucionário mexicano Emiliano Zapata ou do líder nacionalista indiano Subhas Chandra Bose formam outra série de exemplos da reativação de um conto popular tradicional numa situação política particular, para exprimir o descontentamento coletivo com o presente e as esperanças quanto ao futuro.

Não obstante o surgimento da "História oral" na última geração, só recentemente os historiadores têm dedicado a devida atenção à tradição oral como forma de arte. A esse respeito, importantes informações podem ser obtidas ao se comparar a primeira edição do estudo de tradição oral conduzido pelo antropólogo e historiador Jan Vansina, publicado em 1961, que se concentra quase exclusivamente no problema da confiabilidade, com a segunda edição de 1985, que se preocupa mais com as formas e os gêneros de comunicação.

A escrita também vem sendo cada vez mais investigada como uma mídia dotada de atributos e limitações especiais. O antropólogo britânico Jack Goody, por exemplo, publicou uma série de estudos sobre as consequências da alfabetização, afirmando que o tradicional contraste entre duas "mentalidades", primitiva e moderna, é mais bem descrita como um contraste entre dois modos de comunicação, o oral e o escrito (Goody, 1977). Por exemplo, é muito mais fácil reorganizar uma lista escrita do que uma lista memorizada. Assim, a escrita estimula a abstração. Outrossim, a escrita promove a conscientização sobre alternativas que transformam um sistema fechado em aberto. Nesse sentido, como declara Ong (1982, p.78-116), "a escrita reestrutura a consciência". De maneira semelhante, o psicólogo David Olson aventou uma teoria da alfabetização, ou pelo menos uma série de "princípios", observando que a capacidade de ler e escrever estimula a consciência da fala e que "o pensar em pressupostos, inferências e conjecturas, conceitos que dependem criticamente do conceito de significado literal, é característico do discurso alfabetizado" (Olson, 1994, p.257-82).

Essas argumentações foram criticadas por darem excessivo destaque à diferença entre os modos oral e escrito, por desconsiderarem os atributos da comunicação oral, e por tratarem a alfabetização como uma técnica neutra que pode ser dissociada de seu contexto (Street,

1984, 1993). As críticas fazem ressalvas em vez de abalar a tese central, mas sugerem que seria mais proveitoso falar de "alfabetizações" no plural, dando espaço para diferenciar entre os sistemas alfabético, silábico e ideográfico e também os contextos religiosos, comerciais e outros em que a capacidade de ler e escrever é adquirida.

O debate acerca da "Grande Linha Divisória" e a conclusão de que devemos pensar em termos mais de um contínuo do que de um abismo entre as culturas ou mentalidades orais e alfabetizadas têm sugerido novas direções de pesquisa, concentrando-se na interação ou "interface" entre o oral e o escrito (Goody, 1987). Por exemplo, fórmulas e temas podem ser encontrados tanto em textos escritos como em recitais orais. Assumem eles formas diferentes ou são usados de maneiras diferentes? Que muda quando um conto popular é posto por escrito, sobretudo ao ser escrito pelo membro de uma elite?

Outro foco de atenção relativamente novo é a escrita de segunda mão. Por exemplo, os analfabetos pedem que suas cartas sejam escritas por amigos, pelo pároco ou por um escriba profissional, quer quando os clientes ditam as palavras para o escritor, quer quando simplesmente explicam que tipo de carta desejam. Podem-se encontrar escritores públicos desse tipo na Plaza Santo Domingo, na Cidade do México, como podiam ser encontrados na Paris do século XVII, no cemitério dos Inocentes, onde os túmulos eram usados como escrivaninhas improvisadas (Kalman, 1999; Métayer, 2000).

Uma característica surpreendente desse debate é o contraste entre a oralidade e a alfabetização graças a um terceiro meio, a imprensa. No caso da África ocidental, de onde foram tirados tantos exemplos, a alfabetização e a imprensa chegaram ao mesmo tempo, de forma que é difícil destrinçar suas consequências. Mas, quanto à Europa, há um antigo debate sobre a "revolução" da imprensa. Costumava-se discutir simplesmente a difusão de livros, ideias e movimentos (em especial a Reforma Protestante), porém a atenção vem sendo voltada da mensagem para o meio.

## Conceitos centrais

O crítico norte-americano McLuhan (1962), por exemplo, afirmou que a imprensa foi responsável pela mudança de ênfase do auditivo para o visual (graças em parte ao crescente uso de diagramas), bem como pelo que ele chamou de "separação entre coração e cabeça". A historiadora norte-americana Elizabeth Eisenstein traduziu McLuhan para uma forma respeitável em termos acadêmicos em seu estudo da "imprensa como agente de mudança", que ressaltou as características da "cultura da imprensa" como padronização, preservação ou "fixação" de textos (Eisenstein, 1979, p.43-159).

De modo semelhante, Ong (cujo trabalho histórico anterior, em princípio, inspirara McLuhan) descreveu a forma pela qual a imprensa reforça a escrita ao promover a "mudança do som para o espaço visual" e causar "uma sensação de acabamento" de um texto definitivo (Ong, 1982, p.117-38). Por seu lado, os autores que estudaram a transmissão por escrito têm ressaltado a maneira como os escribas se sentiam à vontade não só para omitir, mas para adicionar partes ao texto, mesmo na era da imprensa, fazendo do manuscrito o que chamaríamos um meio "interativo" (Love, 1993).

A pesquisa recente cercou essa descrição simples da padronização e da fixação com muitas restrições, ressaltando a variação entre diferentes cópias da mesma edição de um livro, por exemplo, ou a competição entre diferentes formas padronizadas de italiano por parte de impressores residentes em Florença, Veneza ou Milão (Johns, 1998, p.10, 31, 91). Uma preocupação com a interação entre a comunicação oral, escrita e impressa vem substituindo o interesse apenas pelo impresso. Mesmo assim, a sugestão de que a imprensa encorajou o processo de padronização e "fixação" continua sendo plausível (Briggs; Burke, 2002, p.21-2, 44-8).

A tese de que um documento é um texto cuja leitura requer as habilidades de um crítico literário representa outro desafio aos historiadores, vindo dos chamados novos historicistas, como Stephen Greenblatt (1988). Quer as interpretações, feitas por Greenblatt, de documentos elisabetanos específicos sejam convincentes, quer não, a sua proposição geral sobre a retórica dos documentos merece ser levada em consideração pelos historiadores e será discutida com mais detalhes neste livro.[48]

Os historiadores de imagens, ou do que vem sendo conhecido como "cultura visual", seguiram uma abordagem semelhante à dos historiadores da oralidade. O historiador cultural Aby Warburg observou a recorrência do que chamou de "fórmula do *pathos*", um esquema para a representação de emoções por meio de determinados gestos ou expressões faciais. A obra clássica de E.H. Gombrich, *Arte e Ilusão* (1960), um estudo da psicologia da representação pictórica, baseou-se no trabalho de Warburg, bem como nas conclusões de psicólogos da Gestalt, como Wolfgang Köhler (1929), que afirmava percebermos configuração, mais do que objetos individuais.

Gombrich ressaltou a maneira como as percepções de artistas e seus públicos, seus "níveis de expectativa" pictórica, são moldados pelo que chama de diversas maneiras: "esquemas", "estereótipos", "modelos" e "fórmulas". Afirmou ele que "todas as representações se baseiam em esquemas que o artista aprende a usar", e frisou "a parte do observador" na obra de arte. É óbvio o paralelo com os estudos da oralidade e da recepção analisados na última seção. Tanto no caso da pintura como no da *performance*, os esquemas podem ser considerados ao mesmo tempo como restrições e auxílios à construção cultural. A maneira como eles mudam será analisada mais adiante.[49]

### Mito e memória

Para avançar um pouco mais na discussão sobre o boato, a oralidade e os esquemas, talvez seja adequado introduzir o termo "mito". Os historiadores positivistas por vezes utilizam esse termo para referir-

---

[48] Ver, no capítulo 4 "Problemas centrais", a seção "Fatos *versus* ficções".
[49] Ver, no capítulo 5 "Teoria social e mudança social", a seção "Padrões de cultura".

-se a histórias (ou relatos) não verídicas em contraste explícito com suas próprias histórias, que chamam de "História". Provavelmente será esclarecedor comparar e contrastar esse uso com o de antropólogos, teóricos literários ou psicólogos, entre outros.

Malinowski, por exemplo, afirmou que os mitos eram – sobretudo, se não exclusivamente – histórias com funções sociais. Um mito, propôs ele, é uma história sobre o passado que, em suas palavras, faz as vezes de um "alvará" para o presente. Ou seja, a história fictícia desempenha a função de justificar alguma instituição no presente e, desse modo, manter sua existência. Provavelmente Malinowski estava pensando não só nas histórias contadas pelos ilhéus trobriandeses, como também na Magna Carta, um documento utilizado para justificar várias instituições e práticas ao longo dos séculos. Como continuamente era mal-interpretado – ou reinterpretado –, o documento sempre estava atualizado. Ao longo dos séculos, as "liberdades" ou os privilégios dos barões transformaram-se na liberdade do súdito. O que tinha importância na história inglesa não era tanto o texto, mas também o "mito" da Magna Carta (Malinowski, 1954).

Do mesmo modo, a chamada interpretação *whig* da história vigente na Grã-Bretanha no século XIX e no início do século XX – em outras palavras, "a tendência de escrever a favor dos protestantes e *whigs*, de enaltecer as revoluções desde que tivessem sido vitoriosas, de ressaltar certos princípios de progresso no passado" – funcionava como uma justificativa do sistema político contemporâneo (Butterfield, 1931, p.V).[50]

Uma definição alternativa de mito poderia ser uma história com uma moral – por exemplo, o triunfo do bem sobre o mal – e personagens estereotipadas que – sejam heróis, sejam vilões – são maiores (ou mais simples) que a vida. Nesse sentido, poder-se-ia mencionar o "mito de Luís XIV" ou o "mito de Hitler", com o argumento de que esses governantes estavam presentes na mídia

---

[50] A esse respeito, ver também Burrow (1981).

oficial de sua época como figuras heroicas praticamente oniscientes ou onipotentes (Burke, 1992a; Kershaw, 1989). Também circulava um mito alternativo de Hitler como figura diabólica. Da mesma forma, durante a caça às bruxas na Europa nos primórdios da Idade Moderna, a crença comum de que as bruxas eram servidoras de Satanás pode ser descrita como "mito" (Cohn, 1975).

Esses exemplos podem ser incluídos na definição de Malinowski, claro. O mito de Hitler legitimava seu governo, e o mito das bruxas justificava a perseguição a mulheres idosas que a posteridade acredita terem sido inofensivas. Ainda assim, é esclarecedor definir o mito em termos não só de funções como também de formas ou "enredos" recorrentes (o significado original do termo grego *mythos*). O psicólogo suíço Carl Gustav Jung os teria chamado de "arquétipos" e explicado como produtos imutáveis do inconsciente coletivo. É mais provável que um historiador os considere produtos da cultura, que vão mudando lentamente no longo prazo (Samuel; Thompson, 1990, p.58).

De qualquer maneira, é importante saber que há elementos de arquétipo, estereótipo ou mito em todas as narrativas, orais e escritas. Isso inclui a história escrita – "mitohistória", como é chamada por alguns – e também histórias de vida que os narradores consideram pura verdade, como não mais do que memórias (McNeill, 1986; Samuel; Thompson, 1990, p.36-48). O estudo da memória por parte dos historiadores têm crescido muito nos últimos anos. Ele oferece oportunidades, aproveitadas por poucos estudiosos, para a cooperação com antropólogos, sociólogos, críticos literários e psicólogos.

Uma das mais importantes e polêmicas questões teóricas é a da legitimidade de se falar da memória como fenômeno coletivo. A defesa dessa abordagem foi feita há muito, na década de 1920, pelo sociólogo francês Maurice Halbwachs (1925, 1950). Argumentou Halbwachs que as memórias são construídas por grupos sociais ou, na linguagem usada em outros pontos deste capítulo, pelas "comunidades". São os indivíduos que lembram, no sentido literal, físico, mas é a comunidade que determina o que é "lembrável" e também como será lembrado. Os indivíduos identificam-se com eventos públicos que são importantes para o seu grupo, e assim "se lembram" bastante bem do que não experimentaram diretamente.

A ideia de "memória coletiva" é contraintuitiva e foi muitas vezes rejeitada por autores que declaram que só os indivíduos lembram (a ideia de "mentalidades coletivas" foi rejeitada por motivos parecidos). Mesmo assim, a expressão condensa uma intuição importante acerca da influência dos grupos sobre os indivíduos. Na esteira de Halbwachs, muitos historiadores vêm explorando os problemas do que chamam de memória "social" ou "cultural" (Connerton, 1989; Fentress; Wickham, 1992; Assmann, 1992, 1995; Burke, 1997, p.43-59; Confino, 1997; Winter; Sivan, 1999).

Um desses problemas é a explicação da amnésia coletiva. Os antropólogos tomaram consciência do problema ao investigar as tradições orais, ao passo que os historiadores se depararam com ele ao estudar eventos como o Holocausto ou as guerras civis do século XX na Finlândia, Irlanda, Rússia, Espanha e outros lugares. O problema não é uma perda de memória em nível individual, mas o desaparecimento do discurso público de certos eventos ou de certos protagonistas vinculados a interpretações particulares dos eventos. Tais eventos são em certo sentido "reprimidos", não necessariamente por serem traumáticos, embora muitos deles o fossem, mas porque se tornou politicamente inconveniente se referir a eles (Peltonen, 1999).

O trabalho de especialistas em literatura também inspirou alguns historiadores da memória. Certos estudos de texto – romances, cartas ou poemas – mostram que os participantes na Segunda Guerra Mundial muitas vezes descreviam suas experiências por meio de imagens tomadas (consciente ou inconscientemente) de narrativas da Primeira. De um modo mais geral, podemos dizer que um evento real é com frequência lembrado – e pode ter sido vivido em primeiro lugar – em termos de outro evento, tal como é narrado num texto bem-conhecido, como a Bíblia. Para voltar por um momento aos boatos de rapto de crianças que circularam em Paris em 1750, eles também fazem eco à narrativa bíblica do massacre dos inocentes e, portanto, sugerem que Luís XV era um novo Herodes (Fussell, 1975; Samuel; Thompson, 1990; Farge; Revel, 1988, p.108).

Por seu lado, o pastor protestante suíço Johann Kessler contou em suas memórias a história de como conheceu Martinho Lutero, que estava disfarçado, num albergue de Iena. "Perguntamos: 'Meu senhor, pode dizer-nos se o dr. Martinho Lutero está em Wittenberg neste momento ou em que outro lugar possa estar?' Respondeu ele: 'Tenho certeza de que ele não está em Wittenberg neste momento.'" Tenha ou não feito isso conscientemente, Kessler moldou a sua história com base num protótipo bíblico, o dos discípulos que encontraram Jesus Cristo na estrada de Emaús.

Acontece também de serem os heróis por vezes fundidos um no outro na memória popular, processo próximo ao que Freud, ao analisar os sonhos, chamou de "condensação". Em certas ocasiões, é possível observar esse processo de "mitificação" em andamento, numa série de narrativas do passado que chegam cada vez mais perto de um arquétipo: no caso dos boatos, por exemplo, ou no caso de uma memória individual do mesmo evento, registrada diversas vezes ao longo dos anos. O processo de "re-lembrar" é influenciado pelas situações sempre novas em que os eventos passados são recordados.

Alguns críticos – sobretudo o erudito norte-americano Hayden White – argumentariam que a história escrita é uma forma das "ficções" e dos "mitos" que acabaram de ser discutidos (1973, 1978, p.121-4). Algo semelhante foi dito sobre a "construção textual da realidade" por sociólogos e antropólogos (Clifford; Marcus 1986; Atkinson, 1990; Samuel; Thompson, 1990, p.28-35). O problema do "construtivismo", como por vezes é chamado, será tratado no próximo capítulo.

# 4
# Problemas centrais

Em muitos casos, alguns deles exemplificados no capítulo anterior, os historiadores podem ampliar o vocabulário – e, assim esperamos, o grau de refinamento – por meio de alguns conceitos tomados por empréstimo de outras disciplinas, sem que isso implique mudanças radicais em nossas tradições intelectuais. Outras ideias representam um perigo maior. Arcam com um peso maior de pressupostos filosóficos. Desse modo, resistem à assimilação por uma tradição que lhes é estranha – na realidade, ameaçam transformar qualquer sistema intelectual em que se introduzem.

Dessas ideias, ou pelo menos de algumas delas, se ocupará este capítulo. Ele se atém a quatro grupos de contrastes e debates intelectuais: primeiro, o debate entre explicações universalizantes do comportamento humano em termos de escolha racional, por um lado, e explicações que levam a sério as diferenças culturais, por outro; segundo, o contraste entre a visão da sociedade como essencialmente consensual e a ideia de sociedade como repleta de conflitos; terceiro, a contradição entre o pressuposto tradicional de que historiadores, sociólogos, antropólogos, entre outros, apresentam "os fatos" sobre sociedades e a visão de que o que oferecem é certo tipo de ficção; e, por fim, a oposição entre a ideia de função (ou estrutura), por um lado, e a de iniciativa humana (os "atores"), por outro. A questão não é decidir nenhum desses pontos – o que seria presunçoso –, mas incentivar os leitores a terem ciência das diferentes possibilidades.

## Racionalidade *versus* relativismo

A racionalidade é definida de diversas maneiras, em termos de cálculo, interesse próprio, uma atitude crítica ou como obediência a regras. Seja qual for a definição ou o aspecto do comportamento individual ou da organização social que nos interesse, surgem problemas. Primeiro, quão racionais são os humanos? Segundo, há um padrão universal de racionalidade, ou há diferentes padrões em diferentes culturas? Nesse campo, vem ocorrendo um vigoroso debate que contrapõe os universalistas (em especial economistas e sociólogos) aos relativistas (sobretudo antropólogos e historiadores).

A forma atual de universalismo é conhecida como "teoria da escolha racional" (TER, abreviando). Um manual escrito desse ponto de vista é a obra de James Coleman, *Foundations of Social Theory* [Fundamentos da Teoria Social] (1990). A sociedade é vista em termos de indivíduos que adotam estratégias[1] com base na maximização da utilidade, mesmo quando participam de revoluções, se envolvem em pânicos no mercado de ações ou fazem parte de uma multidão violenta (Coleman, 1990, p.216-8, 220-9, 468-502). A TER é uma forma de análise de custo-benefício, baseada no pressuposto de que as pessoas tomam as suas decisões na expectativa de recompensas ou "pagamentos" (*pay-offs*) de algum tipo. No caso

---

[1] Ver, no capítulo 3 "Conceitos centrais", a seção "Consumo e troca".

de decisões difíceis, elas fazem "compromissos" (*trade-offs*) entre os possíveis custos e benefícios de, por exemplo, comprar um carro ou votar num partido que vai aumentar os impostos, mas vai gastar mais na previdência do que seu rival. Em suma, a TER aplica um modelo econômico para o conjunto do comportamento humano.

Do outro lado, temos os relativistas. Os relativistas culturais não afirmam que "tudo vale", mas argumentam que o que é tido como racional depende de circunstâncias locais e da cultura mais ampla. Observam que o conhecimento é socialmente situado e nota a impossibilidade de ficar fora de sua própria cultura ao estudar outra. Sua conclusão principal é a necessidade de os estudiosos evitarem tecer juízos com base em seus próprios padrões de racionalidade (ou moralidade) acerca dos povos que estudam – em História, evitar o anacronismo e em Antropologia, o etnocentrismo.

Ao comentar esse debate, pode ser proveitoso estabelecer quatro pontos. Primeiro, desde os escritos de Freud, tem sido difícil afirmar que os indivíduos sejam racionais o tempo inteiro. Que dizer dos grupos? Tomemos o caso do pânico. Numa seção que trata do pânico financeiro, Coleman aventa o argumento engenhoso, mas (pelo menos para mim) inconvincente, de que mesmo nesse caso os indivíduos tentam "maximizar a utilidade fazendo uma transferência unilateral de controle" de suas ações (1990, p.203).

Em segundo lugar, devemos distinguir a racionalidade das ações, em que a TER se concentra, da racionalidade das crenças, que tem preocupado filósofos e antropólogos (Wilson, 1979; Hollis; Lukes, 1982). A bruxaria, por exemplo, tem sido frequentemente rejeitada como irracional. Se, porém, a crença em bruxas fizer parte de um sistema de crenças coerente, dificilmente poderá ser descartada assim tão facilmente. Dada a informação disponível e os pressupostos comuns em determinado lugar e tempo, muitas vezes é possível oferecer argumentos plausíveis em defesa da crença nas bruxas. De fato, afirmou-se que o surgimento da demonologia nos séculos XVI e XVII estava associado mais com o "desenvolvimento e até com o 'avanço', do que com a estagnação e a decadência" (Clark, 1997).

De qualquer modo, há algo estranho com a descrição de todo um sistema de crenças como irracional, embora possa ser proveitoso descrever alguns sistemas como mais racionais do que outros, no sentido de oferecerem um espaço maior para alternativas, permitindo assim que os indivíduos façam escolhas conscientes (apesar da pressão social sobre eles para que aceitem crenças que são importantes para dada comunidade) (Horton, 1967, 1982).

Em terceiro lugar, devemos fazer a distinção entre a racionalidade da decisão individual e a racionalidade de um sistema social ou político. Argumentou Weber que o que chamamos de sistema "burocrático" de governo é mais racional do que o seu predecessor, o sistema "patrimonial", porque mais coerente. As decisões são tomadas segundo regras, e assim problemas semelhantes recebem soluções semelhantes. No sistema burocrático, as nomeações, por exemplo, são estabelecidas de acordo com critérios públicos, como a eficiência avaliada por exames e entrevistas. O sistema é imparcial – e inumano, no sentido de ignorar as diferenças entre indivíduos.

Por outro lado, para tomarmos outro exemplo discutido acima, o cardeal Richelieu nomeou pessoas para cargos com base em critérios particulares, escolhendo parentes, amigos e apadrinhados como auxiliares. Nos termos de Weber, essas decisões parecem irracionais ou pelo menos não racionais. Contudo, como vimos, tinham suas razões. Dadas as circunstâncias – nesse caso, o sistema cultural francês do século XVII – Richelieu descobriu um modo efetivo de se manter no poder e de ver executadas as suas ordens. Em suma, estão em conflito diferentes tipos de racionalidade. A curto prazo, Richelieu agia racionalmente, mas a consequência de suas ações foi o atraso no processo de "racionalização" política, como Weber o chama.

Enfim, no que se refere às ações, a TER pressupõe que os "indivíduos avaliem os resultados possíveis associados a suas escolhas, de acordo com suas preferências e valores", quer estejam cultivando arroz, fazendo compras ou votando (Popkin, 1979, p.31). Assim expresso, o pressuposto soa evidente, mas há pelo menos duas dificuldades aqui. A primeira dificuldade ou série de dificuldades diz respeito à prática da avaliação. São sempre os indivíduos que avaliam? O exame das estratégias de decisões de família[2] sugere que pequenos grupos tomam decisões importantes. Está o processo de avaliação sujeito a restrições? Sim, uma vez que pode basear-se em informações inadequadas, de modo que talvez seja necessário falar antes de racionalidade "atada" do que de racionalidade ilimitada" (Simon, 1957, p.241-60). A avaliação de mercadorias ou candidatos a um cargo também pode estar sujeita a manipulação por meios poderosos de persuasão, como a propaganda.

A segunda dificuldade diz respeito a "preferências e valores". Na prática, os teóricos concentram-se num pequeno leque de preferências e valores, sobretudo no bem-estar material do indivíduo, enquanto oposto ao medo, à vergonha, à simpatia pelos outros, o compromisso com as normas morais ou a lealdade às organizações. Em sua versão extrema, a TER reduz a interação social à busca do interesse próprio egocêntrico e trabalha com um modelo de natureza humana que Amartya Sen (1982) descreveu como o "idiota racional".[3]

Podemos a essa altura tentar uma análise de custo-benefício da análise de custo-benefício. A TER oferece um modo claro, nítido e rigoroso de estudar as ações individuais. O preço desse modo é ignorar parte importante do leque de motivações humanas, bem como as diferenças entre culturas. Nesse sentido, a TER é reducionista.

A análise cultural, por outro lado, é uma abordagem que ressalta a variedade de preferências e valores, e a importância desigual destes em diferentes culturas. Em algumas culturas, por exemplo, evitar a

---

[2] Ver, no capítulo 3 "Conceitos centrais", a seção "Família e parentesco".
[3] A esse respeito, ver Gellner (1985).

vergonha é mais importante do que obter recompensas materiais. A prática do cálculo é avaliada de modo diferente, assim como assume formas diferentes em diferentes culturas. O indivíduo, central no modelo de ação da TER, é levado menos a sério em algumas culturas do que em outras. A ideia do indivíduo, ou a categoria de pessoa, varia de uma cultura para outra, como Marcel Mauss (1985) defendeu em seu famoso ensaio.[4] Em suma, a mesma TER pode ser vista como uma expressão dos valores da cultura norte-americana, sobretudo sua ênfase dada ao cálculo e ao indivíduo. É difícil imaginar essa abordagem originando-se no Brasil, por exemplo, ou no Japão.

## Conceito de cultura

"Cultura" é um conceito com uma embaraçosa gama de definições. No século XIX, o termo era empregado genericamente como referência às Artes Plásticas, Literatura, Filosofia, Ciências Naturais e Música. Ao mesmo tempo, ele exprimia uma consciência cada vez maior das formas pelas quais as artes e as ciências são moldadas pelo meio social. Essa consciência crescente levou ao surgimento de uma Sociologia ou História social da cultura. Essa tendência demonstrou-se essencialmente marxista ou no mínimo marxiana na forma de tratar a arte, a literatura e a música, entre outras manifestações, como um tipo de superestrutura, refletindo mudanças na "infraestrutura" econômica e social.

Um exemplo típico do gênero é a famosa obra *História social da arte*, de Arnold Hauser, que caracteriza a arte de Florença no século XV, por exemplo, como "naturalismo da classe média" ou explica o maneirismo como a manifestação artística da "crise" econômica e política que se sucedeu à descoberta da América e à invasão da Itália pela França em 1492 e 1494, respectivamente (Hauser, 1951, p.2,

---

[4] Ver Carrithers, Collins e Lukes (1985).

27, 96-9).[5] Nas últimas décadas, tal abordagem vem sendo esvaziada por dois tipos de desenvolvimento paralelos e interrelacionados.

Em primeiro lugar, o termo "cultura" ampliou seu significado à medida que se ampliaram os interesses de historiadores, sociólogos, críticos literários e outros. Dedica-se cada vez mais atenção à cultura popular, no tocante às atitudes e valores de pessoas comuns e às suas formas de expressão na arte e no cancioneiro populares, nas histórias folclóricas, nos festivais etc. (Burke, 1978). Já o interesse por artefatos e espetáculos populares – os equivalentes populares de quadros em cavaletes, óperas, e assim por diante – foi alvo de críticas, sendo tachado de muito restrito.

A tendência atual aponta para o afastamento da chamada definição de cultura de "teatro de ópera" e para o emprego do termo no sentido mais amplo, há muito defendido pelos antropólogos norte-americanos, como Clifford Geertz, cuja *Interpretação das culturas* (1973) inspirou estudiosos de um amplo leque de disciplinas (Kuper, 1999; Burke, 2004c). Mesmo especialistas em Literatura, pelo menos os chamados "novos historicistas" nos EUA, têm caminhado nessa direção, ressaltando o que chamam de "poética da cultura", ou seja, as convenções que subjazem ao significado de todos os textos – não só literários – e de performances informais, como rinhas de galo, ou formais, como peças de teatro (Stallybrass; White, 1986; Greenblatt, 1988).

Se definirmos a cultura em termos de atitudes e valores e sua expressão ou encarnação nas práticas sociais, a análise cultural oferece uma alternativa ou, no mínimo, um suplemento necessário à TER. Para voltar ao cardeal de Richelieu, podemos dizer que a sua nomeação de parentes como auxiliares era racional nas "circunstâncias" em que ele se achava, circunstâncias que incluíam as atitudes em relação à família e as normas de lealdade correntes em sua cultura.

---

[5] Ver a crítica de Gombrich (1969).

Por outro lado, tomemos o caso dos motins alimentares na Grã-Bretanha do século XVIII, antes rejeitados pelos historiadores como erupções de uma fúria cega, uma atitude descrita por Edward Thompson como "uma visão espasmódica da história popular" (1991, p.185). Os teóricos da TER rejeitariam a visão espasmódica e veriam os indivíduos da turba buscando seu interesse próprio, participando de atos violentos para forçar as autoridades a abaixarem os preços e ponderando o custo da ação violenta (a possibilidade de ser preso ou executado) contra os lucros do pão barato.

Por certo há algo a ser dito em favor dessa visão, mas não parece que ela dê conta de tudo. Em sua famosa descrição da "economia moral da turba inglesa", Thompson interpretou os motins alimentares em termos de valores, mentalidades, "da cultura política, das expectativas, tradições e, de fato, das superstições da população trabalhadora", em especial os valores tradicionais de uma economia moralizada da reciprocidade.[6] Uma descrição cultural dos motins alimentares também ressaltaria seus aspectos expressivos ou simbólicos, vendo-os como uma forma de drama social baseado no repertório do ritual (Thompson, 1991, p.260).[7]

Outros casos de violência coletiva são mais difíceis de explicar pela TER – a limpeza étnica, por exemplo, que é muitas vezes rejeitada como irracional ou "sem sentido". Ela pode ser racional no sentido de que a violência é um meio para o fim de expulsar do território o "outro" grupo étnico, mas qual a vantagem da expulsão? Parece mais plausível ver a violência como um tipo de ação simbólica, que assume diferentes formas em diferentes culturas e tem em mira diferentes grupos – ou seja, levantar questões acerca do significado da violência para a comunidade, em vez de acerca de suas recompensas para os participantes individuais.

---

[6] Essa economia foi descrita acima, no capítulo 3 "Conceitos centrais", na seção "Consumo e troca".

[7] Ver também Davis (1975, p.152-88).

Em casos como estes, sem dúvida, é necessário considerar tanto os medos como os interesses, e tanto a motivação consciente como a inconsciente. Os psicólogos podem discutir a projeção de partes agressivas do eu sobre o "outro", enquanto estudantes de cultura se concentram nos repertórios culturais, inclusive a representação de narrativas tradicionais do conflito (Kakar, 1990; Blok, 2001, p.108-14).

A inquietude leva-nos ao chamado pânico moral, termo técnico para outro fenômeno que não se encaixa no modelo da TER. O termo entrou em uso depois de um estudo do sociólogo Stanley Cohen acerca das atitudes públicas em relação a dois grupos de jovens britânicos da década de 1960, os *mods* e os *rockers*. Num pânico moral, como Cohen (1972) o define, é identificada uma ameaça à sociedade, o indivíduo, grupo ou evento ameaçador é apresentado de maneira exagerada e estereotipada nos meios de comunicação e, por um breve período pelo menos, se cria considerável comoção pública.

Esse conceito por certo tem sua utilidade no estudo do passado. Seja qual for a racionalidade ou não racionalidade da ideia de bruxaria, os recorrentes ataques às chamadas bruxas nos primórdios da Europa moderna seguiam o modelo dos pânicos morais. Algo semelhante pode ser dito acerca das acusações feitas contra os judeus no fim da Idade Média, como profanação da hóstia, rapto e assassinato de crianças para fins rituais. As culturas contemporâneas não estão mais imunes aos pânicos morais do que as anteriores, como prova a recente onda de acusações de abuso e assassinato de crianças por adoradores de Satanás (La Fontaine, 1998).

As recentes acusações são uma espécie de reciclagem de histórias tradicionais acerca de judeus e bruxas, reativando elementos do repertório cultural europeu. Ocorrem pânicos morais em outras culturas, mas assumem formas diferentes. Na China, em 1768, por exemplo, o pânico referia-se aos "ladrões de almas". Espalhou-se o boato de que pessoas estavam escrevendo o nome de seus inimigos em pedaços de papel e pregando-os aos pilares das pontes. O papel ajudaria na calafetagem da ponte, mas com isso destruiria a vítima. A história foi ampliada para incluir o tema dos "rabos" grampeados, os rabos de cavalo que o regime Qing tornou obrigatórios para os homens na China. Graças a esses matizes políticos, o mesmo imperador tinha um interesse pessoal na difusão e posterior declínio do pânico, que, como as histórias europeias sobre os servos de Satanás, revelavam algo sobre as angústias predominantes na cultura (Kuhn, 1990).

## Consenso *versus* conflito

A "cultura" é muitas vezes definida como um sistema de significados compartilhados. Essa concepção, porém, é problemática, sobretudo no caso de grupos grandes, como as nações. Essa abordagem da cultura tem os defeitos e os méritos do modelo durkheimiano de sociedade, que dá ênfase ao consenso em detrimento do conflito.[8] Edward Thompson chegou a sugerir que "o próprio termo 'cultura', com sua cômoda invocação do consenso, pode servir para distrair a atenção das contradições sociais e culturais" (1991, p.56).[9] Tanto os defeitos quanto os méritos do modelo de cultura como significados compartilhados mostram-se visíveis, com particular clareza, na descrição e interpretação que Simon Schama faz da cultura holandesa do século XVII, *O desconforto da riqueza* (1987).

Um dos pontos altos da obra de Schama é a discussão acerca das tentativas de os holandeses construírem uma identidade coletiva ao se diferenciarem de seus vizinhos. No entanto, raramente as divisões socioculturais existentes na República das Sete Províncias Unidas – entre ricos e pobres, citadinos e camponeses, calvinistas e católicos, holandeses e frísios – se fazem visíveis no trabalho do autor. *O descon-*

---

[8] Ver, no capítulo 3 "Conceitos centrais", a seção "Classe e *status*".
[9] A esse respeito, ver também Sewell (1999).

*forto da riqueza* mostra-se vulnerável às críticas recentemente levantadas contra o conceito antropológico da cultura, as quais defendem a tese de que atribuir maior ênfase a valores compartilhados não é, para dizer o mínimo, "muito eficaz na compreensão das sociedades assentadas em classes", e que isso precisa ser substituído pela ênfase dada ao conflito cultural (Sider, 1986, p.5, 109).

A essa crítica pode-se muito bem responder que o conceito de conflito implica o de solidariedade e que o crítico simplesmente substituiu uma comunidade, a região ou a nação, por outro elemento, a classe social. Que fazer? Uma possibilidade é empregar o conceito sociológico de "subcultura", definida como uma cultura dotada de autonomia parcial inserida em um todo de maior porte (esse conceito não tem implicações de inferioridade) (Hebdige, 1979).

De modo geral, os sociólogos estudam as subculturas mais visíveis, como minorias étnicas ou religiosas, "desviantes" em relação às normas de uma dada sociedade, como criminosos e heréticos, e grupos de jovens. Também os historiadores vêm estudando grupos como os judeus na Espanha medieval ou os mendigos da Londres elisabetana, porém, nem sempre dedicam muita atenção à relação entre a cultura dessas minorias e aquela vigente na sociedade que a cerca.

Há toda uma série de perguntas a fazer acerca da relação entre as subculturas e a cultura em geral. Quão precisas são as fronteiras? Compreende a subcultura todos os aspectos atinentes à vida de seus integrantes ou somente a alguns? Denota a relação entre a cultura principal e a subcultura complementaridade ou conflito? No século XVI, havia mais em comum entre dois judeus, sendo um deles italiano, ou entre dois italianos, sendo um deles judeu? São as subculturas ocupacionais menos autônomas que as subculturas étnicas ou religiosas? Por quanto tempo pode a subcultura de um novo grupo de imigrantes, como os protestantes franceses em Londres ou Amsterdã, no século XVII, conservar sua autonomia?

Seria razoável argumentar que raramente as subculturas mais importantes foram estudadas como tais: culturas das classes sociais. Um vívido contraste entre a classe média e a classe trabalhadora é oferecido pelo famoso estudo de Pierre Bourdieu (1979) sobre distinção social. Pode ser instrutivo comparar e contrastar esse clássico estudo do fim do século XX com o estudo igualmente clássico de Edward Thompson sobre a classe trabalhadora inglesa no começo do século XIX. Ali onde Bourdieu estuda a estrutura, Thompson concentra-se na mudança, no "fazer". Thompson considera a classe trabalhadora mais ou menos por si mesma, mas Bourdieu compara e contrasta duas classes, cada uma das quais se definindo em relação à outra. Nesse sentido, ele oferece um estudo exemplar das subculturas.

Nos últimos anos, o termo "subcultura" parece estar caindo em desuso, talvez por soar pejorativo. Mesmo assim, permanecem os problemas discutidos acima, seja qual for a maneira como queiramos descrevê-los. Uma das possibilidades é falar de diferentes "culturas" dentro da mesma sociedade, mas mesmo isso é problemático, como mostra o antropólogo Gerd Baumann num estudo de cinco grupos étnicos de uma parte de Londres, em que ele se deparou com "culturas que atravessam as comunidades", de modo que "a equação entre comunidade e cultura, por mais dominante que seja no discurso público acerca das minorias étnicas, se desintegrou" (1996, p.10).

## Fatos *versus* ficções

Os historiadores, a exemplo dos sociólogos e antropólogos, acostumaram-se com o pressuposto de que lidavam com fatos e de que seus textos refletiam a realidade histórica. Tal premissa caiu por terra com os ataques dos filósofos – independentemente de se poder afirmar ou não que estes "espelhavam" uma mudança de mentalidade mais ampla e mais profunda (Rorty, 1980). Portanto, é necessário levar em conta que historiadores e etnógrafos estão no ramo da ficção tanto quanto os romancistas e os poetas; em outras palavras, que também eles são produtores de "artefatos literários" de acordo com regras de gênero e estilo (quer estejam conscientes dessas regras, quer não) (White, 1973, 1978; Clifford; Marcus, 1986).

Recentes estudos sobre a "poética da Etnografia" descreveram os trabalhos de sociólogos e antropólogos como a "construção textual" da realidade, comparando-os à obra de romancistas. Os escritos do polonês exilado Bronislaw Malinowski, por exemplo, são frequentemente comparados com a obra de seu conterrâneo Joseph Conrad – cujas histórias ele leu no campo –, ao passo que o antropólogo Alfred Métraux, por sua vez, tem sido descrito como um "surrealista etnográfico" (Clifford, 1988, p.92-113, 117-51).

No caso dos historiadores, o principal desafio aos pressupostos tradicionais veio de Hayden White (1966), que acusou os colegas de profissão de viverem no século XIX, a era do sistema de convenções literárias conhecido como "realismo", e de recusar-se a fazer experimentos com formas modernas de representação. Embora suas declarações tenham sido feitas já em 1966, as ondas de choque que se seguiram ainda não cessaram (White, 1978, p.27-50).

White também sustenta, a exemplo do teórico literário canadense, Northrop Frye, que os historiadores – como os poetas, os romancistas ou os dramaturgos – organizam seus relatos do passado em torno de enredos recorrentes ou *mythoi* – ou seja, esquemas narrativos. Por exemplo, "o *mythos* cômico prestou-se como a estrutura do enredo para a maioria dos escritos históricos de Ranke". Ao escrever sobre as guerras civis francesa ou inglesa, por exemplo, o autor lançou mão de uma história dividida em três partes que se desenvolvia como uma comédia (ou tragicomédia), "de uma condição de paz aparente, passando pela revelação do conflito, até chegar à resolução do conflito com o estabelecimento de uma ordem social genuinamente pacífica".

Portanto, a história contada por Ranke continha um elemento irredimivelmente ficcional ou criativo. Os documentos nos quais se fundamenta não lhe disseram por onde começar a história ou quando concluí-la (White, 1973, p.167, 177). Afirmar, como Ranke – e como alguns historiadores até hoje –, estar escrevendo "o que realmente aconteceu", nada mais, nada menos, significa tornar-se vítima do que um antropólogo (que elegantemente volta o emprego que fazem os historiadores do termo "mito" contra eles mesmos) chamou recentemente de "o mito do realismo" (LaCapra, 1985, p.15-44; Samuel; Thompson, 1990, p.25-35).

Em outras palavras, a fronteira entre fato e ficção, que antes parecia sólida, foi erodida (ou então, só agora podemos ver que essa fronteira esteve sempre aberta). Nessa área fronteiriça encontramos escritores que se sentem atraídos pela ideia do chamado "romance de não ficção", como no livro *A sangue frio* (1965), de Truman Capote, que conta a história do assassino da família Clutter, ou *Os exércitos da noite* (1968), de Norman Mailer, sobre uma marcha de protesto rumo ao Pentágono, com o subtítulo "A história como romance/o romance como história".

Encontramos ainda romancistas que incorporam documentos (decretos, recortes de jornal etc.) ao texto de sua história; exploram passados alternativos, como Carlos Fuentes, em *Terra nostra*, (1975); ou constroem sua narrativa com base nos obstáculos que se interpõem ao alcance da verdade histórica, como o faz Mario Vargas Llosa em *História de Mayta* (1984), em que o narrador tenta reconstruir a carreira do revolucionário peruano – talvez para um romance, talvez para "uma versão bastante livre da história do período", ante evidências contraditórias. "Por que tentar descobrir tudo que aconteceu?", pergunta um informante. "Pergunto-me se realmente sabemos o que você chama de História com H maiúsculo [...] ou se há tanto faz de conta na História quanto nos romances".

Do outro lado, um pequeno grupo de historiadores e outros atendeu ao desafio de White e vem fazendo experiências com a "não ficção criativa", ou seja, com técnicas de narrativa aprendidas com romancistas ou cineastas. O historiador Golo Mann, por exemplo, um dos filhos do romancista Thomas Mann, publicou em 1971 uma biografia do general Albrecht von Wallenstein, que viveu no século XVII, descrita pelo autor como "um romance completamente verdadeiro", no qual adaptou a técnica do fluxo de consciência para fins históricos, notadamente ao evocar os últimos meses da vida de seu herói, quando o general, doente e amargurado, parece cogitar a hipótese de mudar de lado (as notas de rodapé de Mann, contudo, são mais convencionais que o seu texto). Carlo Ginzburg, que também é filho de romancista, Natalia Ginzburg, é outro historiador notável pela forma conscientemente literária em que escreve.

É pena que a maioria dos historiadores profissionais (não tenho como falar dos antropólogos e sociólogos) até aqui se tenha demonstrado tão relutante em reconhecer a poética de seu trabalho, as convenções literárias que seguem. Há um sentido em que fica difícil negar que os historiadores constroem os objetos estudados, agrupando eventos em movimentos como a "Revolução Científica" ou a "Guerra dos Trinta Anos", visíveis somente a partir da percepção tardia dos acontecimentos. Uma questão de relevância ainda maior foi aventada há bastante tempo pelo teórico da literatura norte-americano Kenneth Burke em *The Rhetoric of Motives* [*A Retórica dos Motivos*] (1950), em que se indaga se a ação, bem como o discurso e a escrita humanos, não segue as regras da retórica, uma ideia que fornece subsídios às perspectivas dramatúrgicas de Erving Goffman e Victor Turner.

Dificuldades idênticas são encontradas em negar o papel da ficção "nos anais", nas palavras de Natalie Davis num estudo em que aborda algumas das questões suscitadas pelo crítico literário Stephen Greenblatt. Nessa análise da França do século XVI, ela se ocupava essencialmente do lugar reservado à retórica e às técnicas de narrativa na construção de textos como depoimentos de testemunhas, interrogatório de suspeitos ou pedidos de perdão, ou seja, documentos que historiadores positivistas tinham tratado, tradicionalmente, como evidências relativamente confiáveis. Davis começa seu estudo com a observação de que aprendera, assim como outros historiadores, a "depurar os elementos ficcionais em nossos documentos de modo a atingir os fatos mais verdadeiros"; contudo, segue adiante até confessar sua descoberta – talvez resultante do desafio lançado por Greenblatt e White – de que a arte de contar histórias é, por si só, um tema histórico que desperta grande interesse (Davis, 1987, p.3).

Por outro lado, igualmente causa pena o fato de White e seus discípulos – sem mencionar os teóricos da narrativa – ainda não terem se engajado com a devida seriedade na questão que procura responder se a História é um gênero literário ou um conjunto de gêneros, que formam algo distinto, e se as convenções contemplam (certamente sim) regras acerca da relação entre afirmações e evidências, bem como regras de representação. Ranke, por exemplo, não escrevia ficção pura. Documentos não apenas davam respaldo à sua narrativa, mas desencorajavam o narrador a fazer afirmativas desprovidas de provas.

Podem-se dizer coisas parecidas sobre sociólogos e antropólogos. Embora utilizem documentos ou construam seus relatos totalmente com base em entrevistas, conversas e observações pessoais, seguem uma estratégia de pesquisa que compreende critérios de confiabilidade, representatividade, e assim por diante. O que precisa ser discutido é a compatibilidade ou o conflito existente entre esses critérios e diferentes formas de texto ou retórica, e não as velhas oposições entre fato e ficção, ciência e arte. No entanto, essa zona intermediária, a de "ficções de representação factual" (a máscara da imparcialidade, a pretensão a conhecimentos de fontes internas, o uso de estatísticas para impressionar o leitor etc.), está apenas começando a ser explorada de maneira sistemática (Siebenschuh, 1983; Nelson; Megill; McCloskey, 1987, p.221-38).

## Estruturas *versus* agentes

Em que medida os seres humanos tomam suas próprias decisões ou fazem sua própria história é uma questão que há muito tem sido matéria de debate. Na teoria social, ela assumiu a forma de um conflito entre duas escolas, entre os chamados individualistas metodológicos, que reduzem o social ao individual, e seus oponentes, os holistas, que veem cada ação como integrada num sistema de práticas sociais e explicam o suicídio, por exemplo, independentemente dos indivíduos que se matam.

Uma formulação clássica da posição individualista vem do *Sistema de lógica* do filósofo inglês do século XIX, John Stuart Mill. "Os seres humanos em sociedade não têm propriedades senão as que se derivam das – e podem ser resolvidas nas – leis da natureza do homem individual" (livro 6, seção 7). O sociólogo Herbert Spencer tinha ideias parecidas, tachadas de "psicologismo" por Durkheim, que definiu a sua própria posição sobre a prioridade do coletivo ou social sobre o individual contra o que chamou de "método seguido por *Monsieur* Spencer".

O individualismo metodológico tem sido particularmente forte no mundo de língua inglesa, ao passo que os mais famosos holistas foram franceses ou alemães (Durkheim e Lévi-Strauss, Weber e Simmel). Como vimos, os sociólogos, historiadores e antropólogos franceses falam de mentalidades coletivas e de memória coletiva,[10] conceitos que são muitas vezes rejeitados na Grã-Bretanha. O contraste é tão impressionante que sugere que devamos interpretar o debate em si em termos estruturais, como um choque de culturas.

## Funcionalismo

"Função" é um conceito fundamental na teoria social dos holistas. Parece bastante inofensivo, implicando apenas que as instituições têm os seus usos. Ao ser definido com maior precisão, no entanto, há um limite a ser transposto inerente à ideia que a

---

[10] Ver, no capítulo 3 "Conceitos centrais", a seção "Mito e memória".

torna, a um só tempo, mais interessante e mais perigosa. A função de cada uma das partes de uma estrutura, por definição, é manter o todo. "Mantê-lo" significa conservá-lo em "equilíbrio" (influente analogia entre o mundo da natureza, desde a Mecânica à Biologia, e o mundo da sociedade). O que torna a teoria tão atraente quanto perigosa é o fato de que não se apresenta apenas como descritiva, mas também como explicativa. De acordo com os funcionalistas, a razão da existência de determinado costume ou instituição reside justamente em sua contribuição ao equilíbrio social.

A noção de equilíbrio social não é de todo alheia aos historiadores. Nos séculos XVII e XVIII, a ideia de "equilíbrio" entre "poder, propriedade e comércio" exerceu papel fundamental na análise política e econômica. Quando Gibbon, por exemplo, explicou o declínio e a queda do Império Romano em razão de sua "grandeza imoderada", seguiu como linha de raciocínio o movimento de um balanço ou de uma gangorra. Mais recentemente, o historiador brasileiro Gilberto Freyre (1933), que também era sociólogo, descreveu sua própria sociedade em termos do que chamou de "equilíbrio de antagonismos", frase que tomou de Herbert Spencer. Por outro lado, muitos teóricos sociais têm tratado "equilíbrio" não apenas como uma metáfora a ser empregada vez por outra, mas também como premissa básica subjacente aos tipos de pergunta que formulam e aos tipos de resposta que julgam aceitáveis.

O funcionalismo tem sido muitas vezes criticado como uma forma complicada de se dizer o óbvio. Em certos casos, porém, em vez de confirmar o que dita o senso comum, as explicações de cunho funcionalista o desprezam, como é o caso da análise de autoria de Georg Simmel (1957) da função social do conflito como "uma força integradora no grupo".

Uma das mais brilhantes discussões acerca dessas questões pode ser verificada em um livro que, deliberadamente, evita os termos "estrutura" e "função". O livro faz referência expressa à África, mas encerra implicações bem mais abrangentes (Gluckman, 1955).

O autor desse livro, o antropólogo Max Gluckman, o construiu em torno de uma série de paradoxos. Por exemplo, um capítulo intitulado "A paz no feudo" defende a tese de que o feudo não constitui ameaça à paz, afirmação que o senso comum provavelmente assumiria como verdadeira. Ao contrário, trata-se de uma instituição cuja função é preservar a paz e manter a coesão social. O problema é que os indivíduos muitas vezes se encontrarem vinculados de ambos os lados pelos laços de sangue e de amizade, e esse conflito entre lealdades lhes desperta o interesse em manter a paz. Por outro lado, Gluckman argumenta que as "rebeliões, longe de destruírem a ordem social estabelecida, ocorrem de tal forma que chegam até mesmo a apoiar essa ordem"; isto é, sua função é manter essa ordem, atuando como uma válvula de segurança. No entanto, ainda uma vez, ao discutir determinados rituais de reversão dos zulus, o autor defende o ponto de vista de que a suspensão anual dos tabus costumeiros "serve para reafirmá-los".

Como vimos anteriormente,[11] a abordagem funcionalista dominou o campo da Sociologia e da Antropologia Social de 1920, aproximadamente, até cerca de 1960. Ainda hoje, poder-se-ia argumentar de maneira razoável que a tradição funcionalista leva uma existência submersa na Sociologia e na Antropologia, e até que continua a exercer uma influência tanto mais importante por ser mais ou menos inconsciente.

Os historiadores, por outro lado, apesar do exemplo de Gibbon, só adotaram essa abordagem tardiamente. De fato, foi apenas na década de 1960, no momento mesmo em que os sociólogos começavam a demonstrar insatisfação com a ideia de função, que vários historiadores em atividade começaram a fazer experimentos com esse tipo de explicação.

Em seu clássico estudo sobre a magia e a bruxaria, Keith Thomas, por exemplo, argumentou que "a crendice em bruxas serviu

---

[11] Ver, no capítulo 1 "Teóricos e historiadores", a seção "O abandono do passado".

para conservar e apoiar as tradicionais obrigações de caridade e boa vizinhança em um momento no qual outras forças socioeconômicas vinham conspirando para enfraquecê-las" em comunidades aldeãs da Inglaterra, pois os aldeões mais prósperos temiam ser amaldiçoados ou enfeitiçados pelos mais pobres caso os enxotassem de suas propriedades de mãos vazias (Thomas, 1971, p.564-6).

Alan Macfarlane também sugeriu que "o medo de bruxas atuou como uma forma de sanção para garantir a aplicação das normas da boa vizinhança", embora ele igualmente tenha sido tentado por uma explicação funcional alternativa (na verdade, oposta), de que os processos acusatórios de bruxaria teriam constituído "um meio de levar a efeito uma profunda transformação social", em que uma sociedade que cultivava boas relações de vizinhança passou a ser mais individualista (Macfarlane, 1970, p.106, 196). O fato de essas duas explicações que caminham em sentidos opostos serem compatíveis com os mesmos elementos probatórios deixa-nos um tanto desconcertados. As explicações de natureza funcional são fáceis de dar e difíceis de comprovar (ou falsificar).

Para os historiadores, o valor do funcionalismo é o de compensar a tradicional tendência que eles têm de explicar o passado excessivamente em termos das intenções dos indivíduos. Um exemplo em que o "intencionalismo" tradicional, tal como vem sendo denominado, entrou em conflito aberto com o funcionalismo é a historiografia do Terceiro Reich (Mason, 1981). As tentativas de oferecer uma explicação completa das estruturas do Estado nacional-socialista e dos eventos ocorridos no período 1933-1945 com base nas intenções do *Führer* pareceram cada vez mais implausíveis depois que as pesquisas se voltaram para as regiões, a "periferia" do sistema. Tem havido uma tendência crescente de analisar as pressões políticas e sociais sobre Hitler, juntamente com seus planos conscientes. Embora esse interesse por estruturas e pressões possa não ser funcionalista no sentido estrito da palavra, serve para ilustrar a necessidade de uma história política que não esteja confinada aos atos e pensamentos dos líderes.

Se, por um lado, soluciona problemas, o funcionalismo, por outro, os suscita: em primeiro lugar, o problema do equilíbrio. Declarou certa vez o antropólogo Edmund Leach que "as sociedades reais jamais podem estar em equilíbrio". É justo notar que Pareto, por exemplo, não via as sociedades como um equilíbrio "perfeito" ou estático, mas sim como um equilíbrio "dinâmico", definido como "um estado que, se artificialmente submetido a alguma modificação [...] leva de imediato a uma reação que tende a restaurá-lo a seu estado real, normal" (Pareto, 1916, seção 2068).

Um segundo problema é o do consenso social, um consenso implicado toda vez que se afirma que a função de determinada prática ou instituição é manter o sistema social. Esse problema pode ser ressaltado considerando-se um conceito que já desempenhou um papel importante na Sociologia, "controle social". "Controle social" é a expressão sociológica tradicional para descrever o poder que a sociedade exerce sobre os indivíduos por meio do direito, da educação, da religião etc. Contorna, porém, uma questão muito ampla: quem é "sociedade"? O uso da expressão depende da aceitação de uma visão que já foi questionada mais de uma vez nestas páginas: a visão de que existe um consenso social, e que a sociedade tem um centro. Se quisermos aceitar esses pressupostos, podemos definir o controle social como a aplicação do consenso referente a normas, e o mecanismo para o restabelecimento de um equilíbrio ameaçado por "desviantes" sociais. Se, por outro lado, pensarmos que a sociedade se compõe de grupos sociais conflitantes, cada qual com seus próprios valores, a expressão "controle social" se mostrará perigosa e enganadora.

O conceito é mais útil nas situações em que a pergunta "quem é a sociedade?" é mais fácil de responder, ou seja, na análise de situações de enfrentamento em que um não conformista confronta a comunidade, como no caso do operário de fábrica que produz mais do que os colegas, do estudante que se esforça demais para agradar o professor ou do soldado cujo equipamento é limpo e asseado demais (é irônico, mas também revelador que em todos esses casos o "desviante" na situação de enfretamento é aquele que segue as normas oficiais).

No caso dos primórdios da Europa moderna, uma das mais impressionantes formas desse tipo de controle social era o *charivari*. Considerava-se que o velho que casava com uma jovem ou o marido que apanhava da mulher transgrediam as normas da comunidade. Daí as serenatas obscenas tocadas em frente à janela, os versos satíricos ou até a procissão debochada da vítima pelas ruas do bairro. As máscaras usadas pelos músicos e cantores escondiam suas individualidades e sugeriam que agiam em nome da comunidade (Davis, 1975, p.97-123; Thompson, 1991, p.467-538).

Apesar de se tratar de incidentes de pequena monta, não fica claro quem era a comunidade: todos os habitantes da aldeia ou da paróquia, ou apenas os jovens que organizavam o *charivari*? Será que exprimiam realmente um consenso? Seria provável que os homens de mais idade ou as mulheres do bairro vissem o incidente sob a mesma luz que os organizadores?

Fora dessas situações de enfrentamento, o conceito de controle social se torna ainda mais escorregadio. Alguns historiadores o usaram para descrever as atividades dos *squires* ingleses do século XVIII, que aplicavam as leis da caça contra os caçadores clandestinos, ou dos conselhos municipais do século XIX que proibiam as recreações populares, como o futebol, jogado nas ruas de Derby ou de outras cidades na terça-feira gorda e em outras ocasiões festivas. A objeção contra esse uso é que o termo se tornou "uma etiqueta para o que uma classe faz a outra", tratando os valores da classe dominante, pequena nobreza ou burguesia, como se fossem os valores da sociedade como um todo (Yeo; Yeo, 1981, p.128-54).

## O exemplo de Veneza

Um exemplo histórico, que por pouco não nos parece inventado, para ressaltar os pontos fortes do funcionalismo é a República de

Veneza dos séculos XVI e XVII (Burke, 1974). À época, Veneza era muito admirada pela extraordinária estabilidade de seu sistema social e político. Os mesmos venezianos explicavam essa estabilidade, que, segundo acreditavam, era eterna, em termos de sua constituição mista ou "equilibrada", em que o elemento monárquico estava representado pelo doge, o elemento aristocrático, pelo Senado e o elemento chamado democrático, pelo Grande Conselho, formado por cerca de 2 mil homens adultos pertencentes à nobreza. Na prática, Veneza era governada por uma oligarquia de aproximadamente 200 nobres de destaque (conhecidos naquele tempo como os *grandi*) que se revezavam no exercício dos principais cargos políticos. A ideia da constituição mista, portanto, pode ser identificada como uma "ideologia" ou um "mito" (no sentido malinowskiano do termo), que se prestou a sustentar o sistema.

Parece pouco provável que o mito tenha sido forte o suficiente para exercer essa função por si mesmo, persuadindo os nobres de menor destaque, os cidadãos e as pessoas comuns de que tudo corria bem; havia outras instituições para atenuar ou, ainda, continuando na linha de nossa principal metáfora, "contrabalançar" a oposição desses setores. Em Veneza, assim como na África analisada por Gluckman, lealdades conflitantes serviram à causa da coesão social. Os integrantes da baixa nobreza eram guiados pela solidariedade de grupo, porém eram também conduzidos na direção oposta pelos laços do sistema do apadrinhamento,[12] que os vinculava, no plano individual, aos *grandi*. Apanhados em meio a esse conflito, tinham interesse na conciliação.

E quanto ao restante da população? O grupo mais articulado de pessoas comuns que poderia ter desafiado a oligarquia veneziana era formado pelos cidadãos, um grupo relativamente pequeno de homens adultos (2 a 3 mil). Eles gozavam de alguns privilégios formais

---

[12] Ver, no capítulo 3 "Conceitos centrais", a seção "Padrinhos, clientelismo e corrupção".

ou informais para compensar sua exclusão do Grande Conselho. Alguns postos administrativos eram reservados exclusivamente para eles. Suas filhas, não raro, casavam-se com nobres. O acesso a certas confrarias religiosas era franqueado tanto a nobres como a cidadãos, sem distinção. Poderia ser aventada a hipótese de que esses privilégios fizessem os cidadãos se sentirem próximos dos nobres e isso, portanto, os desvinculava do restante das pessoas comuns.

Essas pessoas comuns, cerca de 150 mil, eram pacificadas da mesma forma que o populacho da Roma antiga: por meio de uma combinação de pão e circo. O milho era subsidiado pelo governo, que também patrocinava rituais públicos esplêndidos. O carnaval, excepcionalmente bem-produzido em Veneza, era um ritual de inversão, em que as autoridades podiam ser criticadas com certa impunidade, constituindo uma válvula de segurança semelhante à representada pelos rituais zulus analisados por Gluckman. Os pescadores de Veneza também tinham direito de eleger o próprio doge, que era recebido com pompa e circunstância e beijado pelo doge verdadeiro, ritual que poderia ser descrito como uma forma de atender à função de persuadir as pessoas comuns de que participavam de um sistema político do qual estavam, efetivamente, excluídas (Muir, 1981).

Restava ainda a população dos territórios dominados por Veneza, inclusive parte substancial do norte da Itália (Pádua, Vicenza, Verona, Bergamo e Bréscia). Os aristocratas dessas cidades provavelmente se ressentiam da perda da independência, mas tinham oportunidade de emprego como oficiais do exército veneziano. Quanto às pessoas comuns dessas cidades, muitas vezes a hostilidade que nutriam pelos próprios conterrâneos as fazia pró-venezianas. Portanto, é possível afirmar que a estabilidade do sistema dependia de um complexo equilíbrio de poder, outro exemplo do equilíbrio de antagonismos.

Parece haver uma afinidade eletiva entre o exemplo de estabilidade já apresentado e o método de análise funcional. Ainda assim, o exemplo pode servir para ilustrar tanto as deficiências como os aspectos positivos do método. Em primeiro lugar, o problema da mudança: Veneza não é o mundo inteiro, e as crises e os conflitos frequentes nas repúblicas irmãs de Florença e Gênova – para não ir mais longe – já são difíceis de explicar em linhas funcionalistas. Mesmo no caso veneziano, o sistema não era eterno. A República foi abolida em 1797, e até em séculos anteriores o regime passou por diversas crises, que levaram a mudanças estruturais: o fechamento do Grande Conselho a novos concidadãos, a importância crescente do Conselho dos Dez, a transição de um império marítimo para um império da Itália setentrional, e assim por diante.

Mudanças normalmente decorrem de conflitos, o que pode nos ajudar a lembrar que, mesmo em suas versões mais elaboradas, a abordagem funcional permanece vinculada a um modelo de sociedade consensual, durkheimiano. Os historiadores da Itália efetivamente reconheceram essa tese, cunhando a expressão "o mito de Veneza" ao se referirem à imagem de uma sociedade estável e bem-equilibrada, sugerindo que essa imagem era distorcida. A bem da verdade, seria pouco inteligente supor que as pessoas comuns compartilhassem de todos os valores da classe dominante ou que fossem facilmente manipuladas por meio de rituais semelhantes ao da posse do doge dos pescadores. A estabilidade social não necessariamente implica consenso. Pode depender de prudência, ou de inércia, em vez de uma ideologia compartilhada.[13] Essa estabilidade pode ainda ser assistida por tipos específicos de estrutura política e social.

Em suma: o conceito de "função" é um utensílio de diversas aplicações na caixa de ferramentas de historiadores e teóricos, desde que não seja danificado pelo uso indiscriminado. O conceito carrega consigo as tentações de negligenciar a mudança social, o conflito social e motivos de natureza individual, no entanto, é possível resistir a essas tentações. Não há necessidade de se agarrar ao pressuposto

---

[13] Ver, no capítulo 3 "Conceitos centrais", a seção "Mentalidade, ideologias, discursos".

de que todas as instituições de determinada sociedade possuam uma função positiva, sem incorrer em custos ("disfunções"). Não há necessidade de tomar como premissa que determinada instituição seja imprescindível ao desempenho desta ou daquela função; em sociedades ou períodos distintos, instituições diferentes podem atuar como equivalentes, análogas ou alternativas funcionais (Merton, 1968, p.19-82; Runciman, 1989, p.182-265).

As explicações funcionais, entretanto, não devem ser vistas como substitutas de outros tipos de explicação histórica, que as complementam em vez de contradizê-las, porquanto tendem a constituir respostas a diferentes indagações, e não diferentes respostas à mesma indagação (Gellner, 1973, p.88-106). O que aqui se sugere não é que os historiadores põem porta afora as explicações intencionalistas, mas simplesmente que põem porta adentro algo para o qual não dispõem de um "equivalente funcional".

### Estruturalismo

A análise funcional não se preocupa com pessoas, mas com "estruturas". Na prática, distintas abordagens da sociedade utilizaram diferentes concepções de estrutura, das quais talvez seja oportuno distinguir ao menos três: a abordagem marxista, na qual a metáfora arquitetônica de "base" e "superestrutura" ocupa uma posição fundamental, e a base ou infraestrutura tende a ser concebida em termos econômicos; a abordagem estrutural-funcionalista, em que o conceito de "estrutura" se refere a um complexo de instituições – a família, o Estado, o sistema jurídico etc.; e a abordagem dos chamados estruturalistas, que se preocupam principalmente com estruturas ou sistemas de pensamento ou de cultura.

O modelo ou metáfora fundamental subjacente ao estruturalismo é o da sociedade ou da cultura como linguagem. Os teóricos da linguagem – Sausurre, Jakobson, Hjelmslev – constituíram fonte de inspiração para essa abordagem "semiótica" ou "semiológica" de cultura como "sistema de signos". A famosa distinção estabelecida por Saussure entre *"langue"* (língua) – os recursos de que dispõe uma dada língua – e *"parole"* (fala) – uma manifestação oral específica do usuário, selecionada com base nos recursos disponíveis na língua – foi generalizada, transformando-se em uma distinção entre "código" e "mensagem". O aspecto ressaltado pelos estruturalistas é que o significado da mensagem depende não (ou não somente) das intenções do indivíduo que a transmite, mas também das regras que constituem o código ou, em outras palavras, de sua estrutura (Culler, 1980).

Na França, em especial, essas ideias foram adotadas e aplicadas, ou adaptadas, em inúmeros campos, dando origem a uma antropologia estruturalista (Claude Lévi-Strauss), a uma crítica literária estruturalista (Roland Barthes), a uma versão estruturalista da psicanálise (Jacques Lacan) e a uma versão estruturalista do marxismo (Louis Althusser). Na Rússia, houve um desdobramento independente, que envolveu desde os linguistas até os estudos de histórias folclóricas realizados por Vladimir Propp e os estudos de Juri Lotman sobre literatura e cultura russa. Propp, por exemplo, estudou o que ele chamou de a "morfologia" das histórias do folclore russo, identificando 31 elementos ou "funções" recorrentes – proíbe-se o herói de fazer alguma coisa, a proibição é ignorada, e por aí vai (Propp, 1968; Lotman; Uspenskii, 1984).

O que tem tudo isso a ver com História? A História Estrutural é bem-conhecida, quer aquela que segue o modelo estabelecido por Marx, quer o de Braudel. Haverá também espaço para a História Estruturalista? Pode muito bem parecer que uma oposição à História se encontre embutida na estrutura do estruturalismo, que deliberadamente privilegia a estrutura (o "sincrônico") sobre a mudança (o "diacrônico").

Não se deve, porém, levar a oposição entre estruturalismo e História ao exagero. Lévi-Strauss dedicou atenção a questões como a história comparativa do casamento. Barthes embrenhou-se pelo terreno dos historiadores para apresentar uma análise estruturalista do discurso histórico. Quanto a Lotman, dedicou boa parte do seu tempo ao estudo da cultura russa tradicional do século XVIII (Lotman; Uspenskii, 1984, p.231-56).

No que diz respeito aos historiadores, alguns deles se sentiram seduzidos pelo enfoque estruturalista nos anos de predominância intelectual dessa vertente, notadamente no estudo do mito. Os mitos da Grécia antiga, por exemplo, foram analisados à maneira de Propp e Lévi-Strauss, com ênfase em elementos recorrentes e oposições binárias (Vernant, 1966).

Uma das mais impressionantes análises estruturais já realizadas por um historiador é um estudo acerca de outro historiador, o ensaio de François Hartog (1980) sobre Heródoto, que se atém às formas pelas quais o historiador grego representa o "outro", ou seja, os não gregos. Os citas, por exemplo, não são representados apenas como diferentes dos gregos, mas, em muitos aspectos, como o seu oposto. Os gregos vivem em cidades, ao passo que os citas habitam a floresta. Os gregos são civilizados, os citas, "bárbaros". Quando Heródoto, entretanto, passa a descrever o ataque desferido contra os citas pelos persas, que também atacaram a Grécia, esse acontecimento inverte a própria inversão, e os citas passam a ser vistos de uma perspectiva mais favorável. A obra de Hartog, a exemplo dos trabalhos realizados por Roland Barthes e Hayden White, exemplifica as estratégias textuais de historiadores e também o que White chama de "o conteúdo da forma", seus efeitos sobre a mensagem (Hartog, 1980).

Ao longo do trabalho com o estruturalismo, certos problemas começaram a aparecer. Alguns linguistas e críticos literários, dentre os quais Mikhail Bakhtin (1986), manifestaram seu constrangimento com a ideia de significado abstraído do contexto de lugar, tempo, falante, ouvinte e situação. Outros – sobretudo Jacques Derrida e os chamados pós-estruturalistas – rejeitam e solapam as oposições binárias inscritas no estruturalismo. Derrida também se opõe ao determinismo estrutural, por oposição ao jogo livre de significados tanto por parte de emissores como de receptores, questão já discutida e que será abordada novamente mais adiante (Culler, 1980; Norris, 1982).

Um dos exemplos fornecidos por Propp (1968) pode servir para ilustrar algumas das dificuldades encontradas no método estruturalista. O autor compara dois contos populares russos, num dos quais um mágico presenteia Ivan com um navio que o leva a outro reino, ao passo que na outra história uma rainha dá a Ivan um anel que produz os mesmos resultados. Para Propp, esses exemplos ilustram a função 14: "um objeto mágico é colocado à disposição do herói". De fato, é difícil negar a similaridade estrutural dos dois episódios. Não há dúvida de que fazer uma análise de histórias dessa maneira é elucidativo. No entanto, algo bastante significativo se perde em uma história quando um elemento como um anel ou um cavalo, rico em associações em muitas culturas, fica reduzido a um $x$ ou $y$ algébrico. Os historiadores, a exemplo de linguistas e críticos literários, desejam ater-se a objetos e associações semelhantes a essas, ao plano superficial da história, tanto quanto à estrutura. Não podem aceitar o estruturalismo sem reservas.

Para um exemplo marcante dessas reservas, podemos retornar a Jan Vansina, que chega a descrever o estruturalismo como uma "falácia", um método "inválido", porque seus procedimentos "não se mostram nem refutáveis nem falsificáveis" (1985, p.165). De minha parte, não iria tão longe. Por um lado, duvido que alguma análise de textos ou tradições orais possa ser tão científica quanto gostaria Vansina. Por outro, continuo a acreditar que – embora oposições binárias não sejam os únicos padrões encontrados na cultura – uma maior sensibilidade a esses padrões é algo que devemos ao movimento estruturalista.

## O retorno do ator

Na última geração, tem havido uma reação contra o predomínio das explicações estruturais de diferentes tipos. O sociólogo francês Alain Touraine (1984), por exemplo, defendeu a "volta do ator social" e sugeriu que o estudo dos movimentos sociais ocupa papel de grande destaque na Sociologia. O antropólogo norte-americano Jonathan Friedman critica as explicações da globalização[14] que falam de mescla de culturas. "As culturas não fluem e se misturam umas com as outras", diz ele, mas os atores veem o mundo assim (1994, p.195-232).

Também os historiadores têm reagido contra a noção de estrutura. Os simpatizantes de Marx e Braudel vêm sendo acusados – e não pela primeira vez – de excluírem o povo do processo histórico e até de serem "não históricos", na medida em que realizaram estudos acerca de estruturas estáticas em detrimento das mudanças ao longo do tempo. Embora, de modo geral, essas acusações sejam exageradas, as tentativas de combinar análise estrutural com análise histórica suscitam questões que exigem discussão, sobretudo no que diz respeito à relação entre atores individuais e o sistema social, em outras palavras, o problema do determinismo *versus* liberdade. Obviamente, um problema dessa natureza – uma das questões perenes da filosofia – não vai ser solucionado em uma breve discussão conduzida em um livro como este. De qualquer maneira, ela precisa ser levantada.

Uma das maneiras de ligar estrutura e agência é por meio da psicologia individual e coletiva. Até aqui, a Psicologia ocupou um papel marginal neste livro. Nos Estados Unidos da década de 1950, porém, um novo termo entrou em circulação para denotar uma nova abordagem instigante: a "psico-história". O estudo do jovem Lutero pelo psicanalista Erik Erikson (1958) acabou suscitando um acalorado debate, enquanto o presidente da American Historical Association [Associação Histórica Norte-Americana], respeitada celebridade da profissão e já com certa idade, surpreendeu seus colegas ao dizer-lhes que o "próximo esforço" a ser envidado pelos historiadores era o de levar a Psicologia mais a sério do que nunca (Langer, 1958). Foram fundadas revistas especializadas dedicadas

---

[14] Ver, no capítulo 6 "Pós-modernidade e pós-modernismo", a seção "Globalização".

## Problemas centrais

à psico-história, e líderes como Gandhi ou Hitler foram estudados desse ponto de vista (Erikson, 1970; Waite, 1977).

Ainda assim, o tão propalado encontro entre a História e a Psicologia parece ter sido adiado. Mesmo hoje, apesar do empenho de importantes historiadores, como Peter Gay (um dos poucos membros da profissão que passaram por uma análise didática), ele continua sendo o próximo compromisso, e não o atual.

Uma razão para a relutância demonstrada pelos historiadores em abraçar a Psicologia – além da resistência do empirista à teoria – certamente pode ser encontrada na grande diversidade de versões concorrentes entre si – freudiana, neofreudiana, junguiana, desenvolvimentista etc. Outra razão reside na evidente dificuldade de aplicar os métodos de Freud aos que já não estão mais vivos, isto é, de submeter à psicanálise documentos em vez de pessoas. Uma terceira diz respeito ao fato de o encontro entre História e Psicologia ter ocorrido em momento inoportuno, ocasião em que os historiadores vinham afastando-se dos "grandes homens" e dedicando-se ao estudo do restante da população. Naquele ponto, a questão importante não era tanto a personalidade de Hitler, digamos, mas sim a suscetibilidade do povo alemão ao seu estilo de liderança.

O que dizer, então, da psicologia coletiva? Nas décadas de 1920 e 1930, alguns historiadores, notadamente dois franceses – Marc Bloch e Lucien Febvre –, pregaram e procuraram praticar o que denominaram "psicologia histórica" de grupos. Seus sucessores, entretanto, no papel de historiadores de mentalidades, normalmente deslocaram a atenção da Psicologia para a Antropologia.

Os antropólogos e sociólogos também mantiveram distância da Psicologia. Durkheim definiu Sociologia, a ciência da sociedade, por oposição à Psicologia, a ciência do indivíduo. Nos anos 1930 e 1940, houve tentativas de reaproximação, como os trabalhos da escola de "cultura e personalidade" norte-americana (que incluía Margaret Mead e Ruth Benedict), a síntese de Weber e Freud apresentada por Norbert Elias e a síntese de Marx e Freud elaborada por Erich

Fromm. A relevância de tal abordagem para os historiadores é óbvia. Se a personalidade "básica" varia de uma sociedade para outra, há de ter igualmente variado de um período a outro. Os trabalhos desenvolvidos pela escola de cultura e personalidade – o contraste que essa escola estabeleceu entre "culturas da vergonha" e "culturas da culpa", por exemplo – subjazem ao clássico estudo sobre a Grécia Antiga, de E. R. Dodds (1951), que citou Benedict e também Fromm. De maneira geral, contudo, vale observar que esses trabalhos causaram um impacto menor, notadamente, sobre a prática histórica.

De qualquer forma, a tal reaproximação não durou muito. Os antropólogos mostravam-se cada vez mais insatisfeitos com a ideia de caráter nacional, ou "caráter social", preferindo trabalhar com a noção mais flexível de cultura. A ascensão da Antropologia Histórica, centrada nessa noção de cultura, tem sido um dos desenvolvimentos interdisciplinares que mais renderam frutos nos últimos anos. Seu sucesso, porém, não nos deve cegar para o potencial daquele projeto abandonado, o da Psicologia Histórica. A teoria psicológica pode ser de grande valia aos historiadores, no mínimo, de três maneiras.

(1) Em primeiro lugar, por libertá-los das premissas do "senso comum" acerca da natureza humana, premissas essas que adquirem mais poder por não serem reconhecidas, senão por serem inconscientes, na acepção freudiana precisa do termo. Nas palavras de Peter Gay, "o historiador profissional sempre foi um psicólogo – um psicólogo amador" (1985, p.6). A teoria (mais precisamente, as teorias antagônicas) pode revelar as raízes racionais de comportamentos aparentemente irracionais e vice-versa, desestimulando os historiadores de partirem com demasiada facilidade do pressuposto de que um indivíduo ou grupo age racionalmente, ao mesmo tempo que despreza outros indivíduos ou grupos, tachando-os de irracionais ("fanáticos", "supersticiosos" etc.).

(2) Em segundo lugar, a teoria psicológica tem uma contribuição a fazer ao processo da crítica das fontes. Para o uso adequado

## Problemas centrais

de uma autobiografia ou de um diário como evidência histórica, faz-se necessário, como sugeriu um famoso psicanalista, levar em consideração não apenas a cultura na qual o texto foi redigido e as convenções literárias do gênero, mas também a idade do autor, o seu posicionamento no ciclo da vida (Erikson, 1958, p.701-2). De modo semelhante, um psicólogo social sugeriu que todos nós reescrevemos nossas biografias a todo momento, à maneira da *Enciclopédia soviética*.

Também os historiadores da tradição oral começaram a considerar a parte de fantasia nos testemunhos que coletam e nas necessidades psicológicas subjacentes a essas fantasias (Samuel; Thompson, 1990, p.7-8, 55-7, 143-5).

Das fantasias diurnas para os sonhos, basta um pequeno passo. O exemplo de psicanalistas de diversas escolas poderia incentivar historiadores a utilizar um tipo de fonte raramente estudada: os sonhos (ou, mais exatamente, os registros de sonhos).

Um caso bastante apropriado para estudo segundo essa vertente é o de William Laud, arcebispo de Cantuária e, juntamente com seu mestre, Carlos I – o martelo dos puritanos. Laud parece ser um exemplo clássico do complexo de inferioridade, pois era homem de baixa estatura, de berço pouco favorecido e de comportamento agressivo. De que modo, porém, um historiador poderia demonstrar que Laud realmente se sentia inferior, ansioso e inseguro? Nesse ponto, os sonhos podem ter algo a nos dizer.

Entre 1623 e 1643, Laud registrou trinta sonhos em seu diário. Em dois terços desses sonhos surgem desastres ou, ao menos, situações embaraçosas. Por exemplo: "sonhei com absoluta clareza que o rei ficara ofendido comigo e me expulsara do país, sem sequer dar-me conta do porquê". Para alguns psicólogos, sonhar com um rei simboliza o pai daquele que sonha. Para outros, todas as figuras que aparecem nos sonhos refletem aspectos da personalidade. Ainda assim, nesse caso específico, é difícil resistir à conclusão de que, na verdade, Laud se sentia ansioso com suas relações com o rei e de que a arrogância da qual se queixavam seus contemporâneos exprimia, fundamentalmente, falta de confiança (Burke, 1997, p.23-42).

(3) Em terceiro lugar, os psicólogos têm a contribuir com o debate sobre a relação entre indivíduo e sociedade. Por exemplo, levaram em conta a psicologia dos seguidores e também a dos líderes – a necessidade de uma figura paterna, por exemplo. Por esse prisma, a atribuição do carisma acima discutida[15] fica mais fácil de ser compreendida.

Uma outra forma pela qual os psicólogos contribuíram para redefinir a relação entre indivíduo e sociedade pode ser apontada na discussão da criação de filhos em diferentes culturas, discussão que também pode lançar luzes sobre problemas de natureza histórica. Por exemplo, um estudo da América colonial inspirado por Freud e Erikson, estabelece uma distinção entre três "temperamentos" básicos e explica sua gênese em termos de criação de filhos. Os "evangélicos", caracterizados pela hostilidade ao eu, eram o produto de uma disciplina rigorosa. Os "moderados", cuja principal característica era o autocontrole, haviam sido submetidos a uma disciplina mais moderada, tendo seus desejos moldados, e não destruídos, durante a infância. E, finalmente, os "gentis", definidos por sua autoconfiança, que foram tratados com carinho e até mesmo com indulgência quando crianças. Naturalmente, esses tipos de caráter também podem ser encontrados em outras culturas, e estudos comparativos podem acrescentar matizes ao quadro geral. Até o presente momento, todavia, os estudos comparativos sobre a infância jamais foram históricos, ao passo que poucos estudos históricos foram comparativos (Greven, 1977).

Há um campo em que os historiadores interessados em cultura e sociedade têm trabalhado lado a lado com psicólogos de diferentes escolas: a história das emoções. Queixava-se Nietzsche de que os

---

[15] Ver, no capítulo 3 "Conceitos centrais", a seção "Protesto social e movimentos sociais".

historiadores desdenhavam as emoções, e Febvre os instou a estudar o tema, mas seu conselho não foi ouvido por muitos historiadores até a década de 1980. Desde então, tem havido um aumento – poder-se-ia até dizer uma explosão – de interesse pela história do amor, dos ciúmes, da raiva, do medo, das lágrimas etc. (Stearns; Stearns, 1986; Naphy; Roberts, 1997; Rosenwein, 1998; Gouk; Hills, 2004).

O estudo do que às vezes é chamado "emocionologia" levanta alguns problemas difíceis. Por exemplo, como definir a emoção? O psicólogo Paul Ekman afirmou que é possível identificar seis emoções fundamentais em todas as culturas: a alegria, a tristeza, a raiva, o medo, a repulsa e a surpresa (Elkman; Davidson, 1994). Reagindo contra essa ideia, a linguista polaca Anna Wierzbicka frisou a dificuldade de se traduzir as descrições de emoções particulares em outras línguas, e o perigo de tratar as categorias populares de nossa própria língua materna como se fossem universais (Wierzbicka, 1999).

Para evitar esses riscos, talvez seja melhor concentrar-se na maneira como as emoções são "administradas" nas diversas culturas. Esta é a abordagem do historiador William Reddy. Trabalhando com a Antropologia e a Psicologia, e tentando preencher o vazio entre elas, Reddy (2003) trabalha com conceitos como o de "regime" e de *performance* das emoções. Abundam as metáforas teatrais nas discussões recentes sobre o assunto: o "repertório emocional", por exemplo, os *"scripts"* disponíveis numa dada cultura, e os "roteiros" – ou seja, associações entre determinadas situações e determinadas emoções (Burke, 2004b).

Todas essas discussões acerca da relação entre os indivíduos e as sociedades ocupam um terreno intermediário entre as asserções convencionais de liberdade ou determinismo. Tratam do possível "encaixe" entre razões públicas e motivos ou emoções privadas. Apontam para as pressões sociais sobre os indivíduos, às quais é mais ou menos difícil (mais do que impossível) resistir. Observam a existência de restrições sociais, mas as veem como algo que reduz a área de escolha, mais do que algo que exige que o indivíduo se comporte de determinada maneira. De qualquer modo, pode-se considerar que as estruturas tanto autorizam como constrangem os agentes tanto individuais como coletivos (Sewell, 1992).

Na Grã-Bretanha, Anthony Giddens (1979) sugeriu que a aparente oposição entre agência e estrutura pode ser resolvida ou dissolvida concentrando-nos no papel dos atores sociais no processo de "estruturação".[16] A ideia de estruturação como processo levanta a questão da mudança social, a ser discutida no próximo capítulo.

---

[16] A esse respeito, ver também Bryant e Jary (1991).

# 5
# Teoria social e mudança social

Repetidas vezes, em capítulos anteriores, abordagens específicas, desde o funcionalismo até o estruturalismo, receberam críticas por deixarem de considerar análises sobre mudanças. De que modo elas podem ser analisadas? Será que isso cabe aos historiadores e a seus conceitos tradicionais ou os teóricos sociais também podem dar alguma contribuição? Existe uma teoria de mudança social ou, ao menos, um modelo, realmente disponível?

Faz-se necessário ressaltar, desde o início, que a expressão "mudança social" encerra ambiguidade. Às vezes, é empregada em sentido estrito, ao referir-se a alterações na estrutura social (o equilíbrio entre diferentes classes sociais, por exemplo); em outras ocasiões, aplica-se em um sentido consideravelmente mais amplo, que compreende a organização política, a economia e a cultura. Este capítulo dará ênfase à sua definição mais ampla.

A exemplo das filosofias da História, das quais não há como dissociá-los por completo, os modelos ou teorias de mudança social classificam-se em diversas categorias principais. Alguns dão ênfase aos fatores internos na mudança e não raro descrevem a sociedade segundo metáforas orgânicas, como "crescimento", "evolução" e "decadência". Outros ressaltam os fatores externos e usam termos como "tomar emprestado", "difusão" ou "imitação". Alguns modelos são lineares, como as filosofias judaico-cristãs da História ou o modelo de "modernização", enquanto outros são cíclicos, como as visões clássicas sobre a mudança, reavivadas por Maquiavel e outras figuras do Renascimento, ou as ideias que subjazem ao trabalho do grande historiador árabe do século XIV, Ibn Khaldun.

Nenhum modelo de mudança social conseguirá satisfazer plenamente os historiadores, em virtude de seu interesse profissional na variedade e na diferença. Desse modo, tal como certa vez afirmou Ronald Dore, "não se podem fazer omeletes sociológicas sem se quebrarem alguns ovos históricos". Mesmo assim, os historiadores têm algo que aprender no debate entre modelos rivais, pois a consciência das alternativas é um estímulo à imaginação.

Os dois principais modelos de mudança social são: o modelo do conflito e o modelo da evolução, ou, trocando em miúdos, o de Marx e o de Spencer.

## O modelo de Spencer

"Spencer" é um rótulo conveniente para um modelo que dá ênfase à evolução social, ou seja, a uma mudança social que ocorre de maneira gradual e cumulativa ("evolução" por oposição a "revolução") e é determinada essencialmente a partir de dentro (processo "endógeno" por oposição a "exógeno"). Muitas vezes, esse processo endógeno é descrito em termos de "diferenciação estrutural", isto é, um deslocamento do simples, não especializado e informal para o complexo, especializado e formal, ou, nos termos do próprio Spencer, uma mudança da "homogeneidade incoerente" para a "heterogeneidade coerente" (Sanderson, 1990, p.10-35).[1] Grosso modo, é este o modelo de mudança empregado tanto por Durkheim como por Weber.

---

[1] A esse respeito, ver também Bryant e Jary (1991).

Durkheim, que discordou de Spencer no que se refere a questões fundamentais, como vimos[2] aderiu a ele ao descrever a mudança social em termos essencialmente evolucionários. Destacou a substituição gradual de uma simples "solidariedade mecânica" (em outras palavras, a solidariedade do semelhante) por uma "solidariedade orgânica" de natureza mais complexa, a solidariedade da complementaridade, graças à crescente divisão do trabalho na sociedade (Durkheim, 1893).[3] Weber, por sua vez, procurou evitar o termo "evolução"; ainda assim, porém, vislumbrou a História Geral como uma tendência gradual, mas ao mesmo tempo irreversível, em direção a formas mais complexas e impessoais de organização, como a burocracia[4] e o capitalismo. Portanto, ficou provado que não é impossível sintetizar as ideias de Durkheim e de Weber sobre mudança social.

O resultado é o que ficou conhecido como o modelo de modernização em que o processo de mudança é visto, em essência, como um desenvolvimento endógeno, em que o mundo exterior participa apenas para dar estímulo à "adaptação". "Sociedade tradicional" e "sociedade moderna" são apresentadas como categorias antitéticas nas seguintes linhas:

1. A hierarquia social tradicional fundamenta-se no nascimento ("atribuição") e o grau de mobilidade social é baixo. A hierarquia moderna, por sua vez, está fundada no mérito ("conquista") e a mobilidade é alta. Uma sociedade de "estados"[5] é substituída por uma sociedade de "classes", em que há mais oportunidades em condição de igualdade. Por outro lado, na sociedade tradicional, a unidade básica é um grupo pequeno em que todos conhecem a todos, uma "comunidade". Após a modernização, porém, a unidade básica passa a ser grande e impessoal, a "Sociedade" com S maiúsculo. Na esfera

---
[2] Ver, no capítulo 4 "Problemas centrais", a seção "Estruturas *versus* agentes"
[3] A esse respeito, ver Lukes (1973).
[4] Ver, no capítulo 2 "Modelos e métodos", a seção "Modelos e tipos".
[5] Ver, no capítulo 3 "Conceitos centrais", a seção "Classe e *status*".

econômica, essa impessoalidade assume a forma do mercado, com sua "mão invisível", como denominado por Adam Smith; na esfera política, toma a forma do que Weber chamou de "burocracia". Padrões universais de comportamento substituem os padrões considerados aplicáveis só a determinados grupos (universalismo *versus* particularismo). Em suma, na fórmula de Parsons, o "universalismo" substitui o "particularismo". Naturalmente, os grupos de convívio direto não desaparecem, mas se adaptam à nova situação. Para atuar nessa sociedade mais ampla, assumem a forma de associações voluntárias com propósitos específicos – profissões, igrejas, clubes, partidos políticos etc., ilustrando assim o surgimento do "capital social".[6]

2. Esses modos antitéticos de organização social estão associados a atitudes (se não "mentalidades") antitéticas; atitudes em relação à mudança, por exemplo. Na sociedade tradicional, em que há baixo grau de mobilidade, as pessoas tendem a ser hostis à mudança ou a não ter consciência de que ela ocorreu ("amnésia estrutural").[7] Por outro lado, os membros de sociedades modernas, nas quais a mudança é rápida e constante, têm plena ciência dessa transformação, a esperam e aprovam. De fato, justificam-se ações em nome da "melhoria" ou do "progresso", ao passo que instituições e ideias são condenadas como "ultrapassadas" e sociedades mais tradicionais são rejeitadas como "retrógradas". Ocorre a passagem de uma situação em que "novo" é um termo insultuoso para outra em que ela é em si mesma uma recomendação. O futuro não é visto como a mera reprodução do presente, mas um espaço para o desenvolvimento de projetos e tendências (Koselleck, 1985, p.3-20).

3. A esses contrastes básicos podem-se acrescentar vários outros. Com frequência, a cultura das sociedades tradicionais é descrita como religiosa, mágica ou mesmo irracional, ao passo que a das sociedades modernas é vista como secular, racional e científica.

---

[6] Ver, no capítulo 3 "Conceitos centrais", a seção "Capital cultural e social".

[7] Ver, no capítulo 3 "Conceitos centrais", a seção "Mito e memória".

Weber, por exemplo, considerou a secularização e a racionalização como características centrais do processo de modernização. Ressaltou o papel do "ascetismo intramundano" (*innerweltliche Askese*) e do "desencantamento do mundo" (*Entzauberung der Welt*) no surgimento do capitalismo. Também considerou a burocracia uma forma de organização política mais racional do que a que substituiu. Vale notar que o seu emprego do termo "racional" não significa que Weber aprovasse entusiasticamente a burocratização. Ele temia o que chamava "gaiola de ferro" do mundo moderno, em que os indivíduos têm de se submeter a regras inflexíveis.

O paralelo entre esse modelo de transformação sociocultural e determinados modelos bastante conhecidos de crescimento econômico e desenvolvimento político terá sido suficientemente óbvio. Por exemplo, os teóricos do crescimento econômico atribuíram ênfase à "decolagem" de uma fase pré-industrial, considerada estática, para uma sociedade industrial marcada pelo crescimento como situação de normalidade. "Os juros compostos passam a se incorporar, por assim dizer, aos hábitos e à estrutura institucional" (Rostow, 1958). De modo semelhante, os teóricos do desenvolvimento político destacaram a difusão da participação política, bem como a ascensão da burocracia, e observaram o surgimento de movimentos sociais no Ocidente a partir do fim do século XVIII (Lerner, 1958; Tilly, 2004).

O contraste entre sociedades modernas e tradicionais foi estabelecido também com base em contribuições de outras disciplinas. Os geógrafos, por exemplo, sugeriram que a modernidade está associada a mudanças em concepções de espaço, este que passa a ser tratado como abstrato ou "esvaziável", no sentido de que se encontra disponível a uma série de propósitos em vez de estar adstrito a uma função específica (Sack, 1986). Os psicólogos sociais vêm descrevendo o desenvolvimento de uma personalidade "moderna", uma figura social caracterizada por maior autocontrole e também pela capacidade de entrar em empatia com outros indivíduos. Os antropólogos sociais contrataram os modos tradicionais de pensamento, relativamente concretos e fechados, com os modernos, mais abstratos e mais "abertos" (ou seja, conscientes de ideias alternativas) (Horton, 1967, 1982).

Nos últimos trinta anos, mais ou menos, porém, os teóricos sociais vêm demonstrando um descontentamento cada vez maior com os pressupostos que subjazem a esse modelo, tal como a ideia de retrogradação e da inevitabilidade e das vantagens de certo tipo de mudança social (Tipps, 1973; Knöbl, 2003). Mesmo no campo da história econômica, foi contestada a ideia de progresso na direção de uma sociedade ainda mais afluente, e foi proposto um modelo alternativo, ecológico, segundo o qual a inovação econômica é explicada essencialmente como uma reação ao desaparecimento de determinado recurso e da decorrente necessidade de encontrar um substituto para ele (Wilkinson, 1973). Quanto aos historiadores sociais, eles contestam a noção de tradição como conceito residual, definido como o que não é moderno, como conceito consensual, ignorando os conflitos dentro das tradições, e como conceito estático, ignorando a maneira como as tradições se ajustam à mudança das circunstâncias, ainda que as pessoas nem sempre admitam para si mesmas que tal ajuste esteja ocorrendo (Rudolph, 1967; Hobsbawm; Ranger, 1983; Heesterman, 1985, p.10-25).

Com efeito, o modelo evolucionário tem sido alvo de críticas tão severas nos últimos anos que nada seria mais justo do que começar apontando seus méritos. A tese de uma sequência de mudanças sociais que, se não inevitáveis, ao menos provavelmente virão de forma sucessiva, não é algo que os historiadores possam rejeitar de imediato. A ideia de "evolução", de ressonâncias darwinianas, tampouco pode ser desprezada sem maiores preocupações. W. G. Runciman, por exemplo, argumenta que "o processo mediante o qual as sociedades se desenvolvem é análogo, embora de nenhuma forma equivalente, à seleção natural", ressaltando o que denomina "seleção competitiva de práticas" (1989, p.285-310). Boa parte das histórias econômica e militar, em especial, áreas em que a ideia de competição se faz mais clara, vê seus problemas resolvidos quando abordada deste ângulo.

Outro exemplo notável dos méritos consignados ao modelo é o estudo de Joseph Lee (1973) sobre a sociedade irlandesa desde a Grande Fome da década de 1840. O estudo estrutura-se em torno do conceito de modernização, na esperança, como diz o prefácio, de que o referido termo "comprove sua imunidade às preocupações paroquiais implícitas em conceitos igualmente ilusórios e mais emotivos, como gaelicização e anglicização". Nesse caso, a perspectiva comparativa permite enxergar o geral no específico e sugere explicações mais profundas ou estruturais para as mudanças locais do que as antes oferecidas pelos historiadores.

Sobre outro exemplo das vantagens do modelo, podemos citar a Alemanha. Historiadores das mais diversas vertentes, de Thomas Nipperdey a Hans Ulrich Wehler, têm discutido as mudanças na sociedade alemã desde o final do século XVIII em termos de modernização. Nipperdey, por exemplo, explicou o crescimento de associações voluntárias ocorrido por volta de 1800, como parte de um processo geral de transição de uma "sociedade de estados" tradicional para uma "sociedade de classes" moderna (1976, p.174-205).

No que diz respeito a Wehler (1987), a contribuição do autor para a teoria traduz-se no conceito de "modernização defensiva", usado para caracterizar as reformas agrária, administrativa e militar realizadas na Prússia e em outros Estados alemães entre 1789 e 1815, argumentando que elas foram essencialmente uma resposta ao que a classe dominante percebeu como a ameaça representada pela Revolução Francesa e Napoleão.

A ideia de modernização defensiva pode ser claramente aplicada a um contexto mais amplo. A noção tradicional de "Contrarreforma", por exemplo, moldada na "contrarrevolução", sugere que a Igreja Católica se reformou ou modernizou em meados do século XVI em resposta à Reforma Protestante. Ademais, diversos movimentos em prol de reformas no século XIX, o da "Juventude

Turca" no Império Otomano, por exemplo, ou a "restauração" Meiji no Japão, podem ser vistos como reações à ameaça imposta pela ascensão do Ocidente.

Já é hora de nos atermos às deficiências da teoria. Formulado inicialmente nos países em fase de industrialização no século XIX, o modelo de modernização passou por adaptações na década de 1950, vindo a abordar também as transformações que ocorriam no Terceiro Mundo (os países "subdesenvolvidos", como eram denominados à época). Não causa nenhuma surpresa descobrir que os historiadores da Europa pré-industrial, particularmente, devem ter encontrado discrepâncias entre o modelo e as sociedades específicas que estudam. Esses estudiosos expressaram três tipos principais de dúvida, acerca da direção, da explicação e do mecanismo da mudança social.

(1) Em primeiro lugar, a ampliação de nossos horizontes para além de um ou dois séculos passados deixa claro que as mudanças não são unilineares, que a História não é uma "rua de mão única". Em outras palavras, nem sempre a sociedade caminha para mais centralização, complexidade, especialização etc. Alguns simpatizantes da teoria da modernização, como S. N. Eisenstadt (1973), por exemplo, têm consciência do que este último chama de "regresso à descentralização", embora as principais correntes da teoria sigam na direção oposta. Esse regresso ainda não foi objeto da análise mais pormenorizada que certamente merece (Runciman, 1989, p.310-20).

Um exemplo de tendência regressiva bem conhecida dos historiadores é a que se verificou na Europa à época do declínio do Império Romano e da invasão dos "bárbaros" (categoria esta que, vale mencionar, merece ser reexaminada à luz da Antropologia Histórica). A crise estrutural do Império Romano no século III E.C. foi seguida do colapso do governo central, do declínio das cidades de menor porte e de uma tendência crescente à autonomia local, tanto no aspecto econômico como no político. Permitiu-se que lombardos, visigodos e outros invasores vivessem de acordo com as próprias leis, de tal forma que ocorreu uma transição do "universalismo" para o "particularismo". A tentativa de os imperadores assegurarem que os filhos exercessem o mesmo ofício de seus pais sugere que também houve um deslocamento da "conquista" para a atribuição. Concomitantemente, após a conversão do imperador Constantino, o cristianismo tornou-se a religião oficial do Império. A Igreja passou a adquirir importância cada vez maior na vida cultural, política e até mesmo econômica, à medida que atitudes seculares cediam passagem às de conotação espiritual (Brown, 1971).

Em outras palavras, o caso da dissolução do Império Romano constitui exemplo do oposto ao processo de "modernização" em praticamente todos os domínios sociais. A completitude dessa reversão pode ser entendida como um indício de que há relação entre as diferentes tendências, tal como pressuposto por Spencer, e que, nesse sentido, essas tendências dão base de sustentação às teorias de evolução social. Apesar disso, com bastante frequência essas teorias foram exprimidas de modo tal que sugeria que regressos não ocorressem. O fato de as expressões "urbanização", "secularização" e "diferenciação estrutural" não disporem de seu par oposto na linguagem da Sociologia nos diz mais sobre as premissas adotadas pelos sociólogos do que a respeito da natureza da mudança social.

O próprio termo "modernização" causa a impressão de processo linear. No entanto, historiadores intelectuais têm total ciência de que a palavra "moderno" – cujo emprego, ironicamente, já se fazia presente na Idade Média – foi carregada de significados bastante diferentes no decorrer dos séculos. Mesmo a forma pela qual o conceito foi utilizado por Ranke e Burckhardt, autores que acreditavam que a história moderna teria começado no século XV, parece curiosamente ultrapassada nos dias de hoje. Ranke destacou a formação do Estado, ao passo que Burckhardt deu ênfase ao individualismo, porém ambos nada disseram sobre a industrialização. Tal ausência não causa estranheza, dado que a Revolução Industrial ainda não penetrara no universo dos falantes de alemão na época em que Ranke escreveu a obra *Geschichte der Romanischen und Germanischen*

*Völker* [*História dos Povos Latinos e Germânicos*] (1928) e Burckhardt publicou *A cultura do Renascimento na Itália* (1860). Essa ausência significa que a modernidade de Ranke e de Burckhardt não é a nossa. O problema com a modernidade, em outras palavras, é que ela se mantém em constante transformação (Kolakowski, 1990; Latour, 1993). Como consequência, historiadores têm sido forçados a cunhar a expressão "primórdios da modernidade", que encerra uma contradição em si mesma, para fazer referência ao período entre o fim da Idade Média e o início da Revolução Industrial. Mais recentemente, sociólogos e outros adotaram outro termo problemático, "pós-moderno", para descrever as mudanças sociais e culturais da última geração.[8]

(2) Em segundo lugar, os historiadores têm dúvidas a respeito da explicação da mudança social imbricada no modelo de modernização, a saber, a premissa de que a mudança é, em essência, intrínseca ao sistema social, ao desenvolvimento de potenciais, ao crescimento de uma árvore com ramos. Tal pressuposto poderia valer se fosse possível isolar uma determinada sociedade do restante do mundo, mas, na prática social, a mudança social é com frequência provocada por encontros entre culturas.[9] Sobretudo nos casos de conquista e colonização, o impacto violento de forças externas a dada sociedade torna inapropriado discuti-los em termos de meros estímulos à adaptação, a única função reservada aos fatores externos nesse modelo (Foster, 1960).

3. Se quisermos compreender *por que* ocorre a mudança social, talvez seja uma boa estratégia começarmos a analisar *de que maneira* ela acontece. Infelizmente, o modelo de Spencer faz poucas referências à mecânica da mudança. Essa falta de referências alimenta

---

[8] Ver capítulo 6 "Pós-modernidade e pós-modernismo".
[9] Ver, neste capítulo, na seção "Uma terceira via?", o item "Encontros".

a falsa premissa de um movimento numa única direção, dando ao processo de mudança a aparência de uma sequência de estágios sem nenhum atropelo e praticamente automática, como se tudo que uma sociedade tivesse a fazer fosse subir em uma escada rolante. Um exemplo de clareza incomum do que poderíamos denominar "modelo escada rolante" é encontrado no estudo do economista Walter Rostow (1958) sobre os estágios do crescimento econômico, desde a "sociedade tradicional", passando pela "decolagem", para chegar até a "era do consumo de massa".

Em contrapartida, o historiador econômico Alexander Gershenkron argumentou que os países que tiveram uma industrialização tardia, como a Alemanha e a Rússia, divergiram do modelo adotado pelos países que se industrializaram primeiro, notadamente a Grã-Bretanha. No caso desses últimos, o papel desempenhado pelo Estado era maior e o fator lucro, menos importante. O modelo anterior revelou-se inadequado aos retardatários, ou seja, aos que chegaram mais tarde ao processo precisamente porque se apressavam para equiparar-se a seus antecessores (Rostow, 1958; Gershenkron, 1962, p.5-30). Os países que passaram por uma industrialização tardia tiveram vantagens e desvantagens em comparação com aqueles que chegaram antes; porém, em ambos os casos, a situação era diferente.

As vantagens de que se beneficiaram os "retardatários" foram generalizadas em uma teoria da transformação elaborada pelo historiador holandês Jan Romein, responsável pela formulação do que denominou lei da "liderança retardatária", segundo a qual uma sociedade inovadora normalmente se encontrava "atrasada" na geração anterior. O argumento em favor desse efeito "queima-etapa" ou da "dialética do progresso" é a de que uma sociedade inovadora tende a investir maciçamente – tanto metafórica como literalmente – numa determinada inovação e, portanto, fracassa em termos de adaptação quando o retorno começa a diminuir (Romein, 1937, p.9-64). Pode-se arguir que a história cultural do Ocidente constitui bom exemplo da teoria de Romein: o Renascimento ocorreu na Itália (uma cultura que não investiu pesado no gótico ou na escolástica, como o fizeram os franceses), ao passo que o Romantismo floresceu na Alemanha (uma cultura que não investira muito no Iluminismo).

De modo semelhante, um historiador da economia, E. A. Wrigley (1972) traçou um paralelo entre o processo de mudança social na Grã-Bretanha e aquele ocorrido na Holanda. Em meados do século XVIII, a população economicamente ativa de uma região rural da Holanda, o Veluwe, já estava envolvida na produção de papel e têxteis, assim como em atividades agrícolas. Uma região que não dispunha de cidades e fábricas era "moderna" no sentido de que uma diferenciação estrutural ocorrera e a maioria dos adultos era alfabetizada. Em outras palavras, a região de Veluwe representa um exemplo de modernização sem industrialização. Inversamente, o norte da Inglaterra no início do século XIX constitui exemplo de industrialização sem modernização, pois cidades e fábricas coexistiam com o analfabetismo e um sólido senso de comunidade.

Parece que a moral desses exemplos é que não devemos procurar pelas consequências da industrialização (partindo da premissa de que sejam uniformes), mas sim pela "adequação" ou compatibilidade entre estruturas socioculturais e crescimento econômico distintos. O exemplo fornecido pelo Japão aponta para a mesma direção, revelando a associação de um desempenho econômico notável com valores e estruturas bastante diferentes das praticadas no Ocidente. Daí a busca dos sociólogos weberianos por um análogo funcional da ética protestante. Um deles, o norte-americano Robert Bellah, encontrou indícios desse ascetismo intramundano (incluindo um conceito, *tenshoku*, muito semelhante ao da "vocação"), mas também chamou a atenção para a "penetração dos valores políticos na economia" no Japão, em contraste gritante com a história do Ocidente (Bellah, 1957, p.114-7).

O trabalho mais importante de Sociologia Histórica na tradição de Spencer é o estudo de autoria de Norbert Elias (1939) acerca do "processo civilizador". Esse estudo teve um destino incomum. Publicado pela primeira vez em alemão, em 1939, foi praticamente ignorado durante décadas. Só na década de 1970 (ou, para a comunidade de língua inglesa, nos anos 1980), o estudo foi tratado com a seriedade que merecia, tanto por sociólogos como por historiadores (Elias, 1970, p.158-174; Mennell, 1989; Smith, 2001).

O livro de Elias foi concebido como uma contribuição à teoria sociológica. O autor, porém, também estava muitíssimo interessado em História, e sua obra é rica em pormenores concretos. O livro é uma monografia no sentido de que o primeiro volume, em particular, se concentra em determinados aspectos da vida social da Europa ocidental, em especial no fim da Idade Média. Com efeito, dificilmente o segundo capítulo de Elias poderia ter dados mais concretos. Dividido em seções sobre "comportamento à mesa", "o ato de assoar o nariz", "o cuspe", e assim por diante, abre uma argumentação que defende ter havido uma enorme mudança de comportamento durante o Renascimento. Novos objetos materiais, como o lenço e o garfo, passaram a ser utilizados nessa época, e Elias sustenta que esses objetos eram instrumentos do que chama de "civilização", que define como uma transição no que denomina os limiares ou "fronteiras" do constrangimento e da vergonha. Em uma época em que se supõe serem a história da cultura material e a história do corpo novas descobertas, vale lembrar que as páginas escritas por Elias precisamente sobre esse tema datam dos anos 1930.

As pitorescas descrições de nobres medievais limpando o nariz nas mangas das roupas, cuspindo no chão etc. não são citadas *per se*. A condenação de tal comportamento em tratados sobre boas maneiras nos séculos XV e XVI pretende exemplificar o que Elias chama de a "sociogênese da civilização ocidental". Outro objetivo consiste em dar respaldo a uma teoria geral da mudança. Essa teoria pode ser considerada uma variante do modelo da modernização, ressalvando-se, contudo, que não se mostra vulnerável às objeções discutidas anteriormente.

Em primeiro lugar, a teoria é multilinear. Elias estabelece uma distinção entre o que chamou de "dois principais rumos nas mudanças estruturais da sociedade [...] aqueles que tendem a uma maior diferenciação e integração, e os que tendem a uma menor diferenciação e integração". Portanto, em princípio não há problema em encaixar, digamos, a queda do Império Romano nesse modelo, embora Elias pudesse ter discutido um pouco mais acerca da rejeição consciente do comportamento "civilizado" tradicional verificado em determinados períodos da história europeia, por exemplo, entre a nobreza húngara do Renascimento, ansiosa por definir sua identidade em contraste com outras classes nobres e de estabelecer a pretensão de descender dos hunos "bárbaros" (Klaniczay, 1990).[10]

Em segundo lugar, Elias preocupa-se bastante com a mecânica da mudança, o "como" e também o "porquê". A seção mais original de seu livro não é a descrição vívida das mudanças referentes às maneiras à mesa, que talvez tenha atraído a atenção de uma parcela desproporcional de leitores, mas o arrazoado apresentado no segundo volume da obra, segundo o qual a ascensão do autocontrole (e, em âmbito mais geral, da integração social) deve ser explicada em termos políticos. Elias apresenta tais mudanças como consequências involuntárias do monopólio da força no Estado cada vez mais centralizado. O surgimento do Estado centralizado ou "absoluto", que transformou os nobres de guerreiros em cortesãos, é explicado por Elias como um efeito também não intencional da disputa pelo poder entre Estados de pequeno porte durante a Idade Média.

A obra de Elias passou a exercer crescente influência sobre os círculos históricos e sociológicos durante os últimos anos. Mesmo assim, é vulnerável a algumas críticas. Diversamente de Weber, Elias fornece exemplos de sua teoria extraídos exclusivamente da história da Europa, suscitando dúvidas no leitor quanto à sua generalidade.

---

[10] A esse respeito, ver também Bryson (1998, p.248-75).

O leitor indaga se um processo civilizatório semelhante poderia ser identificado, digamos, na China ou na Índia (duas arenas de disputa entre Estados de pequeno porte durante alguns períodos de sua história). Na verdade, apesar de sua consciência da "integração diminuída", Elias nada tinha a dizer acerca dos processos de "descivilização", embora estivesse escrevendo o seu livro na época da ascensão do nazismo (Elias e seus seguidores incorporaram mais tarde as ideias de "informalização" e "des-civilização" em seu sistema) (Wouters, 1977; Mennell, 1990; Goody, 2002).

Uma crítica mais grave dirigida a Elias é a de que o conceito central de seu estudo, "civilização", é problemático. Se a civilização é definida meramente em termos da existência da vergonha ou do autocontrole, passa a haver dificuldades em se encontrar uma sociedade que não seja civilizada. De fato, parece impossível provar que guerreiros medievais, ou os membros das chamadas sociedades "primitivas", sentissem menos vergonha ou constrangimento que os ocidentais e que não manifestassem tais atributos ao vivenciar situações diferentes (Duerr, 1988, 1990). Por outro lado, caso se defina "civilização" com maior acuidade, surge uma dificuldade de outra natureza. Como seria possível enquadrar o surgimento da civilização na Europa se os próprios padrões de civilização vinham sofrendo transformações? A despeito dessas dissonâncias, a importância contínua do estudo realizado por Elias para qualquer teoria de mudança social é sugerida pela longa série de estudos recentes, que vão desde o samurai japonês até a Rússia sob o stalinismo, que se inspiram em sua obra (Ikegami, 1995; Volkov, 2000).

Se há uma conclusão geral a ser tirada dessa série de exemplos, é que a mudança social é multilinear, e não unilinear. Há mais de um caminho para a modernidade. Tais caminhos não são necessariamente suaves, como os exemplos da França após 1789 e da Rússia após 1917 não nos deixam esquecer. Para uma análise da mudança social que dê ênfase à crise e à revolução, podemos voltar-nos para o modelo de Marx.

## O modelo de Marx

"Marx", assim como "Spencer", é uma abreviação bastante conveniente que será empregada aqui para nos referirmos a um modelo de mudança social para o qual contribuíram autores como Engels, Lênin, Lukács e Gramsci, entre outros. Em uma frase, pode ser descrito como um modelo ou teoria de uma sequência de sociedades ("formações sociais") que dependem de sistemas econômicos ("modos de produção") e apresentam conflitos internos ("contradições") que levam a crises, revoluções e mudanças descontínuas. Claro, há ambiguidades na teoria, que permitem a diferentes intérpretes ressaltarem a importância de forças econômicas, políticas e culturais, respectivamente, e debaterem se as forças de produção determinam as relações de produção ou vice-versa (Cohen, 1978; Rigby, 1987).

Em alguns aspectos, Marx oferece pouco mais que uma variante do modelo de modernização, que pode, portanto, ser discutida com relativa brevidade. A exemplo de Spencer, o modelo assume a existência de uma sequência de formas da sociedade – tribal, escravocrata, feudal, capitalista, socialista e comunista. O feudalismo e o capitalismo, as formações sociais que têm sido discutidas em maior detalhe, são praticamente definidos – a exemplo de sociedade tradicional e sociedade moderna – como opostos. Do mesmo modo que Spencer, Marx explica a mudança social em termos fundamentalmente endógenos, destacando a dinâmica interna do modo de produção (Sanderson, 1990, p.50-74). No entanto, ao menos em algumas de suas versões, o modelo de Marx resiste às três principais críticas dirigidas ao modelo de Spencer, já resumido.

Em primeiro lugar, há lugar no modelo para a mudança que segue a direção "errada", por exemplo, a chamada "refeudalização" da Espanha e da Itália, com a ascensão da servidão na Europa Central e Oriental, concomitantemente à ascensão da burguesia na Inglaterra e na República dos Países Baixos Unidos. Com efeito, algumas análises marxistas, como vimos, dão ênfase à interdependência entre o desenvolvimento econômico e social no centro e o "desenvolvimento do subdesenvolvimento" na periferia (Frank, 1967; Wallerstein, 1974).[11]

Em segundo lugar, o modelo de Marx também abre espaço para explicações exógenas sobre a mudança social. No caso do Ocidente, assumiu-se, de maneira geral, que esse espaço é subordinado. Na famosa polêmica entre os marxistas da década de 1950 sobre a transição do feudalismo para o capitalismo, a explicação de Paul Sweezy sobre o declínio do feudalismo com base em fatores externos, como a reabertura do Mediterrâneo e o consequente desenvolvimento do comércio e das cidades, foi recebida com rejeições em coro (Hilton, 1976). Por outro lado, o próprio Marx considerou a sociedade asiática destituída de mecanismos internos de mudança. Ao escrever sobre os britânicos na Índia, sugeriu que a função dos conquistadores (ou, segundo ele, sua "missão") era destruir a estrutura social tradicional e, assim, viabilizar a mudança (Avineri, 1969).

De um modo geral, nos pontos em que o modelo de Spencer apresenta o processo de modernização como uma série de desenvolvimentos paralelos em diferentes regiões, Marx apresenta um relato mais global, que destaca as relações entre as mudanças em uma determinada sociedade e as mudanças em outras. De modo semelhante, o marxista Wallerstein, como vimos, estuda não a ascensão de Estados ou economias europeias tomados individualmente, mas sim a "economia mundial", ou seja, um sistema internacional. O autor ressalta os aspectos exógenos da mudança (Frank, 1967; Wallerstein, 1974).

Em terceiro lugar, Marx demonstra uma preocupação bem maior que Spencer com o mecanismo de mudança social, sobretudo no caso da transição do feudalismo para o capitalismo. A mudança é vista em termos essencialmente dialéticos – em outras palavras, a abordagem gira em torno do conflito e das consequências que, além de serem não intencionais, constituem o oposto exato do planejado ou do esperado. Portanto, as formações sociais que chegaram a de-

---

[11] Ver, no capítulo 3 "Conceitos centrais", a seção "Centros e periferias".

sencadear forças produtivas retornam, em um momento seguinte, "aos seus grilhões", e a burguesia cava a própria sepultura ao dar existência ao proletariado (Marx; Engels, 1948 [1848]).[12]

Sobre a questão do desenvolvimento unilinear *versus* multilinear, os marxistas discordam. O esquema tribal-escravocrata-feudal--capitalista-socialista é obviamente unilinear. No entanto, o próprio Marx entendeu que esse esquema importava apenas para a história europeia. Não esperava que a Índia nem mesmo a Rússia seguissem a trilha do Ocidente, embora não esclarecesse quais rumos imaginava que esses países tomassem. Algumas análises relativamente recentes da tradição marxista são, sem sombra de dúvida, multilineares. Perry Anderson (1974), por exemplo, ressalta a diversidade de caminhos possíveis para a modernidade, ao optar pela metáfora balística da "trajetória" de preferência à de "evolução", e ao descrever "passagens" da Antiguidade para o feudalismo e "linhagens" do Estado absolutista.[13] Barrington Moore (1966), por sua vez, divisa três rotas históricas principais para o mundo moderno. Existe a rota "clássica" da revolução burguesa, como no caso da Inglaterra, da França e dos Estados Unidos; a da revolução camponesa (mais do que proletária), no caso da Rússia e da China; e, por fim, a da revolução conservadora, ou revolução de cima para baixo, nos casos da Prússia e do Japão.[14]

Naturalmente, o destaque atribuído à revolução[15] é uma característica marcante do modelo de Marx. No modelo de Spencer, a mudança é suave, gradual e automática, e as estruturas se desenvolvem como que por si mesmas. No modelo de Marx, em contrapartida, a mudança é abrupta, e as velhas estruturas são destruídas no curso de uma sequência de eventos dramáticos. Na Revolução Francesa, por exemplo, a abolição da monarquia e do sistema feudal, a expro-

---

[12] A esse respeito, ver Gerald Allan Cohen (1978).
[13] Ver também Skocpol (1984, p.170-210).
[14] Ver também Skocpol (1984, p.318-55)
[15] Ver, no capítulo 2 "Modelos e métodos", a seção "Modelos e tipos".

priação da Igreja e dos aristocratas e a substituição de províncias por departamentos, tudo isso aconteceu em um espaço de tempo relativamente curto (Sewell, 1996).

A tensão, para não dizer "contradição", no sistema marxista, entre o determinismo econômico e o voluntarismo coletivo da revolução não raro tem sido destacada, desencadeando batalhas entre diferentes escolas de interpretação. Assim, o modelo de Marx levanta, embora não solucione, o problema da relação entre eventos políticos e mudança social, bem como a questão da intervenção humana, sintetizada na famosa frase: "Os homens fazem a História, mas não sob circunstâncias de sua própria escolha". Os seguidores de Marx foram divididos em marxistas "econômicos", "políticos" e "culturais", com base em suas diferentes interpretações desse epigrama.

Apesar – ou por causa – dessas tensões, o modelo marxista parece resistir às críticas dos historiadores melhor do que a alternativa spenceriana. Isso não causa tanta surpresa, dado que o modelo é bem mais conhecido pelos historiadores, e muitos deles o modificaram. É difícil pensar em uma contribuição importante à história social (por oposição à Sociologia Histórica) que use a modernização como quadro. Por outro lado, o modelo de Marx é empregado em estudos clássicos, como *Il capitalismo nelle campagne* [O capitalismo no campo] (1947) de Emilio Sereni, que trata da Itália na geração seguinte à de sua unificação em 1860; o famoso *A formação da classe operária inglesa* (1963), de E. P. Thompson, e também na obra de Maurice Agulhon, *La République au village* [A república na aldeia] (1970), um estudo sobre a parte oriental da Provença na primeira metade do século XIX, e, em *A Europa e os povos sem história* (1982) do antropólogo Eric Wolf, um estudo da interação das culturas do mundo a partir de 1492, em que o título (tomado literalmente demais por Edward Said) ao mesmo tempo contrasta e vincula "os povos que reivindicam a história como sua própria e os povos aos quais a história foi negada" (Wolf, 1982, p.29).

Talvez não seja mera coincidência que esses quatro livros e outros que poderiam ter sido citados lidem com o próprio século de Marx e com a transição que ele melhor conheceu e analisou: a ascensão do capitalismo. O modelo de Marx é consideravelmente menos satisfatório como meio de interpretação dos antigos regimes das sociedades pré-industriais.

Deixa, por exemplo, de considerar fatores demográficos, que podem muito bem ter sido a mais importante força motriz de mudança nessas sociedades.[16] Também não tem muito a oferecer com relação à análise do conflito social nessas sociedades. Na prática, os historiadores marxistas dos antigos regimes empregam uma versão mais fraca do modelo quando se faz necessária uma versão modificada. Por exemplo, o conflito social na França do século XVII tem sido apresentado como uma antevisão precursora dos conflitos do século XIX.[17] Foi somente há alguns anos que os historiadores marxistas passaram a levar a sério formas de solidariedade social diferentes das que se aplicam às classes, e o título de um dos artigos de Thompson, "Class struggle without class" ["Luta de classes sem classe"], ilustra não só o amor do autor por paradoxos como também a dificuldade de encontrar uma conceituação alternativa (Hobsbawm, 1971; Thompson, 1991, p.16-91).

### Uma terceira via?

Dada a existência de dois modelos de mudança social, cada um com seus aspectos positivos e deficiências específicos, vale investigar a possibilidade de síntese entre eles. Isso pode parecer-se com um casamento alquímico, em outras palavras, uma união de contrários. Ao menos em alguns pontos, contudo, Marx e Spencer são complementares e não contraditórios, e muitos estudos de situações concretas fazem a mediação entre eles.

---

[16] Ver, neste capítulo, na seção "Uma terceira via?", o item "Padrões de cultura".
[17] Ver, no capítulo 3 "Conceitos centrais", a seção "Classe e *status*".

## Tentativas de síntese

Por exemplo, pode-se sustentar a tese de que a famosa análise da Revolução Francesa de Alexis de Tocqueville, que a apresenta como um catalisador de mudanças cuja ocorrência já havia começado durante o antigo regime, serviu como referência intermediária entre os modelos evolucionário e revolucionário de mudança. Além disso, um exame do importante papel desempenhado pelas agremiações políticas durante a Revolução Francesa, sobretudo a dos jacobinos, sugere que a ênfase no papel de associações voluntárias e o destaque da mudança descontínua são perfeitamente compatíveis. Mesmo *A formação da classe operária inglesa*, de E. P. Thompson, que começa desferindo um ataque contra a Sociologia em geral e a diferenciação estrutural em particular, inclui uma análise fascinante do espaço ocupado pelos sindicatos de trabalhadores e sociedades de amigos no início do século XIX na Inglaterra, os "rituais de mutualidade" da Irmandade dos *Maltsters*, a *Unanimous Society* etc., conferindo, assim, suporte empírico à teoria da modernização que a mesma obra visa a abalar (Thompson, 1963, p.418-29).

Vários sociólogos históricos inspiraram-se tanto em Marx como em Spencer (sobretudo na variedade weberiana do modelo). O estudo de Barrington Moore sobre a formação do mundo moderno segue uma orientação fundamentalmente marxista; no entanto, incorpora algumas ideias advindas da teoria da modernização, ao passo que o ex-aluno de Moore, Charles Tilly, é um "modernizador" que se mostra capaz de responder a algumas das críticas marxistas contra esse tipo de abordagem. Wallerstein alia uma abordagem essencialmente marxista a elementos da teoria evolucionista em que fora educado, sobretudo na ênfase dada à competição entre os Estados por lucro e hegemonia. Em seu estudo das revoluções, Theda Skocpol confessou sua dívida para com Marx e Weber.

Porém, mesmo uma síntese entre Marx e Spencer não conseguiria lidar com todas as objeções levantadas contra esses modelos, que compartilham graves limitações de perspectiva. Ambos foram desenvolvidos para abordar o fenômeno da industrialização e suas consequências, e sua análise de mudanças anteriores à metade do século XVIII demonstra-se muito menos satisfatória. Por exemplo, a "sociedade tradicional", em Spencer, e a "sociedade feudal", em Marx, são categorias essencialmente residuais, mundos vistos através do espelho em que as principais características de sociedade "moderna" ou "capitalista" são simplesmente invertidas. O emprego de termos como "pré-industrial", "pré-político" e mesmo "pré-lógico" é bastante revelador nesse sentido. Eles representam a incapacidade de lidar com as particularidades de sociedades que não se encaixam em determinado modelo.

Será que existe uma terceira via, um modelo ou teoria da mudança social que vá além de Marx e de Spencer? O ressurgimento da Sociologia Histórica nos anos 1980 abrangeu uma série de tentativas de se fazer justamente isso, por exemplo, por parte de Anthony Giddens (1985), Michael Mann (1986) e Charles Tilly (1990); todos os quais dão ênfase à política e à guerra. A introdução de Giddens, por exemplo, à sua obra *O Estado-nação e a violência* apresenta uma crítica ao evolucionismo social precisamente com base no arrazoado de que essa teoria atribui destaque a fatores econômicos ("recursos alocativos") em detrimento de fatores políticos (Giddens, 1985, p.8-9). Mann apresenta o que chama de "história do poder", em que sugere que "o crescimento do Estado moderno mensurado pelo aspecto financeiro se explica, em essência, não no plano interno, mas em termos de relações geopolíticas de violência" (1986, p.490). Tilly preocupa-se com o que chama de "capital" bem como "coerção", mas se descreve como alguém que avançou em relação a seus antecessores precisamente por "posicionar a organização da coerção e a preparação para a guerra no cerne da análise" (1990, p.14).

Sob esse aspecto, os três sociólogos não apenas convergem entre si (e com Perry Anderson, cuja obra *Linhagens do Estado absolutista* tinha muito a dizer sobre a guerra), mas também com historiadores da Europa moderna em seus primórdios. Durante algum tempo, um grupo desses historiadores argumentou que a centralização política verificada nos séculos XVI e XVII, a era dos Habsburgo e dos Bourbon, praticamente não passou de um derivado das exigências da guerra, ilustrando dessa forma uma teoria geral muito apreciada pelos historiadores alemães do início do século XX: a da "primazia da política externa".

Grosso modo, a argumentação é a seguinte. Os séculos XVI e XVII foram uma era de "revolução militar", em que os exércitos ficaram cada vez maiores. Para sustentar esses exércitos, os governantes tinham de aumentar os impostos pagos por seus súditos. Os exércitos, por sua vez, ajudavam o governo a garantir o cumprimento da determinação de recolher impostos, estabelecendo assim o que fora chamado de "ciclo de extração e coerção" (Tilly, 1975, p.96). A ascensão do Estado centralizado não foi tanto resultado de um plano ou teoria (como o "absolutismo") quanto um desdobramento não premeditado da disputa pelo poder na arena internacional. De modo complementar, em seu estudo comparativo das revoluções, Skocpol deu mais peso explicativo aos conflitos internacionais, inclusive guerras, do que seus predecessores haviam dado.

A ideia de que as crises, como as guerras e as revoluções, atuam como catalisadores ou aceleradores, apressando a mudança social em vez de iniciá-la, vem sendo explorada de forma mais pormenorizada por dois historiadores que analisam a Primeira Guerra Mundial de lados opostos. Arthur Marwick (1965) sugere que os acontecimentos desse período (1914-1918) contribuíram para tornar "menos definidas" as distinções sociais na Grã-Bretanha, ao passo que Jürgen Kocka (1973) sustenta que, na Alemanha, esses "mesmos" acontecimentos acentuaram ainda mais as distinções sociais.[18] As duas sociedades reagiram à guerra de forma diametralmente oposta, porque suas estruturas no período pré-guerra eram muito diferentes.

A mais importante contribuição a uma terceira via, porém, é sem dúvida a de Michel Foucault em *Vigiar e punir* (1979 [1975]) e

---

[18] A esse respeito, ver Mann (1993, p.740-802).

outros estudos. Concentrando-se na Europa ocidental do período compreendido entre 1650 e 1800. Foucault conta a história de uma grande mudança ocorrida nas teorias sobre o castigo, em que se passa da retribuição à coibição, e, ainda, na prática do castigo, do "espetáculo" para a "vigilância". O autor refuta explicações sobre a abolição de execuções públicas como decorrência do humanitarismo, da mesma forma que rejeitara explicações semelhantes para o surgimento dos manicômios.

Ao contrário, Foucault destaca o aparecimento do que denomina "sociedade disciplinar", que passa a adquirir visibilidade cada vez maior a partir do final do século XVII, sob a forma de quartéis, fábricas e escolas, sem falar nas prisões. Como exemplo muito marcante desse novo tipo de sociedade, ele escolheu o famoso projeto concebido no começo do século XIX para um *Panopticon*, uma prisão ideal em que um carcereiro pode ver tudo, sem poder ser visto. Às vezes, Foucault parece virar a teoria da modernização do avesso, escrevendo sobre a ascensão da disciplina em vez da ascensão da liberdade.

Obviamente, não há lugar para o "processo civilizatório" na análise de Foucault sobre a mudança social. Elias é virado de cabeça para baixo, assim como Spencer. A única coisa que sofre alterações, segundo Foucault, é o modo de repressão, repressão física no antigo regime, repressão psicológica nos períodos subsequentes. O termo "deslocamento", mais frio e clínico, passa a substituir a ideia convencional de "progresso". Mesmo assim, essa visão de uma sociedade repressivamente burocrática tem algo importante em comum com a de Max Weber (O'Neill, 1986).

A obra de Foucault por vezes tem sido alvo de críticas de historiadores, tanto justa como injustamente. No que concerne a *Vigiar e punir*, comenta-se que as conclusões ali contidas "carecem de base investigativa em arquivos documentais" (Spierenburg, 1984, p.108). Outra crítica dos historiadores dirigida a Foucault concentra-se na insensibilidade do autor a variações locais, sua tendência de fazer generalizações sobre a Europa com base em exemplos franceses, como se regiões distintas não dispusessem das próprias escalas de tempo. Se, por outro lado, pensarmos em Foucault como um autor que nos oferece um simples modelo de mudança em vez de nos contar toda a história, essas críticas tornam-se praticamente irrelevantes.

Essa redefinição dos propósitos do autor, no entanto, não o livra de uma terceira abordagem crítica à sua obra, a saber, a ausência de uma discussão sobre a mecânica da mudança. Um dos líderes do movimento que proclamou a "morte do homem", ou ao menos a "descentralização do sujeito",[19] Foucault parece ter se esquivado a testar a teoria, o que seria viável se perscrutasse as intenções dos reformadores do castigo, demonstrasse que o novo sistema daí decorrente nada tinha a ver com essas intenções e revelasse o que na verdade dera origem a tal sistema. Essa tarefa, sem dúvida, é extremamente difícil; contudo, se alguém tem a pretensão de eliminar as explicações históricas tradicionais, não é insensato esperar que ele a execute.

Em minha opinião, o grande valor da obra de Foucault em geral, e em *Vigiar e punir* de forma específica, é o seu lado negativo, e não o positivo. Após suas críticas mordazes à sabedoria convencional, a história do encarceramento, da sexualidade, e assim por diante, jamais serão as mesmas novamente. Tampouco o será a teoria da mudança social, visto que Foucault revelou as associações dessa teoria à crença no progresso, ideia que procurou abalar com veemência. Como no caso de Nietzsche (um dos filósofos favoritos de Foucault), aqueles que se recusam a aceitar as respostas apresentadas pelo autor não conseguem, contudo, escapar de suas indagações.

### Padrões de população

Outras análises da mudança social rompem tanto com Marx como com Spencer, por serem cíclicas em vez de lineares. Tanto *A decadência do Ocidente* (1918-1922) de Oswald Spengler como *Um*

---

[19] Ver, no capítulo 6 "Pós-modernidade e pós-modernismo", a seção "Descentramento".

*estudo da história* de Arnold Toynbee (1935-1961) viam a História como o relato de uma sucessão de culturas que passaram pelo mesmo ciclo de crescimento, maturidade, declínio e queda. Entre as teorias cíclicas de aplicação mais limitada temos as "ondas longas" do economista russo Nikolai Kondratieff, os ciclos mais curtos do economista francês Clément Juglar e a análise feita por Pareto da "circulação das elites".

O maciço estudo de Toynbee, que demorou um quarto de século para ser escrito e contém mais de 6 mil páginas, analisou vinte e uma "civilizações" discretas como as protagonistas da História, examinando suas origens como respostas aos "desafios" de seus ambientes, seu "crescimento" e, acima de tudo, suas crises e declínios, em que desempenhavam papéis cruciais a guerra e a ascensão de um proletariado (inclusive um proletariado "externo", como os bárbaros que invadiram o Império Romano). Instituições como os Estados universais e as igrejas permitiram que as civilizações se "reagrupassem", às vezes mais do que uma vez, mas não podiam esquivar-se à "dissolução final". Tais teses gerais se baseavam numa série de exemplos vívidos tomados da incrivelmente ampla leitura histórica de Toynbee, sem falar de seu uso de variados geógrafos, antropólogos, sociólogos e psicólogos (em especial Carl Gustav Jung).

A primeira reação a Toynbee foi geralmente de admiração, mas depois de certo tempo foram feitas mais e mais críticas sérias ao seu projeto. Toynbee foi criticado por ser excessivamente sistemático, por não lidar com as ideias de sociólogos históricos como Max Weber e Vilfredo Pareto, por praticamente ignorar o lugar da Ciência Natural na civilização e, sobretudo, por tratar as "civilizações" como entidades bem demarcadas, que podem ser numeradas, e por falar muito pouco sobre a interação entre elas.

Enquanto Toynbee escreveu sobre a história humana como um todo, o historiador francês Fernand Braudel concentrou-se nos séculos XVI e XVII. Mesmo assim, ele ofereceu algumas conclusões mais amplas. Em *O mediterrâneo e o mundo mediterrânico na época de*

*Felipe II* (1949), um dos mais famosos estudos do passado publicados no século XX, Braudel afirmava que as mudanças históricas ocorrem em velocidades diferentes, três em particular. Havia a "geo-história" de longo prazo, "uma história de repetição constante"; o médio prazo dos "sistemas econômicos, Estados, sociedades e civilizações"; e, por fim, o curto prazo dos eventos. Nos dois primeiros casos, Braudel endossou o modelo cíclico, descrevendo a geo-história como um tempo de "ciclos sempre recorrentes" e contrastando épocas como o século XVI, que propiciou a criação de grandes impérios, o de Felipe II, por exemplo, com épocas que encorajaram sua fragmentação. Como o economista François Simiand, cuja obra foi uma inspiração para ele, Braudel via a História como a alternância de fases de expansão e de contração ("fases A" e "fases B").

Na segunda metade do século XX, as teorias cíclicas foram reforçadas pelo trabalho de demógrafos históricos, que argumentaram que o fator mais importante na mudança social é o crescimento ou o declínio da população.

Em seu estudo da região de Languedoc, no sudoeste da França no início da época moderna, Emmanuel Le Roy Ladurie, ex-aluno de Braudel, inspirou-se no conceito de Kondratieff de "ondas longas" na economia. Para Le Roy Ladurie 1974 [1966], porém, o real motor da mudança social é a população. Ele escreveu a história do que chamou de "um grande ciclo agrário, que vai do fim do século XV ao começo do século XVIII". O padrão básico era o de crescimento seguido de declínio, seguido por sua vez por uma recuperação. Na fase de expansão, ocorreu uma explosão populacional, seguida pelo desmatamento da terra, subdivisão das fazendas, alta de preços e o que Le Roy Ladurie chamou de "vitória do lucro" à custa do arrendamento e do salário, ou seja, a vitória da classe que vivia do lucro, os empresários. No século XVII, porém, a produtividade agrícola atingiu um teto e, com isso, todas as principais tendências econômicas e sociais começaram a se inverter.

Como previu Malthus, a população começou a pressionar os meios de subsistência. O crescimento foi seguido pelo declínio, em decorrência de diversos fatores, como fome, pragas, emigração e maior idade de casamento. O lucro foi vencido pelo arrendamento, o especulador – na linguagem de Pareto – pelo rentista. Propriedades que haviam sido fragmentadas foram reunidas mais uma vez. Considerando o período de 1500-1700 como um todo, sugere Le Roy Ladurie que a região funcionou como um "ecossistema homeostático", ou, na expressão que, tirada do contexto, se tornou famosa, "história imóvel". A questão óbvia a levantar aqui é: o que rompe o ciclo? Em muitos casos, é a intrusão de algo externo ao sistema, um dos "encontros" a serem examinados mais abaixo (1974, p.162).

O modelo malthusiano de Le Roy Ladurie (ou "modelo neo-malthusiano", como ele prefere chamá-lo) foi criticado por alguns marxistas, segundo os quais os autores que se valem desse modelo subestimam a importância do conflito de classe nas sociedades que estudam. Outros historiadores marxistas, porém, sobretudo na França, reviram seus modelos para dar mais espaço à Demografia, valendo-se de tendências populacionais para resolver o problema clássico da transição do feudalismo para o capitalismo. Os estudos sobre a revolução, como o de Goldstone a respeito do início do mundo moderno, começaram a levar a sério a pressão da população sobre os recursos como precondição para o colapso dos Estados.

No campo da história econômica, a história dos primórdios do capitalismo moderno de Braudel (1979) distinguiu uma sucessão de economias dominadas por determinadas cidades: Veneza, Gênova, Antuérpia, Amsterdã. No campo da história política, o livro *Ascensão e queda das grandes potências* (1987) de Paul Kennedy examinava a sucessão de hegemonias imperiais nos últimos 500 anos, da China e da Espanha à Grã-Bretanha e aos EUA, ressaltando o que ele chamou de "esticamento imperial excessivo" como fator fundamental no declínio. Ele se concentra na interação entre a economia e a estratégia, sobretudo no desvio de recursos da criação de riqueza para o estabelecimento e a manutenção da hegemonia, desvio que leva ao declínio político a longo prazo. A expansão torna os impérios descompensados, com soldados e funcionários demais para que a base econômica os sustente. Analogamente, estudos recentes do sistema-mundo com base no modelo de Wallerstein preocupam-se cada vez mais com ciclos e "mudanças hegemônicas" de longo prazo, ou, como dizem alguns, uma sucessão de ciclos, em vez de um só (Abu-Lughod, 1989; Frank; Gills, 1993, p.143-99, 278-91).

## Padrões de cultura

Outra crítica aos modelos tanto de Marx como de Spencer é a de darem um espaço estreito demais à cultura, tratando-a mais ou menos como uma superestrutura, a cobertura do bolo, mais do que uma forma de mudança social (como muitos autores hoje).

Como mudam os padrões culturais? Podemos encontrar duas famosas análises da questão na obra do historiador da arte Ernst Gombrich e no historiador da ciência Thomas Kuhn, ambos interessados na "cultura" no sentido tradicional das artes e ciências e, sobretudo, na história das tradições culturais.

Como vimos, um dos conceitos fundamentais de Gombrich era o que ele chamava "esquema" visual. O uso de esquemas explica muito bem a persistência de tradições artísticas de longo prazo, mas que dizer da mudança? Para resolver esse problema, Gombrich introduziu a ideia da "correção" do esquema pelos artistas que observam discrepâncias entre o modelo tradicional e a realidade que observam. Essa solução, por seu lado, levanta a questão da circularidade. Como podem os artistas checar um esquema com a realidade se sua visão da realidade é ela mesma produzida pelo esquema?

Uma resposta possível a essa pergunta é que em alguns lugares e épocas, pelo menos, os artistas têm ciência de esquemas alternativos. Como no caso da história das mentalidades,[20] pode-se sugerir

---

[20] Ver, no capítulo 3 "Conceitos centrais", a seção "Mentalidade, ideologias, discursos".

que a consciência das alternativas reduz o poder da tradição e dá aos indivíduos maior liberdade para fazerem escolhas. Um exemplo impressionante que confirma essa correção à tese de Gombrich vem da China do século XVII. Alguns pintores de paisagem chineses mudaram de estilo na época, depois de terem tido a oportunidade de ver algumas pinturas europeias trazidas ao país por missionários cristãos. Não imitaram o estilo ocidental, mas a consciência dele libertou-os das maneiras tradicionais de representar a paisagem (Cahill, 1982).

Thomas Kuhn, por seu lado, analisou o que chamou "a estrutura das revoluções científicas". Enquanto Foucault apontava cortes epistemológicos sem tentar explicá-los, Kuhn se concentrava no processo de mudança. Enquanto Gombrich falava de "esquema", Kuhn se valia da noção paralela de "paradigma" científico, uma visão do mundo da natureza que influenciava o que chamou de "ciência normal", a prática cotidiana da comunidade científica. Um exemplo óbvio é a visão tradicional do universo com a Terra no centro, paradigma associado a Aristóteles e Ptolomeu.

Kuhn defendia que as mudanças mais importantes, ou "revoluções", nos paradigmas científicos aconteciam em séries de fases. Primeiro, observadores individuais percebem anomalias, ou seja, informações que são inconsistentes com o paradigma. Segundo, para dar conta dessas anomalias, o paradigma é modificado ou remendado, como no caso dos famosos "epiciclos" introduzidos no sistema ptolomaico para permitir predições mais precisas da posição dos planetas. Terceiro, multiplicam-se as discrepâncias entre observações específicas e o paradigma geral, levando a um estado de "crise". Surgem novas teorias, como a teoria copernicana de que o centro do universo é o Sol. Por fim, numa dramática "revolução", uma espécie de "mudança de Gestalt", é adotada pela comunidade científica uma dessas teorias rivais, que se torna o novo paradigma. Mais uma vez, encontramos o emprego do termo "comunidade", por mais difícil de definir que ele seja (Kuhn, 1962; 1974, p.239-319).

A obra mesma de Kuhn oferecia um paradigma para a história da ciência. Ela foi algumas vezes criticada como um modelo cíclico que nega o progresso científico. Kuhn por certo negava que a ciência se desenvolva por acúmulo. Mesmo assim, afirmava haver progresso, ainda que o caminho fosse mais em ziguezague do que linear, na direção do que chamava "um entendimento cada vez mais minucioso e refinado da natureza". Embora suas ideias fossem propostas num contexto estritamente científico, vale a pena perguntar se a noção de paradigma elaborada por Kuhn não pode ser útil na análise de outros tipos de mudança histórica. Na história da Antropologia e da escrita histórica, por exemplo, foram identificadas revoluções kuhnianas. No caso da Geografia, é notório que Colombo zarpou com o paradigma tradicional de três continentes firmemente estabelecido na cabeça, e quando descobriu a Ilha de São Domingos, achou que devia ser parte da Ásia. Passaram-se alguns anos até que o paradigma fosse revisto e a América tida como um quarto continente.

Coisas semelhantes podem ser ditas acerca da percepção estereotipada do "outro" – canibais, bruxas, judeus, loucos, homossexuais etc. Edward Said via o orientalismo como, entre outras coisas, um conjunto de paradigmas de pesquisa. Foi um historiador da arte da tradição de Warburg e Gombrich, o australiano Bernard Smith, que sugeriu que os europeus do século XVIII viam os povos do Pacífico que encontravam pela primeira vez através de estereótipos clássicos, como o do selvagem nobre (na segunda edição de seu livro, o autor observou que esse argumento podia ser traduzido em termos kuhnianos) (Smith, 1960).

Como os paradigmas científicos, esses estereótipos ou preconceitos servem muitas vezes de base para as ações do dia a dia. Como os paradigmas científicos, eles estão sujeitos a refutação, e são às vezes modificados ou mesmo abandonados. A formação, modificação e abandono de estereótipos desse tipo, juntamente com outros tipos de mudança social e cultural, são especialmente visíveis no caso de encontros entre povos de diferentes culturas, sobretudo em casos em que os encontros são prolongados, como no caso de conquistas e colonizações.

## Encontros

Tanto o modelo de Marx como o de Spencer concentram-se na mudança social gerada dentro de uma dada sociedade. Há, porém, muitos casos na história da mudança que foram iniciados de fora, por encontros de diversos tipos, do comércio à invasão. Foi para analisar as consequências dos encontros, sobretudo com os índios americanos, que os antropólogos, cuja disciplina mesma foi criada e desenvolvida no contexto do impacto cultural e do imperialismo, introduziram o conceito de "aculturação", por vezes definida como a assimilação de uma cultura mais frágil ou subordinada aos valores da cultura dominante (Dupront, 1965; Spicer, 1968).

Uma geração depois, alguns historiadores adotaram o conceito. Sob esse aspecto, o pioneiro foi o norte-americano Oscar Handlin, cujo livro *Boston's Immigrants* [Os Imigrantes de Boston], com o subtítulo "Um estudo sobre a aculturação", remonta a 1941. Mais recentemente, o historiador francês Robert Muchembled (1978) aplicou o termo aos encontros culturais dentro da Europa, analisando o que chamou de "aculturação do mundo rural" no nordeste da França no fim do século XVI. Observou que o surgimento de processos contra a bruxaria coincidiu com o ataque da Contrarreforma à "idolatria" e também com a alfabetização. O centro (ou o clero) estava tentando mudar os valores da periferia (ou o laicato).

O problema com essa ampliação do conceito é a suposição de que o clero e o povo pertencessem a culturas diferentes, suposição esta sem dúvida exagerada. A distância cultural entre os dois talvez tenha aumentado numa época em que boa parte do clero passou a ser educada em seminários, mas tal distância pouco provavelmente estava perto de ser tão grande como a entre os ameríndios e os colonizadores europeus. Nesse sentido, o uso do termo "aculturação" pelos historiadores europeus é enganosa. Provavelmente é mais proveitoso abordar as tentativas de evangelizar a gente comum durante a Reforma e a Contrarreforma como casos de "negociação" de significados entre grupos (Greyerz, 1984, p.56-78).

De qualquer forma, como vimos,[21] para fazer justiça à complexidade dos resultados dos encontros culturais, ao conceito de "aculturação" devem somar-se os de "transculturação", "hibridismo cultural" e "tradução cultural". O valor de conceitos como esses foi claramente ilustrado numa análise dos contatos entre cristãos e muçulmanos na Espanha medieval. Até certo ponto, pode-se dizer que os historiadores fizeram o mesmo trabalho que os antropólogos, embora utilizassem termos diferentes. Onde os conceitos dos antropólogos, porém, provaram mesmo seu valor foi na explicação do que aconteceu, e, sobretudo, na análise dos mecanismos de mudança social e cultural, da maneira particular como se deram (Glick; Pi-Sunyer, 1969)

Por seu lado, os historiadores podem contribuir para o desenvolvimento da teoria social, introduzindo uma maior variedade de exemplos. As conquistas, por exemplo, são uma categoria bastante dramática de encontros entre culturas, sendo, não obstante, raramente discutidas pelos teóricos sociais (Foster, 1960). Assim, a conquista da Inglaterra pelos normandos em 1066 tem sido descrita como "o exemplo clássico, na história da Europa, de ruptura na ordem social pela introdução repentina de uma tecnologia militar estrangeira" (White, 1962, p.38).

Fora da Europa, a conquista do México e do Peru pelos espanhóis e a da Índia pelos britânicos também constituem exemplos clássicos de mudança social induzida por forças externas (em ambos os casos, com o auxílio de uma nova tecnologia militar). Em todos os casos citados, as elites tradicionais foram desbancadas pelos invasores. As mudanças ocorridas na base da hierarquia social não foram menos profundas e parecem ter sido, ao menos em parte, resultado

---

[21] Ver, no capítulo 3 "Conceitos centrais", a seção "Pós-colonialismo e hibridismo cultural".

de mal-entendidos, fator na história social que, a exemplo da ignorância, não vem recebendo a atenção que merece.

Os altos funcionários da Companhia das Índias Orientais, por exemplo, viam a estrutura social indiana pela perspectiva do inglês, tratando-a como um sistema formado por proprietários e arrendatários. Viam os *zamindars*, que atuavam mais ou menos como coletores de impostos, como proprietários de terras. Na linguagem de Kuhn, fincaram pé em seu paradigma e ignoraram as anomalias. A prática da conquista difere, porém, da prática da ciência num ponto crucial. Os conquistadores detinham o poder de transformar sua percepção em realidade, tratando os *zamindars* como proprietários de terras. Podemos dizer que "traduziram" a sociedade indiana em termos do que era inteligível para eles. Num exemplo clássico de "construção" ou reconstrução cultural, um entendimento errôneo da estrutura social provocou mudanças nessa mesma estrutura (Neale, 1957; Cohn, 1962).

Embora o volume de indícios disponíveis no caso da conquista normanda seja menor, é de se suspeitar que algo parecido tenha acontecido na Inglaterra depois de 1066. Os normandos não compreenderam o complexo sistema social dos anglo-saxões, no qual se media o *status* de uma pessoa por diferentes valores de *"wergild"*, ou seja, pelo valor da compensação a ser paga aos parentes da vítima se diferentes tipos de pessoa fossem assassinados. Por ignorarem o sistema local, os normandos reduziram a Inglaterra anglo-saxã a uma sociedade formada por servos, homens livres e cavaleiros. Como no exemplo anterior, esse caso sugere que alguns grupos podem ser mais importantes que outros na "constituição" cultural da sociedade.[22] Sugere ainda a importância de um período relativamente breve de inovação, depois do qual a sociedade se "cristaliza" em estruturas relativamente inflexíveis.

---

[22] Ver, no capítulo 6 "Pós-modernidade e pós-modernismo", na seção "Desestabilização", o item "Construções culturais".

Em seu estudo sobre o Peru colonial, o historiador francês Nathan Wachtel tratou da crise provocada pela conquista espanhola. Os termos fundamentais em sua análise da mudança social e cultural entre 1530 e 1580 são "aculturação" e "desestruturação" (termo que o autor tomou do sociólogo italiano Vittorio Lanternari). De modo semelhante, Le Roy Ladurie descreveu a revolta dos protestantes de Cévennes no início do século XVIII (reação contra a proscrição do protestantismo por Luís XIV) como um protesto contra a "desculturação".

Por "desestruturação", Wachtel entende o rompimento dos vínculos entre diferentes partes do sistema social tradicional. Instituições e costumes tradicionais sobreviveram à conquista; a antiga estrutura, entretanto, desintegrou-se. Os tributos, por exemplo, foram mantidos, mas sem o velho sistema de redistribuição pelo Estado do qual fazia parte. Os chefes locais também permaneceram, porém sua relação com o governo central em nada se assemelhava à existente nos tempos dos incas. A religião tradicional sobreviveu, porém não era mais oficial, tornando-se, de fato, um culto clandestino, tratada como "idolatria" pelos missionários espanhóis, que fizeram tudo o que estava ao seu alcance para erradicá-la. Especialistas no que Bourdieu chama de "violência simbólica", o clero espanhol foi, com efeito, missionário da mudança ou reestruturação sociocultural.

Um aspecto importante da versão da aculturação de Wachtel é que ela trata não só do contato cultural "objetivo", mas também do que ele chamou, seguindo o historiador mexicano Miguel León-Portilla (1959), a "visão dos vencidos", em outras palavras, a cultura dominante vista de baixo para cima. Sua preocupação com o contexto político do contato cultural e o seu interesse pela maneira como os membros das duas culturas percebiam uns aos outros dão ao velho modelo da aculturação uma nova acuidade, tornando-o explicativo e descritivo.

A conquista espanhola do Novo Mundo foi acompanhada pela disseminação de doenças europeias, como varíola, a que as populações indígenas eram extremamente vulneráveis. As estimativas variam, mas todos concordam que muitos milhões de pessoas, provavelmente a maioria da população, morreu na primeira geração após a conquista do México (McNeill, 1976; Crosby, 1986). De um modo mais geral, as grandes epidemias oferecem um tipo diferente de exemplo de mudança social resultante da penetração externa. Em 1348, por exemplo, a peste negra, uma praga transmitida pelos ratos, invadiu a Europa vinda da Ásia e matou cerca de um terço da população em curto espaço de tempo. A decorrente falta de mão de obra levou a importantes mudanças de longo prazo na estrutura social europeia.

### A importância dos eventos

As pragas, como os encontros e as revoluções culturais, oferecem exemplos impressionantes do papel dos eventos no processo de mudança social, papel que alguns sociólogos e historiadores costumavam negar ou, pelo menos, minimizar.

Como seus compatriotas Durkheim e Simiand, Braudel considerava superficial a tradicional história narrativa (*histoire événementielle*). Para Braudel, os eventos não passavam de espuma, cujo único interesse era o de revelar algo sobre as correntes subjacentes à História. Via os indivíduos como prisioneiros do destino e sua tentativa de influencia o curso das coisas, fútil, em última instância. O "herói" de sua obra principal, Felipe II, tinha mais de um anti-herói, impotente para alterar o curso da História. Suponhamos, porém, que Braudel tivesse escolhido escrever sobre a Rússia na época de Lênin. Será que teria achado tão fácil ignorar o papel do indivíduo na História?

Braudel tanto inspirou seus sucessores como os provocou a reagirem contra o seu modelo de mudança social. Le Roy Ladurie, por exemplo, achou em sua história um lugar para os eventos rejeitados por Braudel, apresentando brilhantes ilustrações do conflito social e do protesto social, para mostrar como os contemporâneos percebiam a mudança econômica e social e a ela reagiam. Na fase de expansão, ele descreveu o carnaval dos romanos no Delfinado, em 1580, no qual os artesãos e os camponeses declararam que a elite de sua cidade "havia enriquecido à custa dos pobres" (mais tarde, o autor fez desse evento dramático o tema de um estudo do tamanho de um livro sobre a micro-história). Na fase de contração, analisou a revolta do Vivarais em 1670, como exemplo de "reação mais instintiva do que racional à crise rural". Mesmo assim, é revelador o termo "reação". Como Braudel, Le Roy Ladurie pressupõe que os eventos mais refletem as estruturas do que as mudam.

Uma abordagem alternativa ressalta o que pode ser chamado de "gestão" da mudança. Dois exemplos contrastantes extraídos da história do Japão podem ajudar a lançar luzes sobre esse problema. É óbvio que atualmente os governantes são tão capazes de deter a mudança social quanto pôde o rei Canuto deter as ondas (era essa justamente a preleção que fazia o rei aos seus cortesãos ao conduzi-los à costa). De qualquer forma, os governantes procuraram atingir esse objetivo em Bizâncio[23] e também no Japão. No Japão do século XVII, época em que as cidades cresciam e o comércio vinha expandindo-se, o regime dos Tokugawa tentou congelar a estrutura social mediante um decreto segundo o qual os quatro principais grupos sociais deveriam obedecer à seguinte hierarquia: samurais, camponeses, artesãos e mercadores. Como era de se esperar, o decreto não pôde evitar que ricos mercadores conquistassem um *status* social extraoficial mais elevado que o de muitos samurais.

Por outro lado, o decreto que aboliu os samurais, baixado pela dinastia Meiji – que sucedeu aos Tokugawa em 1868 – surtiu importantes efeitos sociais. Por exemplo, muitos samurais passaram a fazer negócios, carreira esta que, até então, lhes era vedada (Moore, 1966, p.275-90). Por que os Meiji obtiveram sucesso e os

---

[23] Ver, no capítulo 3 "Conceitos centrais", a seção "Mobilidade social e distinção social".

Tokugawa fracassaram? A resposta óbvia é que um regime tentou resistir à mudança, ao passo que o outro procurou contribuir com o seu desdobramento. No entanto, talvez valha a pena explorar a possibilidade de que os Meiji estavam fazendo algo mais do que ajudar o inevitável; que o regime se interessava pelo que se pode chamar de "gestão" da mudança social – em vez de dar ordens às ondas, procuraram desviar a corrente para a direção que preferiam.

No grande romance histórico de Giuseppe de Lampedusa, *O leopardo* (1958), ambientado na Sicília em meados do século XIX, um aristocrata observa, em uma conversa com outro, que "é preciso que as coisas mudem para ficarem as mesmas". Alguns aristocratas (sobretudo os britânicos) parecem ter desenvolvido especial talento para esse tipo de adaptação às novas circunstâncias, em que se faziam sacrifícios ou concessões táticas em prol de uma estratégia de sobrevivência da família ou da classe a longo prazo. Certamente essas atividades merecem ter seu lugar em qualquer teoria geral da mudança social.

Pode-se também esperar que a teoria deva ainda especificar os tipos de situação em que uma estratégia como esta conta com chances de êxito. Dois estudos independentes sobre o comportamento aristocrático, acerca, respectivamente, da Inglaterra do século XIX e do Rajastão do século XX, propiciam relatos ricos em notáveis semelhanças com esse tipo de situação. Ambos os estudos descrevem uma classe dominante que se encontrava dividida entre um grupo em posição mais elevada, mais inclinado à mudança, e um grupo em posição inferior, que tinha mais a perder com tal mudança. Em ambos os casos, no entanto, o grupo inferior tradicionalmente buscava a liderança do mais elevado. Em tais circunstâncias, fica muito difícil para o grupo que tem mais a perder organizar uma resistência à mudança. Assim, a classe dominante como um todo acatou a política de "adaptação" promovida por seus líderes e a mudança social ocorreu sem violência (F. M. L. Thompson, 1963; Rudolph; Rudolph, 1966).

Se indivíduos, grupos e eventos ocupam um papel importante no processo de mudança social, a forma, não menos que o conteúdo da análise (seja ela oferecida por historiadores sociais e sociólogos, seja por antropólogos sociais), talvez careça de revisão. De fato, a volta (ou o retorno) da narrativa nos últimos tempos vem sendo objeto de diversas discussões nas três disciplinas. O problema pode ser proposto na forma de um dilema. A análise das estruturas é muito estática e não permite aos escritores ou leitores conscientizar-se suficientemente da mudança. Por outro lado, a narrativa histórica tradicional não tem a menor capacidade de compreender tais estruturas. Portanto, atualmente ocorre uma busca por novas formas de narrativa que sejam apropriadas à história social.

Poder-se-ia chamar tal busca de narrativa "tramada", pois ela entrelaça a análise com a arte de contar histórias (Fischer, 1976). Como alternativa, pode-se ainda falar de narrativa "densa", nos moldes da "descrição densa" de Geertz, calcando-se no fato de que as novas formas precisam ser construídas para suportar uma carga mais pesada de explicações do que anteriormente podiam abarcar as antigas formas (uma vez que estas últimas se preocupavam com as ações praticadas por indivíduos preeminentes). De qualquer forma, vemos alguns historiadores voltando-se para a Teoria Literária, sobretudo a teoria da narrativa, em busca da forma literária mais adequada às suas necessidades (Abbott, 2002).

As novas formas – novas ao menos para historiadores – incluem histórias que apresentam os mesmos eventos a partir de múltiplos pontos de vista[24] ou que lidam com a experiência de pessoas comuns no âmbito local, no que podemos chamar de "micronarrativas" (Burke, 1991).

A virada para a micro-história foi discutida em capítulo anterior.[25] Por vezes, assume a forma de descrição, como no estudo

---

[24] Ver, no capítulo 6 "Pós-modernidade e pós-modernismo", na seção "Desestabilização", o item "Construções culturais".
[25] Ver, no capítulo 3 "Conceitos centrais", a seção "Classe e *status*".

da comunidade de Montaillou, de autoria de Le Roy Ladurie, mas também pode tomar a forma de uma história [*story*]. Uma das mais dramáticas dessas estórias diz respeito a Martin Guerre.

Martin era um camponês do sudoeste da França que fugiu da fazenda da família para lutar nas guerras com a Espanha e, ao retornar, descobriu que seu lar havia sido ocupado por um intruso, um homem que dizia ser ele. Essa estória foi recontada pela historiadora Natalie Davis (1983) não apenas por seus elementos dramáticos, mas também para lançar luzes nas estruturas sociais, inclusive a estrutura familiar, e na maneira pela qual essas estruturas eram vivenciadas na vida cotidiana. Na versão apresentada pela autora, a figura central, além de Martin, é a sua esposa, Bertrande de Rols. Abandonada pelo marido, não é nem esposa, nem viúva. Davis (1983) sugere que a decisão de Bertrande de reconhecer o intruso como seu marido havia muito desaparecido, qualquer que tenha sido seu motivo, foi a única maneira honrosa que lhe restava para escapar dessa situação insustentável.

O retorno ou a revivescência da narrativa histórica na última geração também está associado com um reconhecimento do poder de certos eventos de solapar estruturas, cujo caso mais óbvio são as revoluções. No estudo das revoluções, houve a passagem da preocupação com as precondições ou "gatilhos" para a preocupação com o que Noel Parker chama "narrativa revolucionária", definida como a forma "dentro da qual os eventos e ações que constituem uma ou outra revolução são interpretados para se tornarem base da ação" (1999, p.112). O ponto é que a narrativa é parte da experiência dos agentes mesmos antes de ser apropriada e modificada pelos estudiosos posteriores. Ela é moldada pela experiência dos eventos, mas por sua vez a molda, assim como, portanto, a fase seguinte da ação.

Em alguns casos, pelo menos, as revoluções do passado oferecem um modelo ou paradigma para o presente. Sob certos aspectos, por exemplo, a Revolução Francesa foi percebida como a re-presentação da Revolução Inglesa da década de 1640 até a decapitação do rei, ao passo que a Revolução Bolchevique era percebida por Trotsky e outros participantes como uma re-presentação de 1789. Como no caso dos paradigmas científicos, podem ser percebidas anomalias, diferenças entre o novo evento e o velho modelo, mas mesmo no caso das revoluções, as tradições populares conservam seu poder.

A tensão entre os eventos novos e as velhas percepções rarissimamente é estudada. Uma das exceções a essa regra, assim como uma das mais originais análises da mudança cultural e social surgidas na última geração, é um estudo do Havaí de autoria do antropólogo Marshall Sahlins, de Chicago, que começa com a chegada do capitão Cook, em 1779, e passa da narrativa à interpretação e da análise de uma determinada situação à teoria geral.

Durante a visita ao Havaí, pelo que dizem, Cook foi recebido com entusiasmo por milhares de pessoas que foram encontrá-lo em suas canoas. Ele foi escoltado até um templo e participou de um ritual em que foi idolatrado. Algumas semanas depois, voltou à ilha, e a recepção foi muito mais fria. Os havaianos cometeram uma série de assaltos e, na tentativa de impedi-los, Cook foi assassinado. Alguns anos mais tarde, entretanto, o novo chefe Kamehameha decidiu adotar uma política amistosa e de relações comerciais com a Grã-Bretanha, talvez como um modo de gerir a mudança social.

Sahlins interpreta a recepção de Cook (ou, para ser mais exato, as várias versões dessa história) por meio da hipótese de que os havaianos viram em Cook a encarnação de seu deus Lono, pois o capitão chegou no momento em que se aguardava a vinda da divindade. O autor prossegue, sugerindo que tanto o assassinato como a adoração de Cook faziam parte de um ritual, o sacrifício do deus. Ele entende que a política pró-Grã-Bretanha estabelecida por Kamehameha se revela adequada para o homem que herdara o carisma de Cook, seu *mana* (Sahlins, 1985, p.104-35).[26]

---

[26] Comparar com Obeyesekere (1992).

Sahlins segue essa interpretação para comentar, de forma mais genérica, o que chama de interação entre sistemas e eventos, defendendo duas perspectivas complementares. Primeiro, os acontecimentos ocorridos foram "determinados pela cultura". Os havaianos perceberam Cook pela óptica de sua própria tradição cultural e agiram de acordo com esses princípios, atribuindo aos eventos, portanto, uma "marca" cultural distintiva. Ou seja, Sahlins ressalta o "encaixe" entre fatores endógenos e exógenos, de maneira parecida com a dos teóricos da recepção acima examinados. Sua análise é uma reminiscência da visão de Braudel sobre os eventos como um papel de tornassol que revela as estruturas, assim como da preocupação de Gombrich com os esquemas culturais.

Por outro lado, ao contrário de Braudel e Gombrich, Sahlins sugere que no processo de assimilação desses eventos, isto é, o de "reproduzir aquele contato à sua própria imagem", a cultura havaiana "se transformou de forma radical e decisiva". Por exemplo, a tensão entre os chefes e as pessoas comuns aumentou porque a distinção entre os dois grupos foi suplantada pela distinção entre europeus e havaianos. A reação dos chefes foi adotar nomes ingleses como "Rei George" ou "Billy Pitt", como para ressaltar que os chefes estão para o povo assim como os europeus estão para os havaianos, ou seja, que representam a parte dominante da relação. Numa análise final da mudança social ou histórica, observa Sahlins como toda tentativa consciente de impedir a mudança ou mesmo de adaptá-la traz consigo outras mudanças, e conclui que toda reprodução cultural envolve alteração. As categorias culturais estão sempre expostas a riscos quando utilizadas para interpretar o mundo (Sahlins, 1981; 1985, p.vii-xvii, 136-86).[27]

Essas sugestões de ordem geral oferecem um possível paradigma para os estudos da mudança em outros lugares, ou pelo menos

---

[27] A esse respeito, ver também Sewell (1996, p.879).

Teoria social e mudança social

nos estimula a perguntar se o Havaí foi um exemplo privilegiado ou excêntrico de contato cultural e se o contato cultural é um jeito privilegiado ou excêntrico de estudar a mudança social. São válidas ou pelo menos sugestivas as generalizações de Sahlins acerca da relação entre estruturas e eventos, em contextos tão distantes de seu "campo" como a Reforma Alemã, digamos, ou a Revolução Francesa?

### Gerações

A ideia de "geração" há muito exerce fascínio sobre historiadores e sociólogos. Uma das razões para tal fascínio é que o conceito parece refletir nossa própria experiência de crescimento e de nos definir coletivamente por oposição a pessoas de mais idade. Outra razão é que o conceito acena com a promessa de vincular mudanças nas estruturas a indivíduos e eventos mediante o senso de pertença a um grupo etário específico: a geração de 1789, por exemplo (como escreveu o jovem Wordsworth: "Foi uma bênção estar vivo naquela alvorada / Mas ser jovem era mesmo o céu"), ou a geração espanhola de 1898, que vivenciou o fim de um império.

Tem havido algumas discussões interessantes sobre o que pode ser chamado de teoria da geração, sobretudo a ênfase dada por Karl Mannheim ao que denominou "um lugar-comum no processo social e histórico" ao criar uma visão de mundo ou mentalidade específica (1952, p.276-320). Com frequência, contudo, a teoria não se traduz na prática, e os poucos estudos de caso concentram-se principalmente na História da Arte e na Literatura (Pinder, 1926; Peyre, 1948; Burke, 1972, p.235-43; Ramsden, 1974).

Uma interessante exceção à regra é um estudo antropológico, realizado na década de 1960, sobre um vilarejo em Aragão, que distingue três grupos, as gerações "em declínio", "no controle" e "emergente", com base em reações aos eventos formadores – para não dizer traumáticos – da Guerra Civil Espanhola. O primeiro grupo formou suas atitudes antes da Guerra Civil, o segundo participou da luta, enquanto o terceiro era jovem demais para lembrar-se. Embora esses contrastes se projetem muito além da esfera política, somos tentados a explicá-los por uma perspectiva política. Um problema persiste: para avaliar a importância dos eventos ocorridos entre 1936 e 1939 na formação das gerações dessa cidade, é ao mesmo tempo necessário e impossível examinar um "grupo de controle, uma comunidade semelhante que não tenha passado pela Guerra Civil (Lisón-Tolosana, 1966, p.190-201).

Pode ser proveitoso abordar as gerações, da mesma forma que as nações, como exemplos de comunidades imaginadas. Os membros de uma dada geração compartilham certas experiências e memórias que ajudam a uni-los numa espécie de aliança contra a geração dos pais e, mais tarde, também contra a dos filhos. Podem não compartilhar crenças ou valores, mas de diferentes modos respondem à mesma situação.

Queiram ou não, muitos leitores deste livro pertencem ao que se pode chamar de geração "pós-moderna", assinalada pelos eventos de 1968 ou 1989. As consequências da pós-modernidade para a teoria social e para a História serão examinadas no próximo capítulo.

# 6
# Pós-modernidade e pós-modernismo

Alguns analistas da sociedade contemporânea vieram a descrevê-la não só como "pós-industrial" e "capitalista tardia", mas também como "pós-moderna". Um dos primeiros a usar o conceito foi o historiador Arnold Toynbee.[1] Desde os tempos de Toynbee, porém, os historiadores – ao contrário dos economistas, geógrafos ou sociólogos – fizeram uma contribuição surpreendentemente pequena ao debate sobre a natureza da pós-modernidade. Digo "surpreendentemente" porque a periodização é uma das principais preocupações dos historiadores. Uma das contribuições que eles poderiam fazer é cética. Para o historiador, sobretudo aquele que se interessa pelas tendências de longo prazo, o termo "pós-moderno" tende a parecer mais um exemplo da hipérbole a que gerações de intelectuais recorreram, do Renascimento em diante, para convencer os outros de que seu período ou geração era especial. A retórica de qualquer uma das gerações poderia soar extremamente plausível, não fossem os exemplos de suas predecessoras.

---

[1] Sobre a história da ideia, ver Anderson (1998).

## Pós-modernidade e pós-modernismo

De qualquer forma, é ambíguo o conceito de "pós-moderno". Alguns usam o termo em contraposição a "moderno", como descrição de uma época completamente nova, enquanto outros pensam a pós-modernidade (em francês, *surmodernité*) como uma intensificação ou aceleração de tendências modernas ou, nas palavras do sociólogo Ulrich Beck, uma "segunda modernidade" (Giddens, 1990; Beck, 2000).

Seja qual for o adjetivo usado para descrevê-la, na última geração ocorreu uma importante mudança nas atitudes entre os historiadores e os teóricos sociais, bem como na cultura em geral. Há uma tendência para levar as estruturas menos a sério, associada a um senso difuso de liberdade e também de incerteza e precariedade. A mudança é, sem dúvida, uma resposta à aceleração da mudança social. Assim como percebemos que as oportunidades de empregos estáveis a longo prazo estão diminuindo ou que há cada vez mais movimento de pessoas, bens e mensagens através das fronteiras políticas, assim também estamos cada vez mais conscientes do que Sahlins chama de "risco" das categorias, sempre que são usadas no dia a dia (Sahlins, 1985, p.149). Como o sociólogo polaco Zygmunt Bauman (2000) afirmou de maneira memorável, vivemos num tempo de fluidez, num mundo "líquido" em que mesmo as relações pessoais parecem ser menos constantes do que costumavam ser.

Nesse novo ambiente social e cultural vêm trabalhando os historiadores e teóricos discutidos neste capítulo. Suas respostas conscientes à pós-modernidade podem ser descritas, e com elas boa parte da arte e literatura contemporâneas, como exemplos de pós-modernismo. Nos casos, porém, da História e da teoria social, é mais preciso e talvez mais esclarecedor falar de "pós-modernismo" e, mais especificamente, dos movimentos gêmeos de desestabilização e descentralização.

### Desestabilização

Entendo por "desestabilização" a mudança de uma suposição de fixidez para outra de fluidez, ou, para usar de outra metáfora, o colapso da ideia tradicional de estrutura, seja ela econômica, social política ou cultural. Conceitos como "estrutura" foram em ampla medida substituídos por conceitos como "fluxo" e "transformação". Um dos sinais da mudança é o surgimento da análise de rede na Antropologia, na Sociologia e na História. A análise de rede é um método, mas um método associado a certa imagem da sociedade. Em vez de examinar estruturas sociais mais ou menos firmes, os analistas de rede concentram-se nas relações sociais centradas num único indivíduo. A teoria que costumam usar no trabalho é a da "troca social". A ideia de troca social não é nova, como vimos,[2] mas passou a ser associada à visão da sociedade como a soma das ações dos indivíduos que seguem estratégias baseadas na expectativa de lucros. O que vemos é uma revivescência do individualismo metodológico.[3]

O exemplo da fofoca oferece uma ilustração viva da diferença entre as abordagens funcional e individualista. Enquanto a análise funcional da fofoca nota como essa atividade une os membros de um dado grupo, uma abordagem mais recente concentra-se nos fofoqueiros individualmente, na competição de uns com os outros e no uso desse meio para adquirir informações ou impressionar os vizinhos (Gluckman, 1963; Paine, 1967).

Quando a sra. Thatcher declarou que "não existe isso que chamam de sociedade", estava verbalizando uma tendência atual, além de exprimir um individualismo inglês ultrapassado. O sociólogo Michael Mann concorda: "Eu aboliria completamente o conceito de 'sociedade'". Em vez de estruturas ou "totalidades delimitadas", Mann opera com a ideia de redes, sobretudo o que ele chama "redes múltiplas socioespaciais de poder que se interseccionam e sobrepõem". Ao analisar a Grécia antiga, por exemplo, ele distingue três dessas redes: a da cidade-Estado, a do sistema grego de Estados e por fim a velha ideia de humanidade (Mann, 1986, p.1-2, 223-7).

---

[2] Ver, no capítulo 3 "Conceitos centrais", a seção "Consumo e troca".
[3] Ver, no capítulo 4 "Problemas centrais", a seção "Estruturas *versus* agentes".

Analogamente, o antropólogo Eric Wolf negou a existência de entidades como tribos, nações ou "o Ocidente", todas elas sistemas delimitados, e preferiu falar de "feixes de relações" ou "totalidade de processos interconectados" (Wolf, 1982, p.3-7). Pelo menos alguns dos micro-historiadores que vêm estudando as redes do passado[4] fazem-no com razões parecidas com as de Mann e Wolf.

Há alguns precedentes sociológicos para essa tentativa de substituir ou reconceitualizar a ideia de estrutura. Georg Simmel, por exemplo, afirmava que "sociedade é apenas o nome de muitos indivíduos interligados por interação". Norbert Elias, que hoje é levado mais a sério como teórico social do que em sua época, desenvolveu esse ponto, com seu conceito de "figuração", um padrão de relações sociais que é exemplificado no nível micro por uma partida de futebol, no nível médio por uma corte do século XVIII (um dos exemplos históricos favoritos de Elias) e, no nível macro, por uma nação, que pode ser considerada uma rede de redes. Segundo Elias, as pessoas se ligam umas às outras de diferentes maneiras em diferentes tipos de sociedade (1969, p.18, 208-13; 1970, p.128-33).

Uma abordagem parecida foi adotada por Pierre Bourdieu, que criticou as abordagens tanto de Durkheim como de Lévi-Strauss como demasiado rígida e mecânica. Preferia a noção mais flexível de "campo". Mais precisamente, Bourdieu distinguia uma série de campos – o campo religioso, o campo literário, o campo econômico etc. Os atores sociais são "definidos por suas *posições relativas* nesse espaço", que Bourdieu também descreve como um "campo de forças" que impõe certas relações a quem entra, "relações que não são redutíveis às intenções dos agentes individuais nem mesmo a *interações* diretas entre agentes".

Foram feitas tentativas interessantes de usar o conceito de campo de Bourdieu para analisar o "nascimento" dos escritores e inte-

---

[4] Ver, no capítulo 2 "Modelos e métodos", a seção "O microscópio social".

lectuais franceses como grupos autoconscientes nos séculos XVII e XIX, respectivamente (revelando no processo a dificuldade de definir espaço "literário" ou "intelectual") (Bourdieu, 1993; Viala, 1985; Charle, 1990). Por outro lado, a ciência jesuíta foi analisada como um "campo cultural" num estudo da relação entre o discurso, o seu quadro institucional e o contexto político mais amplo. O autor dessas análises afirma que um discurso, às vezes tido como estático[5] "nunca é fixo, mas antes constantemente negociado, constituído e reconstituído" sob pressões que vêm do campo (Feldhay, 1999).

## Construções culturais

Outro aspecto da desestabilização é o crescente interesse mostrado pelos historiadores e teóricos no que poderia ser chamado de "construtibilidade" da cultura ou sociedade. A expansão do composto "sociocultural" é sinal de uma consciência cada vez maior dessa plasticidade ou maleabilidade. Há uma tendência a pensar a "cultura" como ativa, e não passiva. Os estruturalistas já haviam caminhado nessa direção há uma geração, e pode-se muito bem argumentar que Lévi-Strauss, particularmente, virou Marx de cabeça para baixo (em outras palavras, retornou a Hegel), ao sugerir que as estruturas genuinamente profundas não se encontram nas articulações econômicas e sociais, mas são categorias mentais.

Hoje, contudo, tanto estruturalistas quanto marxistas muitas vezes são rejeitados como deterministas e a ênfase é dada à criatividade coletiva (Certeau, 1980). O que em geral era tratado como fatos objetivos e absolutamente sociais, como gênero, classe ou comunidade, agora é considerado culturalmente "construído" ou "constituído" (Hacking, 1999; Burke, 2004c, p.74-99). Ao contrário dos estruturalistas, os pós-estruturalistas ressaltam a agência humana e também a mudança, não tanto como construção, mas

---

[5] Ver, no capítulo 3 "Conceitos centrais", a seção "Mentalidade, ideologias, discursos".

como reconstrução, um processo de criação contínua. Por essa razão, o termo "essencialismo" é um dos maiores insultos em seu vocabulário.

Sob esse aspecto, os estudos de Foucault acerca das variáveis visões do Ocidente sobre a loucura e a sexualidade, bem como sua crítica às concepções empobrecidas do "real", que omitem a realidade do que é imaginado, foram extremamente influentes (Foucault, 1961, 1976, 1984a, 1984b). A obra de Foucault, contudo, faz parte de uma tendência mais abrangente e também mais longa. Os psicólogos da Gestalt, por exemplo, viam a percepção como uma espécie de construção.[6] Por muito tempo, os fenomenólogos ressaltaram o que por vezes se denomina a "construção social da realidade" (Berger; Luckmann, 1966). Marxistas "culturais", como Louis Althusser (1970) e Maurice Godelier (1984, p.125-78) estão entre os teóricos que destacaram a importância do pensamento e da imaginação na produção do que chamamos de "sociedade". O crítico teórico Cornelius Castoriadis (1975) também exerceu influência no tocante a essa questão. No entanto, é provável que o advento do termo *l'imaginaire*[7] tenha muito a dever ao exemplo de Jacques Lacan.

A crítica de Pierre Bourdieu a Lévi-Strauss e a outros estruturalistas, tendo por base o arrazoado de que a noção de "normas" culturais implícitas nos trabalhos desses autores é demasiado mecânica, aponta para a mesma direção. Como alternativa, Bourdieu (1972, p.16, 78-87) propôs um conceito mais flexível, o de "habitus", derivado de Aristóteles (via Santo Tomás de Aquino e o historiador de arte Erwin Panofsky). "Habitus" é definido como um conjunto de "esquemas que permitem aos agentes gerar uma infinidade de práticas adaptadas a situações que se modificam de modo ininterrupto" (Bourdieu, 1972, p.16, 78-87). O núcleo do conceito é um tipo de

---

[6] Ver, no capítulo 3 "Conceitos centrais", a seção "Mentalidade, ideologias, discursos".

[7] "O imaginário" em francês. (N.T.)

"improvisação regulada", expressão que remete às fórmulas e aos temas dos poetas de tradição oral estudados acima.[8]

Da mesma forma que Foucault (e o filósofo Merleau-Ponty), Bourdieu abala os alicerces da clássica distinção entre corpo e espírito associada a Descartes e parodiada como a doutrina do "fantasma na máquina". As práticas sobre as quais escreve não são facilmente classificáveis como "espirituais" ou "físicas". Por exemplo, a honra do povo cabila, da Argélia, em meio ao qual Bourdieu fez sua pesquisa de campo, expressa-se tanto por meio de seu modo altivo de caminhar quanto por qualquer coisa que dizem. A "deliberação em ritmo de tartaruga", desenvolvida na resistência consciente ou inconsciente oferecida às autoridades pelos lavradores húngaros, como o tio Róka,[9] fornece um exemplo muito vivo do que Bourdieu entende por "habitus".

Nos campos da Literatura e da Filosofia, ou no espaço entre eles, uma premissa semelhante de criatividade cultural subjaz à "desconstrução" praticada pelo filósofo francês Jacques Derrida e seus discípulos; em outras palavras, a abordagem distintiva que esses estudiosos adotam com relação ao texto – deslindando suas contradições, dirigindo a atenção às suas ambiguidades ou jogos de palavras e lendo-os contra si mesmos e seus autores. Se o interesse em estabelecer oposições binárias foi a característica mais marcante do estruturalista, o pós-estruturalista pode ser reconhecido pela preocupação em abalar tais categorias – daí o interesse demonstrado por Derrida pela ideia de "suplemento", que, a um só tempo, faz um acréscimo a uma determinada coisa e a suplanta (1967, p.141-64; 1972).[10]

De que modo os historiadores reagiram a esses desdobramentos? Se definirmos, de forma precisa, desconstrução, pós-estruturalismo e outros tipos de desenvolvimento a eles relacionados, serão

---

[8] Ver, no capítulo 3 "Conceitos centrais", a seção "Oralidade e textualidade".

[9] Ver, no capítulo 3 "Conceitos centrais", a seção "Hegemonia e resistência".

[10] Ver a esse respeito, Norris (1982) e Culler (1983).

relativamente poucos os exemplos de sua influência. Embora o termo "desconstrução" (no sentido de "fazer em pedaços") esteja cada vez mais em voga, apenas uns poucos historiadores, em sua maioria norte-americanos, revelam a inspiração de Derrida em sua obra substantiva.

Joan Scott (1991, p.49-50), por exemplo, analisou a relação entre a história das mulheres e a história em geral em termos da "lógica do suplemento". Harry Harootunian (1988, p.1-22) ofereceu-nos uma maneira nova e polêmica de fazer a leitura do discurso do "nativismo" (em outras palavras, da noção de identidade) no Japão dos Tokugawa, empregando a noção de "esquemas conceituais como formas de jogo", um antídoto à visão tradicional de ideologia como o reflexo da sociedade. O estudo de autoria de Stuart Clark sobre a ideia de bruxaria dá uma ênfase extraordinária à linguagem e à instabilidade dos significados. Inspirado em Derrida, observa Clark que "mesmo quando europeus educados se associam para fazer dos séculos XVI e XVII a idade de ouro do antidemonismo, seus sistemas de crença dependiam necessariamente do que procuravam excluir" (Clark, 1997, p.143).

Mais uma vez, o estudo desenvolvido por Timothy Mitchell sobre o Egito do século XIX sustenta-se no conceito de diferença apresentado por Derrida – "não um padrão de distinções ou intervalos entre as coisas, mas sim um diferimento ou diferença que ocorre "internamente" – a fim de repensar visões já aceitas da cidade colonial. Mitchell sustenta o paradoxo de que, "para representar-se como moderna, a cidade depende de manter a barreira que deixa o outro do lado de fora. Tal dependência faz do que vem de fora, do oriental [...] parte integrante da cidade moderna" (1988, p.145, 149).

Com umas poucas exceções como essas, a profissão de historiador ainda é um tanto desconfiada em relação ao pós-modernismo, como o foi em 1991, quando Lawrence Stone escreveu uma carta à conhecida revista *Past and Present* [Passado e Presente] acerca da ameaça à história representada por gente que afirma "não haver nada além do texto" ou que "o real é imaginado como o imaginário" (Stone, 1991). Duas respostas a essa carta foram publicadas num número posterior da revista. É significativo que ambas foram escritas por membros de uma geração mais jovem de historiadores e que provavelmente mesmo a maioria dessa geração, pelo menos na Grã-Bretanha, continue mais próxima da posição de Stone (Joyce, 1991; Kelly, 1991).

Se, por outro lado, voltarmo-nos do pós-modernismo para a pós-modernidade, como descrevemos acima, esse termo mais vago parece apropriado para descrever certos novos aspectos da prática histórica. Por exemplo, houve uma virada da "história social da cultura" do tipo praticado por Arnold Hauser para o que Roger Chartier (1997) descreveu como a "história cultural da sociedade". É crescente o reconhecimento por parte dos historiadores do poder do "imaginado", como no estudo de Georges Duby (1978) sobre a ideia das "três ordens" da sociedade[11] ou em recentes trabalhos sobre as imagens da França e da Índia (Nora, 1984, 1987, 1992; Inden, 1990). Por outro lado, recentes estudos sobre a história social da linguagem têm demonstrado interesse não só pela influência da sociedade na língua, mas também pelo seu inverso, por exemplo, pela importância de expressões que se opõem, como "classe média" e "classe trabalhadora", na constituição de grupos sociais (Burke; Porter, 1987; Corfield, 1991).

Formas de organização social, como "tribo" ou "casta", que já foram consideradas "fatos sociais", são atualmente encaradas como representações coletivas. Por exemplo, segundo o antropólogo francês Jean-Luc Amselle, tribos ou grupos étnicos com os bambaras ou os fulanis da África Ocidental foram de fato inventados pela administração colonial e pelos antropólogos, embora mais tarde esses termos fossem adotados também pelos africanos (alguns historiadores têm uma visão parecida sobre as castas na Índia). O mesmo

---

[11] Ver, no capítulo 3 "Conceitos centrais", a seção "Classe e *status*".

Amselle (1990) trata termos do tipo "bambara" como descrições não de entidades – uma visão por ele criticada como essencialista ou "substancialista" – mas de sistemas de transformação cultural. Sua tese é dupla, sobre o espaço e o tempo. Espacialmente falando, não há limites claros entre grupos, mas ao longo do tempo é possível observar um processo de "incessante classificação".[12]

Até mesmo a cidade de tijolos e argamassa, uma entidade física por excelência, já não é considerada uma entidade social. Foi dissolvida pelos teóricos urbanos, como Manuel Castells (1976), que observa a dispersão de relações sociais e a importância dos fluxos – fluxos de pessoas, fluxos de mercadorias. No sistema mundial de hoje, "a cidade está em toda parte e em tudo", forçando os geógrafos, sociólogos e historiadores a reimaginarem o urbano. Indo além da cidade, afirmou Castells que na era da Internet, "as redes constituem a nova morfologia social de nossa sociedade" (1996, p.469). Se ele estiver certo, então a análise de rede descrita acima é, entre outras coisas, um sintoma de pós-modernidade e possivelmente uma projeção de arranjos modernos – já não podemos chamá-los "estruturas" – sobre o passado.[13]

Para uma rica análise do processo de construção cultural, podemos voltar ao estudo de Simon Schama sobre os holandeses do século XVII. Schama interessa-se em particular pelas formas por meio das quais os holandeses, uma jovem nação na época, forjaram uma identidade para si mesmos. O autor discute ampla gama de tópicos, que vão da limpeza até o ato de fumar, do culto aos antigos batavos ao mito da República dos Países Baixos Unidos como a Nova Israel, examinando esses temas pelo prisma da construção de uma identidade. Por exemplo, seguindo a interpretação das leis da dieta judaica desenvolvida pela antropóloga Mary Douglas, Schama sugere que "ser limpo, de forma militante, consistia em

---

[12] Sobre a casta, ver Dirks (2001).
[13] A esse respeito, ver também Abrams (1978) e Amin e Thrift (2002).

uma afirmação da condição de autonomia" (1987, p.375-96). Não estamos longe da ideia freudiana do narcisismo das pequenas diferenças (Douglas, 1966).

Essas duas guinadas no estudo da cultura têm sido imensamente elucidativas, porém ambas suscitam problemas. Seria difícil negar o reducionismo implícito em alguns enfoques tradicionais à cultura, tanto durkheimianos como marxistas; contudo, é bem provável que a reação no sentido oposto tenha ido longe demais. A atual ênfase dada à criatividade cultural e à cultura como uma força ativa na História precisa ser acompanhada por alguma noção dos limites e restrições nos quais essa criatividade se manifesta. Em vez de simplesmente substituir a história social da cultura pela história cultural da sociedade, faz-se necessário trabalhar com as duas ideias de forma conjunta e simultânea, independentemente do grau de dificuldade que isso possa acarretar. Em outras palavras, parece-nos bem mais proveitoso considerar a relação entre cultura e sociedade em termos dialéticos com ambas as partes, a um só tempo, ativas e passivas, determinantes e determinadas (Samuel, 1991).

Em qualquer hipótese, a construção cultural deve ser tratada como um problema, e não como premissa, e um problema merecedor de análise mais detalhada. Como se constrói uma nova concepção de classe (digamos) ou gênero? Como podemos explicar a aceitação das inovações? Ou ainda, examinando o problema de um ângulo diferente, é possível explicar por que as concepções tradicionais deixam de convencer certos grupos em determinadas épocas?

## Descentramento

Paralelamente à preocupação com a desestabilização, encontramos seu equivalente espacial, deslocamento ou "descentramento". Não é de surpreender, portanto, que os geógrafos venham fazendo uma contribuição importante ao estudo da pós-modernidade (Soja,

1989; Harvey, 1990; Amin; Thrift 2002). O descentramento, porém, não está limitado à Geografia. Ele afeta as atitudes, por exemplo. Os estudiosos costumavam escrever de um único ponto de vista, mas agora têm se esforçado para ver de vários pontos de vista os assuntos que estudam. Nesse ponto, como em outros, Norbert Elias foi pioneiro, afirmando uma geração atrás que a "Sociologia deve levar em conta as perspectivas, tanto na segunda como na terceira pessoa", ou seja, a perspectiva das pessoas sobre as quais se escreve e a das pessoas mesmas escrevendo (1970, p.127). O filósofo Hans-Georg Gadamer defendeu ideia parecida no contexto da interpretação de textos. Sugeriu uma abordagem dialógica, partindo da consciência do desacordo necessário entre o autor original e o intérprete posterior. Gadamer (1960) sugeriu que devesse ser permitido ao texto questionar as ideias do intérprete, e inversamente.

Em certo sentido, essa abordagem se inspira numa tradição. Os historiadores durante muito tempo tentaram reconstruir as atitudes características do período específico que estudam, e os antropólogos, desde Malonowski, têm-se interessado pelo que chamaram "o ponto de vista do nativo". Tais atitudes costumavam ser tratadas como parte dos dados – usados, mas também ignorados, pelo autor, assim como no romance clássico do século XIX as vozes dos personagens estavam subordinadas à do narrador onisciente.

A novidade é o descentramento desse ponto de vista erudito, no sentido de apresentá-lo simplesmente como um ponto de vista entre outros. As pessoas sobre as quais se escreve, vivas ou mortas, são tratadas menos como matéria bruta e mais como parceiros, de modo que o historiador ou o antropólogo caminha para a frente e para trás entre o passado e presente, a cultura que está sendo estudada e a cultura do estudioso, comparando e contrastando as teorias e interpretações deles com as nossas. Os autores estão mais conscientes do que antes do ponto levantado por Karl Mannheim (1952, p.134-90), na década de 1920 e de novo mais recentemente, de que o conhecimento – inclusive o deles mesmos – se situa socialmente (Haraway, 1988). Daí a atual atração das disciplinas pelas ideias sobre o diálogo propostas por Bakhtin (1981).[14]

De qualquer forma, a dupla perspectiva defendida por Elias e Gadamer foi substituída por uma perspectiva múltipla. As pessoas da cultura que está sendo estudada nunca falam com uma só voz. O movimento que defende a escrita da história "de baixo para cima", para reconstruir a "visão dos vencidos" ou o ponto de vista das "classes subalternas" tornou esse ponto bem claro.[15] O surgimento da história da mulher aumentou a variedade de perspectivas, envolvendo tentativas de escrever a História do ponto de vista das mulheres.

A tentativa de combinar essas diferentes perspectivas levou alguns autores, historiadores ou não, a experimentar novas formas de narrativa. Antes rejeitada pelos estudiosos que queriam ser "analíticos", a narrativa recuperou prestígio como um modo de compreensão do mundo (Stone, 1979; Ricoeur, 1983, 1984, 1985; Burke, 1991). Por exemplo, o antropólogo Richard Price (1990) adaptou o recurso dos múltiplos pontos de vista – que sempre surtiu extraordinário efeito em romances e filmes, como *O som e a fúria* (1929) de William Faulkner e *Rashomon* (1950) de Akira Kurosawa – a uma história que se passa no Suriname do século XVIII. Em vez de fazer uma justaposição de relatos individuais, Prince apresenta a situação tal como vista pelos olhos de três agentes coletivos – os escravos negros, os oficiais holandeses e os missionários morávios. O autor interconecta essas três perspectivas e as comenta, mas apresenta o seu comentário como simplesmente mais uma visão, uma quarta voz, a do "historiador etnográfico".[16] Ou seja, exemplifica a narrativa "multivocal" ou "polifônica" descrita e recomendada por Bakhtin.

---

[14] A esse respeito, ver também Morson e Emerson (1990, p.231-68).
[15] Ver, no capítulo 3 "Conceitos centrais", a seção "Hegemonia e resistência" e também, no capítulo 5 "Teoria social e mudança social", na seção "Uma terceira via?", o item "Encontros".
[16] A esse respeito, ver Berkhofer (1995, p.170-201).

Em decorrência das descobertas do povo, das mulheres e dos colonizados por parte dos eruditos, a última geração assistiu ao colapso da chamada Grande Narrativa (*le grand récit*) do passado humano, essencialmente a estória da emancipação humana contada no Iluminismo. As dúvidas acerca da plausibilidade dessa história [*story*] são parte da condição pós-moderna, como o filósofo francês Jean-François Lyotard a descreveu. "A Grande Narrativa perdeu credibilidade" (Lyotard, 1979, p.37). O contexto em que Lyotard fez essa observação foi uma discussão da legitimação do conhecimento, mas o termo por ele cunhado e suas formulações alternativas "Grande Relato", "Narrativa Mestra" e "Metanarrativa" têm sido adotados e a proposta central vem sendo debatida desde então.[17] Há uma correspondência óbvia entre a teoria de Lyotard e o trabalho dos micro-historiadores como Le Roy Ladurie, que também data da década de 1970 (Berkhofer, 1995; Cox; Stromquist, 1998).

A ideia de uma grande narrativa está muitas vezes associada à ascensão da "Civilização Ocidental", o nome para o que costumava ser um curso obrigatório em algumas das principais universidades norte-americanas. O Renascimento, a Reforma, o descobrimento de outros continentes e a expansão europeia por eles, a Revolução Científica, o Iluminismo e a Revolução Francesa eram tradicionalmente apresentados como outros tantos capítulos de uma estória do triunfo, e a história da Índia, por exemplo, ou era incorporada à estória ou (se não se encaixasse no modelo) era "desqualificada" para a atenção séria (Cox; Stromquist, 1998, p.95-180). Como Wolf resume a estória, numa caricatura deliberada, "a Grécia antiga gerou Roma; Roma gerou a Europa Cristã; a Europa Cristã gerou o Renascimento; o Renascimento, o Iluminismo; o Iluminismo, a democracia política e a Revolução Industrial" (1982, p.5).

---

[17] Megill (1995) estabelece uma distinção entre a "narrativa mestra" de um segmento do passado, a "grande narrativa" do passado inteiro e a "metanarrativa" que justifica a grande narrativa.

Hoje, porém, todas essas estórias dentro da Grande Estória foram descentradas por alguns autores. Por exemplo, a consciência da contribuição das outras culturas, sobretudo do mundo muçulmano, para o Renascimento provocou o "reenquadramento" de nossa imagem desse movimento (Farago, 1995; Burke, 2004a). A estória da Revolução Científica do século XVII tem sido reescrita da mesma maneira.

Ironicamente, o surgimento do termo "Revolução Científica" muito deveu a Herbert Butterfield, mais famoso por sua crítica da interpretação *"whig"* – ou centrada no presente – da História.[18] Mesmo assim, Butterfield contou uma estória centrada no presente das "origens da ciência moderna" como uma revolução associada à ascensão da objetividade e da liberdade de pensamento. Até Joseph Needham, o grande historiador da ciência chinesa, acreditava que a "ciência moderna nasceu na Europa e só na Europa" e escreveu a sua história da ciência e da civilização da China para explicar por que, assim como para chamar a atenção para muitas façanhas chinesas.

Em contrapartida, Thomas Kuhn, como vimos, usava o termo "revolução" no plural e ressaltava a substituição regular dos paradigmas. Hoje, alguns historiadores estão contando uma estória ainda mais pluralista, alegando que a ciência é simplesmente um jeito de conhecer, entre outros, um estilo de pensamento que por vezes alcançou uma hegemonia intelectual, mas só em certos lugares e épocas (Butterfield, 1949; Needham, 1969; Cunningham; Williams, 1993).

### Para além do eurocentrismo?

Uma das mais grandiosas das grandes narrativas que os historiadores nos contaram é a estória da "ascensão do Ocidente". O desafio é explicar não só como (e quando) os europeus ultrapassaram os seus rivais econômicos e militares, mas também quais foram as con-

---

[18] Ver, no capítulo 3 "Conceitos centrais", a seção "Mito e memória".

sequências para o resto do mundo do estabelecimento da hegemonia europeia. Escusado é dizer que, em tempos de pós-colonialismo[19] essa estória se tornou cada vez mais controversa.

Nos últimos cem anos tem havido uma série de tentativas por parte dos estudiosos ocidentais de se livrarem do eurocentrismo e adotarem uma perspectiva comparativa, só para serem criticados, por sua vez, pelo motivo mesmo que estavam tentando evitar: por datarem a ascensão do Ocidente cedo demais, por pressuporem a superioridade da cultura ocidental, por verem o resto do mundo através de estereótipos grosseiros (do tipo analisado por Edward Said) ou por tratarem a história do Ocidente como a norma da qual as outras culturas divergem e perguntarem por que, por exemplo, a China não passou por uma revolução científica ou industrial.

Max Weber, por exemplo, por certo foi um dos eruditos menos eurocêntricos de sua época. Passou boa parte de sua vida de trabalho tentando definir as características distintivas da civilização ocidental (sobretudo o que chamava de sua "racionalidade" institucionalizada), por meio de comparações sistemáticas entre a Europa e a Ásia nas esferas econômica, política e religiosa e até na esfera musical. Prestou especial atenção no surgimento do protestantismo, capitalismo e burocracia no Ocidente, afirmando que os três fenômenos eram ao mesmo tempo semelhantes e interligados, e contrastando-os com os fenômenos de outros lugares.

Isso não impediu que Weber fosse acusado de eurocentrismo. Afinal, ele aceitou a teoria ocidental tradicional do "despotismo oriental". Acreditava numa hierarquia de raças, com os caucasianos no topo. Pressupôs a superioridade da cultura ocidental. Sob esses aspectos, as ideias de Weber eram semelhantes às da maioria dos intelectuais ocidentais de sua época. O que era extraordinário em Weber era sua tentativa sistemática e incansável de explicar a

---

[19] Ver, no capítulo 3 "Conceitos centrais", a seção "Pós-colonialismo e hibridismo cultural".

liderança ocidental em termos de formas racionais de organização (respeitosas das normas), como o Direito, a burocracia e o capitalismo. Seu famoso ensaio sobre a ética protestante e o espírito do capitalismo foi uma contribuição para esse empreendimento mais grandioso (Blaut, 2000, p.19-30).

Um dos poucos historiadores com ampla cultura na história mundial foi Arnold Toynbee, cujo *Um estudo da história* já foi analisado. Sejam quais forem os seus defeitos – e os críticos apontaram muitos – essa obra maciça foi uma tentativa importante de descentrar a História. Por outro lado, como Weber e Toynbee (cuja biografia escreveu), William McNeill é um dos menos eurocêntricos autores de sua geração, um cruzado da História Mundial e o autor de um dos mais bem-sucedidos livros sobre o assunto, *História universal*.

Em seu livro, McNeill defendia que por 2 mil anos (500 A.E.C. - 1500 E.C.) houve um "equilíbrio" das quatro grandes civilizações da Eurásia: a chinesa, a indiana, a do Oriente Médio e a ocidental. "Os ocidentais estão tão acostumados a colocar sua própria história no primeiro plano", escreveu ele, "que talvez seja bom expor o caráter marginal da história romana e europeia entre o quarto e o segundo séculos a.C." Foi só por volta de 1500 que a Europa Ocidental começou a se adiantar aos seus competidores, por várias razões, que vão da tecnologia naval e a relativa imunidade às doenças até a disposição de aprender das outras culturas, e foi só por volta de 1850 que o colapso dos impérios chinês, mogol e otomano pôs um ponto final no equilíbrio cultural na Eurásia.

McNeill (1963), por sua vez, foi criticado como eurocêntrico, por dar muito pouco espaço à história da África subsaariana ou às Américas pré-colombianas e por operar com uma oposição binária entre "barbárie" e "civilização" que os autores de hoje gostariam de amenizar, senão evitar completamente (hoje já se passou meio século desde que McNeill começou a escrever o seu livro). Mesmo a sua preocupação com a intensidade crescente da interação cultural ao longo dos milênios foi criticada. Num tempo de descentramento, qualquer tentativa de escrever a história do mundo com um enredo claro está fadado a ser criticado (Feierman, 1995, p.41-2).

A história do mundo de McNeill contrasta centros culturais com o que ele chama de "franjas" ou "margens". A história econômica do mundo escrita pelos teóricos do sistema-mundo marxiano, como Wallerstein, fazem um uso ainda maior dos conceitos de "núcleo" e de "periferia". Esses teóricos também têm um enredo claro, o surgimento do capitalismo ocidental, do imperialismo e de "uma economia mundial europeia" baseada numa divisão internacional do trabalho que levou à periferização e ao subdesenvolvimento do resto do mundo (Frank, 1967; Wallerstein, 1974; Frank; Gills, 1993). Por essa e por outras razões, também eles foram criticados como eurocêntricos.

Dentro dessa tradição, a estória mais descentrada é certamente a contada por Janet Abu-Lughod acerca do sistema-mundo entre 1250 e 1350, com o Oriente Médio como centro e a Europa como "subsistema". Abu-Lughod afirma que havia um "vácuo" econômico no Oceano Índico depois da retirada da China, no século XV, que os europeus souberam preencher. Nesse sentido, "a queda do Oriente precede a ascensão do Ocidente" (1989, p.361).

O surgimento do capitalismo e de um mercado mundial, e as consequências desse surgimento para o resto do mundo é o tema central de outra história do mundo de inspiração marxiana, *A Europa e os povos sem história* de Eric Wolf. Wolf era um antropólogo de formação, e seu livro tem muito mais a dizer sobre a mudança cultural e social do que qualquer um dos outros teóricos do sistema-mundo, mais preocupados, como diz ele, "em entender como o núcleo subjugou a periferia" do que em estudar como os povos da periferia foram arrastados para o sistema e como reagiram a esse processo. Essa série de reações é o tema principal do estudo de Wolf – mas não o impediu, por seu lado, de ser criticado por tentar construir uma única narrativa mestra, assim como foi elogiado por oferecer uma alternativa (1982, p.22).[20]

Wolf e os teóricos do sistema-mundo concentram-se nas consequências para o mundo do surgimento do capitalismo Ocidental. Em contrapartida, o historiador da economia Eric Jones e o sociólogo John Hall voltaram a tratar do problema de Weber, mas lhe deram outras respostas. Oferecem explicações opostas sobre o surgimento do capitalismo no Ocidente. Embora analise a política com certa minúcia, recorrendo à teoria da empresa para apontar as "economias de escala" desfrutadas pelos grandes Estados, em *O milagre europeu 1400-1800* (1981) Jones se preocupa essencialmente com a mudança econômica ocorrida na Europa a muito longo prazo. Comparando e contrastando a Europa com a China e a Índia, afirma que a industrialização foi um "crescimento profundamente arraigado no passado". Observa que os europeus fizeram mais do que os outros povos para limitar o crescimento populacional, mas sua explicação principal para o "milagre" é ecológica. A ênfase recai na "variedade geológica, climática e topográfica" da Europa, que produziu um "amplo leque de recursos" e menor vulnerabilidade aos desastres naturais. Seu livro foi recentemente criticado por "afirmar a maioria das teses eurocêntricas como fatos indiscutíveis", embora ressalte a boa sorte da Europa, seus recursos naturais, mais do que as façanhas europeias (Jones, 1981).[21]

Em seu *Powers and Liberties* [*Poderes e Liberdades*] (1985), Hall, que se descreve como um "historiador filosófico" tardio, como Ernest Gellner e Michael Mann, dá ênfase à política. Sugere que o capitalismo foi incapaz de se desenvolver no que chamou de Estados "de topo", como o Império Chinês, em que o governo presidia um conjunto de

---

[20] A esse respeito, ver Robertson (1992, p.30-1) e Feierman (1995, p.48-9).
[21] Para uma crítica, ver Blaut (2000, p.78-112).

sociedades separadas e via os laços entre eles, inclusive os econômicos, como uma ameaça ao seu próprio poder. Na China, havia Estado demais, ao passo que no mundo islâmico havia pouco demais – os governos eram fracos demais ou efêmeros demais para prestarem os serviços necessários a uma sociedade comercial (Hall, 1985, 1988).

Se Adam Smith estava certo (como acredita Hall) ao sugerir que as condições políticas necessárias para "o mais alto grau de opulência" são simplesmente "paz, impostos simples e uma administração tolerável da justiça" (Smith apud Hall, 1986, p.154), a Europa era um exemplo da áurea mediocridade. Na Europa, a Igreja e o Império neutralizavam-se reciprocamente, permitindo assim o surgimento de um "sistema multipolar" de Estados concorrentes, em que eram prestados serviços aos comerciantes sem muita interferência em seus negócios. Esse sistema de Estados removeu os principais obstáculos ao surgimento do capitalismo e explica o "dinamismo único" do Ocidente. Essa abordagem também foi criticada como eurocêntrica. A resposta de Gellner a essa crítica foi dizer que a visão de que os europeus "constituem o modelo que explica tudo o mais" foi abandonada, substituída pela ideia de que "somos uma aberração que só pode ser entendida investigando-se as outras formas sociais, mais típicas" (Gellner, 1988).[22]

Como uma velha civilização em que ocorreu uma série de inovações tecnológicas, da pólvora à prensa de impressão, a China suscita problemas particulares para quem quer que se empenha em explicar a ascensão do Ocidente. Um grande sinólogo, Mark Elvin, apresentou uma solução engenhosa há uma geração, afirmando que os chineses não foram os pioneiros numa revolução industrial porque foram pegos na "armadilha do equilíbrio de alto nível" que possibilitava o "crescimento quantitativo", mas encorajava a imobilidade qualitativa" (1973, p.285-316), o equivalente local da "história imóvel" de Le Roy Ladurie. Um recente desafio a essa interpretação

---

[22] Para uma crítica, ver Blaut (2000, p.128-48).

veio de Kenneth Pomeranz (2000), que alega que a "grande divergência" entre a China e o Ocidente não aconteceu por volta de 1500, como afirmaram muitos historiadores, mas 300 anos depois, e isso resultou essencialmente do controle europeu sobre os recursos das Américas (Goody, 2004).

São graves as implicações desse argumento para a escrita da história mundial. Se a ascensão do Ocidente só começou em 1800, há razões ainda mais fortes do que antes para descentrar as histórias do mundo. Para ser bem-sucedido nesse descentramento, será necessário que estudiosos de diferentes continentes escrevam livros em parceria, não só em grandes equipes como a *História da humanidade* da Unesco, mas também em grupos de três ou quatro pessoas, possibilitando o diálogo intenso e talvez o que Gadamer chamou de "fusão de horizontes" (Chakrabarty, 2000). Mesmo assim, persiste um problema sério: como mostrar aos leitores a "visão geral" sem voltar à eurocêntrica "Grande Narrativa".

## Globalização

Estão cada vez mais comuns as histórias do mundo. Em inglês, a *História universal* de McNeill beneficiou-se praticamente de um monopólio durante décadas, pelo menos no campo acadêmico, mas hoje tem vários competidores. Entre 1998 e 2000, foram publicados três ensaios importantes sobre a história do mundo: *Armas, germes e aço* de Jared Diamond, *Riqueza e pobreza das nações* de David Landes, e *The World and the West* [O Mundo e o Ocidente] de Philip Curtin, todos eles mais ou menos ao mesmo tempo que uma nova *História da humanidade* em diversos volumes, patrocinada pela Unesco.

Tanto o estímulo a se escreverem livros desse tipo quanto o estímulo a criticá-los como eurocêntricos podem ser vistos como sinais da "globalização" de nossa época, no sentido de uma maior consciência do mundo como um todo, resultante da crescente intensidade da comunicação intercontinental. Essa tendência cultural estende-se à História (mesmo que muitas obras de História ainda sejam escritas numa perspectiva nacional) e também à teoria social. O sonho de Gilberto Freyre de uma tropicalização da teoria social vem aos poucos tornando-se realidade, sendo os estudos pós-coloniais um exemplo esplêndido da tendência.

Como o pós-modernismo, com que está ligada, a ideia de globalização tornou-se tema de debate e mais uma vez um debate em que os historiadores desempenharam – pelo menos até recentemente – um papel relativamente pequeno, ainda que "globalização" descreva uma tendência ao longo do tempo (Hopkins, 2002, p.1-10). A história da globalização está só começando a ser escrita, adotando o tema de McNeill de uma tendência de longo prazo na direção de interações cada vez mais intensas entre diferentes partes do mundo, mas liberando-o da pesada questão da ascensão do Ocidente. Essa história é uma possível arena para interações cada vez mais intensas entre História e teoria – econômica, social, política ou cultural. Os geógrafos têm analisado a "compressão" do mundo e o "desenraizamento" [*placelessness*] resultante do surgimento de novas formas de comunicação; os economistas vêm estudando a ascensão das empresas transnacionais; e os especialistas em política têm debatido o declínio do Estado-nação e a possível ascensão da democracia cosmopolita. Os sociólogos têm perguntado se a cultura mundial vem tornando-se mais homogênea ou mais complexa. Os antropólogos, cujos objetos tradicionais de interesse estão desaparecendo, vêm voltando a atenção para a interação entre o local e o global ou para o que Arjun Appadurai chama de "esferas públicas em diáspora" e "associações fundadas nos *mass-media*", comunidades imaginadas espalhadas pelo mundo, mas reunidas pela televisão e pela internet.[23]

Aquilo com que os historiadores podem contribuir para essa conversação multidisciplinar é um senso mais agudo de processo,

---

[23] Uma minúscula seleção de uma literatura que cresce cada vez mais: Hannerz (1992, 1996), Robertson (1992), Massey (1994), Archibugi e Held (1995), Appadurai (1996) e Steger (2003).

tornando a relação entre o presente e o passado mais visível. O termo "globalização" foi usado na década de 1980 e adotado – globalmente – na década de 1990, mas o processo por ele descrito é muito mais velho. Se definirmos globalização em termos de relações cada vez mais próximas entre povos de diferentes partes do mundo, é claro que o processo vem ocorrendo há milhares de anos, por mais que se tenha acelerado nas últimas duas ou três décadas. Alguns analistas, como o teórico Christopher Bayly, dividem o processo em etapas, como a "globalização arcaica", seguida pela "protoglobalização" dos séculos XVII e XVIII (quando as Companhias das Índias Orientais holandesa e britânica já eram empresas transnacionais), a "globalização moderna" de 1800 a 1950, e desde então a globalização "pós-colonial". Um bom número de historiadores ressaltaram a importância do fim do século XIX como um ponto crucial, não só na história de um mercado mundial, mas também na das comunicações globais, graças ao telégrafo e ao telefone (Robertson, 1992, p.57-60; Hopkins, 2002; Bayly, 2004).

Se uma das contribuições dos historiadores ao debate global é a de lembrar os participantes há quanto tempo o processo de interação vem ocorrendo, outra é a de apontar os limites da globalização no presente, sobretudo no que diz respeito à identidade global. Como Braudel gostava de ressaltar, diferentes tipos de troca acontecem em velocidades diferentes. Hoje a tecnologia caminha tão rapidamente que deixa tonta a maioria de nós. As instituições ficam para trás, apesar da necessidade de adaptá-las ao mundo em mutação. Ainda mais lentas são as mudanças nas mentalidades: isso acontece necessariamente, dada a importância dos primeiros dois ou três anos para o desenvolvimento futuro de cada indivíduo.

No século XIX, por exemplo, as nações eram construídas muito mais rapidamente do que as identidades nacionais. Como observou um líder político, depois de fazer a Itália, agora era necessário fazer os italianos. Analogamente, tentativas de criar uma identidade europeia ficaram para trás das instituições da União Europeia – e antes que o problema de se criar uma identidade europeia fosse resolvido, já foi superado pelos acontecimentos ou, mais exatamente, pela tendência à globalização.

Esperamos que uma abordagem mais global da História e da teoria social venha a se tornar mais comum num futuro não muito distante, não só estudando o processo de hibridação cultural como também o exemplificando.

## Para concluir

Este ensaio foi uma tentativa deliberada de ficar a meio caminho entre o que David Hume costumava chamar de "entusiasmo" e a "superstição" – nesse caso, a exaltação não crítica das novas abordagens e a devoção cega à prática tradicional. Espero vir a persuadir os historiadores a levarem a teoria social mais a sério do que muitos deles hoje a levam, e os teóricos sociais a se interessarem mais pela História.

Deve ter ficado claro agora, se já não era óbvio desde o começo, que os empiristas e os teóricos não são dois grupos estanques, mas as duas extremidades de um espectro. Tendem a acontecer empréstimos de disciplinas vizinhas no lado teórico. Assim, os historiadores tomam emprestado dos antropólogos, que tomam emprestado dos linguistas, que tomam emprestado dos matemáticos.

Em contrapartida, os historiadores, como os etnógrafos, oferecem advertências sobre a complexidade e a variedade da experiência humana e das instituições que a teoria inevitavelmente simplifica. Como tentei argumentar mais acima,[24] simplificar é a função deles, a contribuição deles à divisão do trabalho entre abordagens e disciplinas. O que essa variedade sugere, porém, é que a teoria não pode nunca ser simplesmente "aplicada" ao passado.

O que a teoria social pode fazer, por outro lado, é sugerir novas perguntas para os historiadores formularem acerca da "sua" época, ou novas respostas a perguntas bem-conhecidas. Também as teorias

---

[24] Ver, no capítulo 2 "Modelos e métodos", a seção "Modelos e tipos".

vêm em variedade quase infinita, o que provoca problemas para os que pretendem usá-las. Primeiro, há o problema da escolha entre teorias rivais, em geral com base no encaixe mais ou menos perfeito entre a teoria geral e a questão específica que o historiador tem em mente. Há também o problema de se reconciliar a teoria e suas implicações com o aparato conceitual inteiro do que toma emprestado. Este ensaio pode talvez parecer a alguns de seus leitores mais filosóficos como uma apologia do ecletismo, acusação feita com frequência (às vezes com justiça) contra os historiadores que se apropriam de conceitos e teorias para uso em seu próprio trabalho. No que diz respeito a este ensaio, porém, nego a acusação, pelo menos se ecletismo for definido como uma tentativa de defender ao mesmo tempo proposições incoerentes. Se, por outro lado, o termo significa apenas encontrar ideias em diferentes lugares, então fico feliz em confessar-me um eclético. Pode-se dizer que é a marca do bom historiador, e do bom teórico também, estar aberto a novas ideias, vindas de onde vierem, e ser capaz de adaptá-las a nossos próprios propósitos e de encontrar maneiras de testar sua validade.

Para resumir o valor da teoria numa única sentença, poderíamos dizer que, como a comparação, ela amplia a imaginação dos historiadores, tornando-os mais conscientes de alternativas a seus pressupostos e explicações habituais.

# Bibliografia[1]

ABBOTT, H. P. *The Cambridge Introduction to Narrative*. Cambridge: Cambridge University Press, 2002.

ABERCROMBIE, N.; HILLIS, S.; TURNER, B. S. *The Dominant Ideology Thesis*. London: Allen & Unwin, 1980.

ABRAMS, P. Towns and Economic Growth: Some Theories and Problems. In: ABRAMS, P.; WRIGLEY, E. A. (Orgs.). *Towns in Societies*: Essays in Economic History and Historical Sociology. Cambridge: Cambridge University Press, 1978. p.9-33.

_____. *Historical Sociology*. Shepron Mallett, UK: Open House, 1982.

ABU-LUGHOD, J. L. *Before European Hegemony*: the World System A.D. 1250-1350. New York: OUP, 1989.

AGNEW, J. A.; DUNCAN, J. S. (Orgs.). *The Power of Place*: Bringing Together Geographical and Sociological Imaginations. Boston: Unwin Hyman, 1989.

---

[1] Duas recentes e úteis obras de referência são: DELANTY, G.; ISIN, E. F. (Orgs.). *Handbook of Historical Sociology*. London: Sage, 2003; STEARNS, P. N. (Org.). *Encyclopaedia of European Social History from 1350 to 2000*. New York: Scribner, 2001. 6v. A lista de livros e artigos que se segue limita-se às obras citadas no texto.

AGULHON, M. *La république au village*. Paris: Plon, 1970.
AHEARNE, J. *Michel de Certeau*: Interpretation and Its Other. Cambridge: Polity Press, 1995.
ALLPORT, G.; POSTMAN, L. *The Psychology of Rumor*. New York: Holt, 1947.
ALMOND, G. A.; VERBA, S. *The Civic Culture*: Political Attitudes and Democracy in Five Nations. Princeton, NJ: Princeton University Press, 1963.
ALTHUSSER, L. *Lenine et la philosophie*. Paris: Maspero, 1969. [Ed. port.: *Lenine e a filosofia*. Lisboa: Estampa, 1974.]
AMIN, A.; THRIFT, N. *Cities*: Re-Imagining the Urban. Cambridge: Polity Press, 2002.
AMSELLE, J.-L. *Logiques métisses*: anthropologie de l'identité en Afrique et Ailleurs Paris. Paris: Payot, 1990.
ANDERSON, B. *Imagined Communities*: Reflections on the Origen and Spread of Nationalism. London: New Left Book, 1983. [Ed. bras.: *Comunidades imaginadas*. São Paulo: Companhia das Letras, 2008.]
_____. *Language and Power*: Exploring Political Cultures in Indonesia. Ithaca, NY: Cornell University Press, 1990.
ANDERSON, P. *Lineages of the Absolutist State*. London: Verso, 1974. [Ed. bras.: *Linhagens do Estado absolutista*. Rio de Janeiro: Brasiliense, 1995.]
_____. The Antinomies of Antonio Gramsci. *New Left Review*, n.100, p.5-36, 1976. [Ed. bras.: As antinomias de Antonio Gramsci. In: ANDERSON, P. et al. *As antinomias de Gramsci: a estratégia revolucionária na atualidade*. São Paulo: Joruês, 1986.]
_____. *The Origins of Postmodernity*. London: Verso, 1998. [Ed. bras.: *As origens da pós-modernidade*. Rio de Janeiro: Jorge Zahar, 1999.]
ANKARLOO, B.; HENNINGSEN, G. (Orgs.). *Early Modern European Witchcraft*: Centers and Peripheries. Oxford: Oxford University Press, 1990.
APPADURAI, A. *Modernity at Large*: Cultural Dimensions of Globalization. Minneapolis: Minnesota University Press, 1996. [Ed. port.: *Dimensões culturais da globalização*. Lisboa: Teorema, 2005.]

ARCHIBUGI, D.; HELD, D. (Orgs.). *Cosmopolitan Democracy*: an Agenda for a New World Order. New York: John Whiley & Sons, 1995.

ARDENER, E. Belief and the Problem of Women. In: ARDENER, S. (Org.). *Perceiving Women*. London: JM Dent & Sons, 1975. p.1-27.

ARIÈS, P. *L'enfant et la vie en familiale sous l'ancient régime*. Paris: Pion, 1960. [Ed. bras.: *A história social da criança e da família*. Rio de Janeiro: LTC, 1981.]

ARON, R. *Main Currents in Sociological Thought*. London: Weidenfeld & Nicolson, 1965. [Ed. bras.: *As etapas do pensamento sociológico*. São Paulo: Martins Fontes, 2007.]

ASSMANN, J. *Das kulturelle Gedächtnis*: Schrift, Erinnerung und Politisches Identität in frühen Hochkulturen. München: C. H. Beck, 1992.

_____. Collective Memory and Cultural Identity. *New German Critique*, n.65, p.125-133, 1995.

ATKINSON, P. *The Ethnographic Imagination*: Textual Constructions of Reality. London: Routledge, 1990.

ATSMA, H.; BURGUIÈRE, A. (Orgs.). *Marc Bloch aujourd'hui*: histoire comparée et sciences sociales. Paris: EHESS, 1990.

AVINERI, S. *Karl Marx on Colonialism and Modernization*: His Dispatches and Other Writings on China, India, Mexico, the Middle East and North Africa. New York: Anchor Books, 1969.

AYA, R. *Rethinking Revolution and Collective Violence*: Studies on Concept, Theory and Method. Amsterdam: Het Spinhuis, 1990.

BACHRACH, P.; BRATZ, M. S. The Two Faces of Power. *American Political Science Review*, v.56, n.4, p.947-52, dez. 1962. [Ed. bras.: Duas faces do poder. *Revista de Sociologia e Política*, v.19, n.40, p.149-57, 2011.]

BAECHLER, J.; HALL, J.; MANN, M. (Orgs.). *Europe and the Rise of Capitalism*. Oxford: Blackwell, 1988.

BAILEY, P. *The Kingdom of Individuals*: an Essay on Self-Respect and Social Obligation. Ithaca, NY: Cornell University Press, 2003.

BAILEY, P. "Will the Real Bill Banks Please Stand Up?" Towards a Role Analysis of Mid-Victorian Working-Class Respectability. *Journal of Social History*, v.12, n.3, p.336-53, 1979.

BAKER, K. M. (Org.). *The Political Culture of the Old Regime*. Oxford: Pergamon Press, 1987.

BAKHTIN, M. The Problem of Speech Genres (1952-1953). In: EMERSON, C.; HOLQUIST, M. (Orgs.). *Speech Genres and Other Late Essays*. Austin: University of Texas Press, 1986. p.60-102.

_____. *Rabelais and his World*. Cambridge, Mass.: MIT Press, 1965.

_____. *The Dialogic Imagination*: four essays. Austin: University of Texas Press, 1981.

BARTH, F. *Political Leadership Among the Swat Pathans*. London: The Athlone Press, 1959.

BARTLETT, F. *Trial by Fire and Water*. Oxford: Clarendon, 1986.

BASCOM, W. R.; HERSKOVITS, M. J. (Orgs.). *Continuity and Change in African Cultures*. Chicago: Chicago University Press, 1959.

BAUMAN, Z. *Liquid Modernity*. Cambridge: Polity Press, 2000. [Ed. bras.: *Modernidade líquida*. Rio de Janeiro: Jorge Zahar, 2001.]

BAUMANN, G. *Contesting Culture*: Discourses of Identity in Multi--Ethnic London. Cambridge: Cambridge University Press, 1996.

BAYLY, C. A. *The Birth of the Modern World, 1780-1914*. Oxford: Blackwell, 2004.

BECK, U. *Conversations*. Cambridge: Cambridge University Press, 2002.

BELLAH, R. J. *Tokugawa Religion*. Glencoe, Ill.: Free Press, 1957.

_____. Durkheim and History. In: NISBET, R. A. (Org.). *Emile Durkheim*. Englewood Cliffs, NJ: Prentice-Hall, 1965. p.153-76.

BENDIX, R. The Comparative Analysis of Historical Change. In: BENDIX, R.; ROTH, G. *Scholarship and Partisanship*. Berkeley: University of California Press, 1971. p.207-24.

BERCÉ, Y.-M. *Histoire des croquants*: étude des soulèvements populaires au XVIIe siècle dans le sud-ouest de la France. Paris; Genève: Librairie Droz, 1974.

BERGER, P.; LUCKMANN, T. *The Social Construction of Reality*: a Treatise Its the Sociology of Knowledge. Garden City, NY: Anchor Books, 1966.

BERKHOFER, R. F., Jr. *Beyond the Great Story*: History as Text and Discourse. Cambridge, MA: Belknap Press of Harvard University Press, 1995.

BESTOR, J. F. Marriage Transactions in Renaissance Italy and Mauss's Essay on Gift. *Past and Present*, v.164, n.1, p.6-46, 1999.

BÉTEILLE, A. *Some Observations on the Comparative Method*. Amsterdam: Casa, 1991.

BHABHA, H. K. *The Location of Culture*. London: Routledge, 1994. [Ed. bras.: *O local da cultura*. Belo Horizonte: Editora da UFMG, 2003.]

BLAUT, J. M. *Eight Eurocentric Historians*. New York: Guilford Press, 2000.

BLOCH, M. *Le rois thaumaturges*: étude sur le caractère surnaturel attribué à la puissance royale particulièrement en France et en Angleterre. Strasbourg; Paris: Libraire Istra, 1924. [Ed. bras.: *Os reis taumaturgos*. São Paulo: Companhia das Letras, 1993.]

_____. A Contribution Towards a Comparative History of European Societies. In: _____. *Land and Work in Medieval Europe*. London: Routledge; Kegan Paul, 1967. p.44-76.

_____. *Le societé féodale*. Paris: Albin Michel, 1939-1940. 2v. [Ed. port.: *A sociedade feudal*. Lisboa: Edições 70, 2006.]

BLOK, A. *Honour and Violence*. Cambridge: Polity Press, 2001.

BOAS, F.; CODERE, H. F. (Orgs.). *Kwakiutl Ethnography*. Chicago: Chicago University Press, 1966.

BOER, P. den. *History as Profession*: the Study of History in France, 1818-1914. Princeton, NJ: Princeton University Press, 1998.

BOURDIEU, P. *Esquisse d'une théorie de la pratique*: précédé de trois études d'ethnologie kabyle. Genève: Droz, 1972. [Ed. port.: *Esboço de uma teoria da prática*: precedido de três estudos de etnologia Cabila. Oeiras: Celta Editora, 2002.]

BOURDIEU, P. *La distinction*: critique sociale du jugement. Paris: Minuit, 1979. [Ed. bras.: *A distinção*: crítica social do julgamento. São Paulo EDUSP; Porto Alegre: Zouk, 2007.]

_____. *The Field of Cultural Production*: Essays on Art and Literature. Cambridge: Polity Press, 1993.

BOURDIEU, P.; PASSERON, J.-C. *Reproduction in Education Society and Culture*. London; Beverly Hills, CA: Sage, 1970.

BRAUDEL, F. *La Méditerranée et le monde méditerranéen à l'epoque de Philippe II*. Paris: A. Colin, 1949. v.3.

_____. Histoire et sciences sociales: la longue durée. *Annales ESC*, v.13 n.4, p.725-753, 1958. [Ed. bras.: *História e ciências sociais: a longa duração*. In: _____. *Escritos sobre a História*. São Paulo: Perspectiva, 1992. p.41-78].

_____. *Civilisation matérielle, économie et capitalisme (XV$^e$-XVIII$^e$ siècles)*. Paris: Armand Colin, 1979. 3v. [Ed. bras.: *Civilização material, economia e capitalismo*. São Paulo: Martins Fontes, 1996. 3v.]

BREWER, J.; PORTER, R. (Orgs.). *Consumption and the World of Goods*. London: Routledge, 1993.

BRIDENTHAL, R.; KOONTZ, C. (Orgs.). *Becoming Visible*: Women in European History. Boston: Houghton Mifflin, 1977.

BRIGDEN, S. Youth and the English Reformation. *Past and Present*, v.95, n.1, p.37-67, 1982.

BRIGGS, A. The language of class. In: COLLECTED Essays of Asa Briggs. Urbana; Chicago: University of Illinois Press, 1985. v.1, p.3-33.

BRIGGS, A.; BURKE, P. *A Social History of the Media from Gutenberg to the Internet*. Cambridge: Polity Press, 2002. [Ed. bras.: *Uma história social da mídia*. Rio de Janeiro: Jorge Zahar, 2006.]

BROWN, P. *The World of Late Antiquity*: from Marcus Aurelius to Muhammed. London: Thames & Hudson, 1971. [Ed. port.: *O fim do mundo clássico*: de Marco Aurélio à Maomé. Lisboa: Verbo, 1972.]

_____. Society and the Supernatural. *Daedalus*, v.104, p.133-47, 1975.

BRUCKER, G. Civic Traditions in Premodern Italy. *Journal of Interdisciplinary History*, v.29, n.3, p.357-77, 1999.
BRYANT, C. G. A.; JARY, D. *Giddens' Theory of Structuralism*: a Critical Appreciation. London: Routledge, 1991.
BRYSON, A. *From Courtesy to Civility*: Changing Codes of Conduct in Early Modern England. Oxford; New York: Clarendon Press, 1998.
BUISSERET, D.; REINHARDT, S. G. (Orgs.). *Creolization in the Americas*. College Station: Texas A&M University Press, 2000.
BULHOF, I. N. Johan Huizinga, Ethnographer of the Past. *Clio*, v.4, n.2, p.201-24, 1975.
BURKE, P. *Culture and Society in Renaissance Italy, 1420-1540*. London: Batsford, 1972. [Ed. bras.: *Renascimento italiano*: cultura e sociedade na Itália. São Paulo: Nova Alexandria, 2010.]
_____. *Venice and Amsterdam*: a Study of Seventeenth-Century Elites. London: Temple Smith, 1974. [Ed. bras.: *Veneza e Amsterdã*: um estudo das elites do século XVII. São Paulo: Brasiliense, 1991.]
_____. *Popular Culture in Early Modern Europe*. New York: Harper & Row, 1978. [Ed. bras.: *Cultura popular na Idade Moderna*: Europa, 1500-1800. São Paulo: Cia. das Letras, 1989.]
_____. City-states. In: HALL, J. A. *States in History*. Oxford: Blackwell, 1986. p.137-53. [Ed. bras.: *Os Estados na história*. Rio de Janeiro: Imago, 1992.]
_____. *Historical Anthropology of Early Modern Italy*. Cambridge: Cambridge University Press, 1987.
BURKE, P. Ranke the Reactionary. *Syracuse Scholar*, v.9, p.25-30, 1988.
_____. *The French Historical Revolution*: The Annales School 1929-1989. Cambridge: Polity Press, 1990. [Ed. bras.: *Revolução francesa da historiografia*: a Escola dos Annales (1929-1989). São Paulo: Editora da Unesp, 1992.]
_____. The History of Events and the Revival of Narrative. In: _____. (Org.). *New Perspectives on Historical Writing*. Cambridge: Polity Press, 1991. p.283-300. [Ed. bras.: *A escrita da história*: novas perspectivas. São Paulo: Editora da Unesp, 2001.]

BURKE, P. *The Fabrication of Louis XIV*. New Haven; London: Yale University Press, 1992a. [Ed. bras.: *A fabricação do rei*: a construção da imagem pública de Luís XIV. Rio de Janeiro: Jorge Zahar, 1994.]

_____. The Language of Orders in Early Modern Europe. In: BUSH, M. L. *Social Orders and Social Classes in Europe since 1500*: Studies in Social Stratification. London: Longman, 1992b. p.1-12.

_____. *Varieties of Cultural History*. Cambridge: Polity Press, 1997. [Ed. bras.: *Variedades de história cultural*. Rio de Janeiro: Civilização Brasileira, 2006.]

_____. *A Social History of Knowledge from Gutenberg to Diderot*. Cambridge: Polity Press, 2000. [Ed. bras.: *Uma história social do conhecimento*. Rio de Janeiro: Jorge Zahar, 2003.]

_____. Decentering the Renaissance. In: MILNER, S. (Org.). *At the Margins*: Minority Groups in Pre-Modern Italy. Minneapolis: University of Minnesota Press, 2004a.

_____. Is There a Cultural History of the Emotions? In: GOUK, P.; HILLS, H. (Orgs.). *Representing Emotions*: New Connections in the Histories of Art, Medicine, and Music. Aldershot: Ashgate, 2004b.

_____. *What is Cultural History?* Cambridge: Polity Press, 2004c. [Ed. bras.: *O que é história cultural*. Rio de Janeiro: Jorge Zahar, 2005.]

_____. Performing History. *Rethinking History*, v.9, n.1, p.35-52, 2005.

BURKE, P.; PORTER, R. (Orgs.). *The Social History of Language*. Cambridge: Polity Press, 1997. [Ed. bras.: *História social da linguagem*. São Paulo: Editora da Unesp, 2005.]

_____. (Orgs.). *Language, Self and Society*: a Social History of Language. Cambridge: Polity Press, 1991. [Ed. bras.: *Linguagem, indivíduo e sociedade*: história social da linguagem. São Paulo: Editora da Unesp, 1993.]

BURROW, J. W. *Evolution and Society*. Cambridge: Cambridge University Press, 1965.

_____. *A Liberal Descent*: Victorian Historians and the English Past. Cambridge: Cambridge University Press, 1981.

BUSH, M. L. (Org.). *Social Orders and Social Classes Europe since 1500*: Studies in Social Stratification. London: Longman, 1992. p.1-12.

BUTLER, J. *Gender Trouble*: Feminism and the Subversion of Identity. London: Routledge, 1990. [Ed. bras.: *Problemas de gênero*: feminismo e subversão da identidade. Rio de Janeiro: Civilização Brasileira, 2003.]

BUTTERFIELD, H. *The Whig Interpretation of History*. London: Bell, 1931.

_____. *The Origins of Modern Science*. London: Bell, 1949.

BYNUM, C. W. *Jesus as Mother*: Studies in the Spirituality of the High Middle Age. Berkeley: University of California Press, 1982.

CAHILL, J. *The Compelling Image*: Nature and Style in Seventeenth-Century Chinese Painting. Cambridge, MA: Harvard University Press, 1982.

CALHOUN, C. (Org.). *Habermas and the Public Sphere*. Cambridge, MA: MIT Press, 1992.

CAMPBELL, C. *The Romantic Ethic and the Spirit of Modern Consumerism*. Oxford: Blackwell, 1987. [Ed. bras.: *Ética romântica e o espírito do consumismo moderno*. Rio de Janeiro: Rocco, 2001.]

CANCLINI, N. G. *Culturas híbridas*: estrategias para entrar y salir de la modernidad. México: Grijalbo, 1989. [Ed. bras.: *Culturas híbridas*: estratégias para entrar e sair da modernidade. São Paulo: Edusp, 2006.]

CANNADINE, D. *Class in Britain*. New Haven: Yale University Press, 1989.

CUNHA, M. M. L. C. *Negros, estrangeiros*: os escravos libertos e sua volta à África. São Paulo: Brasiliense, 1985.

CARRITHERS, M.; COLLINS, M.; LUKES, S. (Orgs.). *The Category of the Person*: Anthropology, Philosophy, History. Cambridge: Cambridge University Press, 1985.

CASEY, J. *The History of the Family*. Oxford: Blackwell, 1989.

CASTELLS, M. Is there an Urban Sociology? In: PICKVANCE, C. G. (Org.). *Urban Sociology*: Critical Essays. London: Tavistock, 1976. p.33-59.

CASTELLS, M. *The Information Age*: Economy, Society and Culture: The Rise of the Network Society. Oxford: Blackwell, 1996. v.1. [Ed. bras.: *A era da informação*: a sociedade em rede. Rio de Janeiro: Paz e Terra, 2007.]

CASTELNUOVO, E.; GINZBURG, C. Centro e periferia. In: *STORIA dell'arte italiana*. Torino: Giulio Einaudi, 1979. v.1.

CASTORIADIS, C. *The Imaginary Institution of Society*. Cambridge: Polity Press, 1987. [Ed. bras.: *A instituição imaginária da sociedade*. Rio de Janeiro: Paz e Terra, 1995.]

CASTRÉN, A.-M.; LONKILA, M.; PELTONEN, M. (Orgs.). *Between Sociology and History*: Essays on Microhistory, Collective Action, and Nation-Building. Helsinki: Finnish Literature Society, 2004.

CERTEAU, M. L'invention du quotidien. Paris: UGE, 1980. [Ed. bras.: *A invenção do cotidiano*. São Paulo: Vozes, 1994. 2v.]

CERTEAU, M.; REVEL, J.; JULIA, D. *Une politique de la langue*: la Révolution française et les patois. Paris: Gallimard, 1976.

CERUTTI, S. Micro-History: Social Relations Versus Cultural Models? In: CASTRÉN, A.-M.; LONKILA, M.; PELTONEN, M. (Orgs.). *Between Sociology and History*: Essays on Microhistory, Collective Action, and Nation-Building. Helsinki: Finnish Literature Society, 2004. p.17-40.

CHABAL, P.; DALOZ, J.-P. *Africa Works*: Disorder as Political Instrument. Indianapolis: Indiana University Press, 1999.

CHAFFEE, J. W. *The Thorny Gates of Learning in Sung China*: A Social History of Examinations. Cambridge: Cambridge University Press, 1985.

CHAKRABARTY, D. *Provincializing Europe*: Postcolonial Thought and Historical Difference. Princeton, NJ: Princeton University Press, 2000.

_____. Subaltern Studies and Postcolonial Historiography. In: DELANTY, G.; ISIN, E. F. (Orgs.). *Handbook of Historical Sociology*. London: Sage, 2003. p.191-204.

CHARLE, C. *Naissance des "intellectuels" 1880-1900*. Paris: Minuit, 1990.

CHARTIER, R. (Org.). *Les usages de l'imprimé* (XVème - XIXème siècle). Paris: Fayard, 1987.

_____. *On the Edge of the Cliff*: History, Language and Practices. Baltimore; London: John Hopkins University Press, 1997.

CHATURVEDI, V. (Org.). *Mapping Subaltern Studies and the Postcolonial*. London: Verso, 2000.

CHAYANOV, A. V. *The Theory of the Peasant Economy*. Madison: The University of Wisconsin Press, 1986, [1925].

CHICKERING, R. *Karl Lamprecht*: A German Academic Life. Atlantic Heights, NJ: Academic Press, 1993.

CLAMMER, J. *Contemporary Urban Japan*: A Sociology of Consumption. London: Blackwell, 1997.

CLARK, P. *British Clubs and Societies 1580-1800*: The Origins of an Associational World. Oxford: Clarendon Press, 2000.

CLARK, S. *Thinking with Demons*: The Idea of Witchcraft in Early Modern Europe. Oxford: Clarendon, 1997. [Ed. bras.: *Pensando com demônios*. São Paulo: Edusp, 2006.]

CLIFFORD, J. *The Predicament of Culture*: Twentieth-Century Ethnography, Literature and Art. Cambridge, MA: Harvard University Press, 1988. [Ed. bras.: *A experiência etnográfica*: antropologia e cultura no século XX. Rio de Janeiro: Editora da UFRJ, 2000.]

CLIFFORD, J.; MARCUS, G. (Orgs.). *Writing Culture*. Berkeley: University of California Press, 1986.

CODERE, H. *Fighting with Property*: A Study of Kwakiutl Potlatching and Warfare. New York: J. Augustin, 1950.

COHEN, A. P. *The Symbolic Construction of Community*. Chichester: Ellis Horwood, 1985.

COHEN, G. A. *Karl Marx's Theory of History*: a defense. Princeton: Princeton University Press, 1978.

COHEN, S. *Folk Devils and Moral Panics*: The Creation of the Mods and Rockers. Oxford: MacGibbon & Kee, 1972.

COHN, B. An Anthropologist among the Historians. In: _____. *An Anthropologist among the Historians and Other Essays*. Delhi: Oxford University Press, 1987. p.1-17.

COHN, N. *Europe's Inner Demons*: An Inquiry Inspired by the Great Witch Hunt. New York: Basic Books, 1975.

COLEMAN, J. S. *Foundations of Social Theory*. Cambridge, MA: Harvard University Press, 1990.

CONFINO, A. Collective Memory and Cultural History: Problems of Method. *American Historical Review*, v.102, n.5, p.1386-403, 1997.

CONNERTON, P. *How Societies Remember*. Cambridge: Cambridge University Press, 1989. [Ed. bras.: *Como as sociedades recordam*. Lisboa: Celta, 1997.]

CORFIELD, P. (Org.). *Language, History and Class*. Oxford: Oxford University Press, 1991.

COSER, L. *Greedy Institutions*: Patterns of Undivided Commitment. New York: Free Press, 1974.

COX, J.; STROMQUIST, S. (Orgs.). *Contesting the Master Narrative*. Iowa City: Iowa University Press, 1998.

CROSBY, A. W. *Ecological Imperialism*: The Biological Expansion of Europe 900-1900. New York: Cambridge University Press, 1986. [Ed. bras.: *Imperialismo ecológico*. São Paulo: Companhia de Bolso, 2011.]CULLER, J. *The Pursuit of Signs*: Semiotics, Literature, Deconstruction. London: Routledge and Kegan Paul, 1980.

_____. *On Deconstruction*. London: 1983. [Ed. bras.: *Sobre a desconstrução*. Rio de Janeiro: Rosa dos Tempos, 1997.]

CUNNINGHAM, A.; WILLIAMS, P. De-Centering the "Big Picture": the Origins of Modern Science and the Modern Origin of Science. *British Journal of History of Science*, v.26, n.4, p.407-32, 1993.

CURTIN, P. D. *The World and the West*: The European Challenge and the Overseas Response in the Age of Empire. Cambridge: *Cambridge* University Press, 2000.

DAHL, R. A. A Critique of the Ruling Elite Model. *The American Political Science Review*, v.52, n.2, p.463-9, jun. 1958.

DAHRENDORF, R. *Soziale Klassen und Klassenkonflikt in der Industriellen Gesellschaft*. Stuttgart: Ferdinand Enkc, 1957.

DARNTON, R. History of Reading. In: BURKE, P. (Org.). *New Perspectives on Historical Writing*. Cambridge: Polity Press, 1991. p.157-86.

_____. *The Forbidden Best-Sellers of Pre-Revolutionary France*. New York: W. W. Norton & Company, 1995.

DAVIS, J. *Exchange*: Concepts of Tought. London: University Of Minnesota Press, 1992.

DAVIS, N. Z. *Society and Culture in Early Modern France*. Stanford, CA.: Stanford University Press, 1975.

_____. *The Return of Martin Guerre*. Cambridge, MA: Harvard University Press, 1983. [Ed. bras.: *O retorno de Martin Guerre*. Rio de Janeiro: Paz e Terra, 1987.]

_____. *Fiction in the Archives*. Cambridge, MA: Harvard University Press, 1987.

_____. *The Gift in Sixteenth-Century France*. Oxford: Oxford University Press, 2000.

DEKKER, R.; POL, L. *The Tradition of Female Transvestism in Early Modern Europe*. London: Macmillan, 1989.

DERRIDA, J. *De la grammatologie*. Paris: Seuil, 1967. [Ed. bras.: *Gramatologia*. São Paulo: Perspectiva, 2006.]

_____. *La dissémination*. *Paris: Seuil, 1972.*

DÉTIENNE, M. *Comparer l'incomparable*. Paris: Seuil, 1999.

DIAMOND, J. M. *Guns, Germs and Steel*: A Short History of Everybody for the Last 13,000 Years. London: Chatto & Windus, 1998. [Ed. bras.: *Armas, germes e aço*: as metáforas da dominação. Rio de Janeiro: Record, 2001.]

DIAS, M. O. L. S. *Quotidiano e poder em São Paulo no século XIX*. São Paulo: Brasiliense, 1984.

DIBBLE, V. K. The Comparative Study of Social Mobility. *Comparative Studies in Society and History*, v.3, n.3, p.315-27, 1961.

DIRKS, N. B. *Castes of Mind*: Colonialism and the Making of Modern India. Princeton, NJ: Princeton University Press, 2001.

DITZ, T. L. The New Men's History and the Peculiar Absence of Gendered Power: Some Remedies from Early American. *Gender and History*, v.16, n.1, p.1-35, 2004.

DODDS, E. R. *The Greeks and the Irrational*. Berkeley, CA: University of California Press, 1951. [Ed. bras.: *Os gregos e o irracional*. São Paulo: Escuta, 2002.]

DOLLIMORE, J. *Sexual Dissidence*. Oxford: Clarendon, 1991.

DOUGLAS, M. *Purity and Danger*. London: Routledge & Kegan Paul, 1966. [Ed. bras.: *Pureza e perigo*. São Paulo: Perspectiva, 2010.]

_____. Foreword: No Free Gifts. In: MAUSS, M. *The Gift*. London: Routledge, 1990, [1925]. p.vi-xviii.

DUBY, G. *Guerriers et paysans, VIIe-XIIe siècles*: premier essor de l'économie européenne. Paris: Gallimard, 1973. [Ed. bras.: *Senhores e camponeses*. São Paulo: Martins Fontes, 2001.]

_____. *Les trois ordres ou l'imaginaire du féodalisme*. Paris: Gallimard, 1978. [Ed. port.: *As três ordens ou o imaginário do feudalismo*. Lisboa: Estampa, 1994.]

DUERR, H.-P. *Der Mythos von der Zivilisationsprozess*: Nacktheit und Scham. Frankfurt am Main: Suhrkamp, 1988.

_____. *Der Mythos von der Zivilisationsprozess*: Intimität. Frankfurt am Main: Suhrkamp, 1990.

DUMONT, L. *Homo Hierarquicus*. Paris: Gallimard, 1966.

_____. *From Mandeville to Marx*. Chicago: Chicago University Press, 1977.

DUPRONT, A. De l'acculturation. In: CONGRÈS INTERNATIONAL DÊS SCIENCES HISTORIQUES, 12, 1965, Vienne. *Rapports...* [S.l.: s.n.], 1965. v.1, p.7-36.

DURKHEIM, E. *De La division du travail social*: étude sur l'organisation des sociétés supérieures. Paris: Alcan, 1893. [Ed. bras.: *Da divisão do trabalho social*. São Paulo: Martins Fontes, 2010.]

DURKHEIM, E. *Suicide*: étude sociologique. Paris: Alcan, 1897. [Ed. bras.: *O suicídio*. São Paulo: Martins Fontes, 2011.]

_____. *Les formes élémentaires de la vie religieuse*: le système totémique en Australie. Paris: Alcan, 1912. [Ed. bras.: *Formas elementares da vida religiosa*. São Paulo: Martins Fontes, 2003.]

EDELMAN, M. *Politics as Symbolic Action*: Mass Arousal and Quiescence. Nova York: Academic Press, 1971.

EISENSTADT, S. N. *Tradition, Change and Modernity*. New York: Wiley, 1973.

EISENSTEIN, E. *The Printing Press as an Agent of Change*: Communications and Cultural Transformations in Early Modern Europe. Cambridge: Cambridge University Press, 1979.

_____. *Grub Street Abroad*: Aspects of the French Cosmopolitan Press from the Age of Louis XIV to the French Revolution. Oxford: Clarendon, 1992.

ELIAS, N. *Über den Prozeß der Zivilisation*: Soziogenetische und Psychogenetische Untersuchungen. Basiléia: Verlag Haus zum Falken, 1939. 2v. [Ed. bras.: *O processo civilizador*. Rio de Janeiro: Jorge Zahar: 1994.]

_____. *Die höfische Gesellschaft*: Untersuchungen zur Soziologie des Königtums und der Höfischen Aristokratie. Neuwied/Berlin: Luchterhand, 1969. [Ed. bras.: *A sociedade de corte*. Rio de Janeiro: Jorge Zahar, 2001.]

_____. *Was ist Soziologie?*. München: Juventa, 1978.

ELMAN, B. A. *A Cultural History of Civil Examinations in Late Imperial China*. Berkeley, CA: University of California Press, 2000.

ELVIN, M. *The Pattern of the Chinese Past*. London: Eyre Methuen, 1973.

ERIKSON, E. *Young Man Luther*. New York: W. W. Norton, 1958.

_____. *Gandhi's Truth*: on the Origins of Militant Nonviolence. London: Faber & Faber; New York: W. W. Norton, 1970.

ERIKSON, K. T. Sociology and the Historical Perspective. *The American Sociologist*, v.5, n.4, p.331-8, nov. 1970.

EVANS-PRITCHARD, E. E. *Witchcraft, Oracles and Magic among the Azande*. Oxford: Oxford University Press, 1937. [Ed. bras.: *Bruxaria, óraculos e magia entre os azandes*. Rio de Janeiro: Jorge Zahar, 2004.]

FAIRCLOUGH, N. *Critical Discourse Analysis*: The Critical Study of Language. London; New York: Longaman, 1995.

FARAGO, C. (Org.). *Reframing the Renaissance*. New Haven: Yale University Press, 1995.

FARGE, A.; REVEL, J. *Logiques de la foule*: affaire des enlevements des enfants, Paris 1750. Paris: Hachette, 1988.

FAIERMAN, S. Africa in History: The End of Universal Narratives. In: PRAKASH, G. (Org.). *After Colonialism*. Princeton, NJ: *Princeton* University Press, 1995. p.40-66.

FELDHAY, R. The Cultural Field of Jesuit Science. In: O'MALLEY, J. et al. (Orgs.). *The Jesuits*: Cultures, Sciences and the Arts, 1540-1773. Toronto: University of Toronto Press, 1999. p.107-30.

FELDMAN, D. Class. In: BURKE, P. (Org.). *History and Historians in the Twentieth Century*. Oxford; New York: *Oxford* University Press, 2002. p.181-206.

FEMIA, J. V. *Gramsci's Political Thought*: Hegemony, Consciousness and the Revolutionary Process. Oxford: *Oxford* University Press, 1981.

FENTRESS, J.; WICKHAM, C. *Social Memory*. Oxford: Routledge, 1992.

FIELD, J. *Social Capital*. London: Blackwell, 2003.

FISCHER, D. H. The Braided Narrative: Substance and form in social history. In: FLETCHER, A. (Org.). *The Literature of Fact*. New York: Columbia University Press, 1976. p.109-34.

FOSTER, G. *Culture and Conquest*: America's Spanish heritage. Chicago: Quadrangle Books, 1960.

FOUCAULT, M. *Folie et déraison*: histoire de la folie à l'âge classique. Paris: Plon, 1961.

_____. *Les mots et les choses*: une archéologie des sciences humaines. Paris: Gallimard, 1966. [Ed. bras.: *As palavras e as coisas*. São Paulo: Martins Fontes, 2007.]

FOUCAULT, M. *L'archéologie du savoir*. Paris: Gallimard, 1969. [Ed. bras.: *A arqueologia do saber*. Rio de Janeiro: Forense Universitária, 2008.]

_____. *L'ordre du discours*. Paris: Gallimard, 1971. [Ed. bras.: *A ordem do discurso*. São Paulo: Loyola, 2007.]

_____. *Surveiller et punir*: naissance de la prison. Paris: Gallimard, 1975. [Ed. bras.: *Vigiar e punir*. Vozes: Petrópolis, 2004.]

_____. *Histoire de la sexualité*: La volonté de savoir. Paris: Gallimard, 1976. v.1. [Ed. bras.: *História da sexualidade*: a vontade de saber. Rio de Janeiro: Graal, 1976.]

_____. *Histoire de la sexualité*: L'usage des plaisirs. Paris: Gallimard, 1984a. v.2. [Ed. bras.: *História da sexualidade*: o uso dos prazeres. Rio de Janeiro: Graal, 1984.]

_____. *Histoire de la sexualité*: Le souci de soi. Paris: Gallimard, 1984b. v.3. [Ed. bras.: *História da sexualidade*: o cuidar de si. Rio de Janeiro: Graal, 1986.]

_____. *Power/Knowledge*: Selected Interviews and Other Writings. New York: Pantheon, 1988.

FOX, A.; WOOLF, D. (Orgs.). *The Spoken Word*: Oral Cultures in Britain, 1500-1850. Manchester: *Manchester* University Press, 2002.

FOX-GENOVESE, E. *Within the Plantation Household*: Black and White Women of the South. Chapel Hill; London: University of North Carolina Press, 1988.

FRANK, A. G. *Capitalism and Underdevelopment in Latin America*. Harmondsworth: Pelican, 1967.

FRANK, A. G.; GILLS, B. K. *The World System*: Five Hundred Years or Five Thousands? London: Routledge, 1993.

FREEDBERG, D. *The Power of Images*: Studies in the History and Theory of Response. Chicago: University of Chicago Press, 1989.

FREYRE, G. *Casa-grande e senzala*: formação da família brasileira sob o regime patriarcal. Rio de Janeiro: Maia & Schmidt, 1933.

_____. *Ordem e progresso*. Rio de Janeiro: J. Olympio, 1959. 2v.

FRIEDMAN, J. *Cultural Identity and Global Process*. London: Sage, 1994.

FUSSELL, P. *The Great War and Modern Memory*. New York: Oxford University Press, 1975.

GADAMER, H.-G. *Wahrheit und Methode*: Grundzüge einer Philosophischer Hermeneutik. Tübingen: Mohr, 1972. [Ed. bras.: *Verdade e método*. São Paulo: Vozes, 2006. 2v.]

GANS, H. *The Urban Villagers*: Group and Class in the Life of Italo-Americans. New York: *Simon & Schuster*, 1962.

GAY, P. *Freud for Historians*. New York: Oxford University Press, 1985. [Ed. bras.: *Freud para historiadores*. Rio de Janeiro: Paz e Terra, 1989.]

GEERTZ, C. *The Interpretation of Cultures*. New York: Basic Books, 1973. [Ed. bras.: *A interpretação das culturas*. São Paulo: LTC, 1989.]

_____. *Negara*. Princeton, NJ: Princeton University Press, 1980.

_____. *Local Knowledge*: further essays in interpretive anthropology. New York: Basic Books, 1983. [Ed. bras.: *O saber local*. São Paulo: Vozes, 2001.]

GEERTZ, H. An Anthropology of Religion and Magic. *Journal of Interdisciplinary History*, v.6, n.1, p.71-89, 1975.

GELLNER, E. *Cause and Meaning in the Social Sciences*. London: Routledge & Kegan Paul, 1973.

_____. *Legitimation of Belief*. Cambridge: *Cambridge* University Press, 1974.

_____. *Muslim Society*. Cambridge: *Cambridge* University Press, 1981.

_____. *Nations and Nationalism*: New Perspectives on the Past Series. Ithaca, NY: Cornell University Press, 1983.

_____. The Gaffe-Avoiding Animal. In: _____. Relativism and the Social Sciences. Cambridge: *Cambridge* University Press, 1985. p.62-82.

_____. *Plough, Sword and Book*: The Structure of Human History. London: Paladin Grafton Books, 1988.

_____. *Conditions of Liberty*: Civil Society and its Rivals. London: Hamish Hamilton, 1994.

GELLNER, E.; WATERBURY, J. (Orgs.). *Patrons and Clients in Mediterranean Societies*. London: Duckworth, 1977.

GERSHENKRON, A. *Economic Backwardness in Historical Perspective*. Cambridge, MA: Belknap Press of Harvard University Press, 1962.

GEUSS, R. *The Idea of a Critical Theory*. Cambridge: Cambridge University Press: 1981.

GIDDENS, A. *Central Problems in Social Theory*: Action, Structure and Contradiction in Social Analysis. Berkeley, CA: University of California Press, 1979.

_____. *The Constitution of Society*. Cambridge: Polity Press, 1984. [Ed. bras.: *A constituição da sociedade*. São Paulo: Martins Fontes, 2009.]

GIDDENS, A. *The Nation-State and Violence*. Cambridge: Polity Press: Blackwell, 1985. [Ed. bras.: *O Estado-nação e a violência*. São Paulo: Edusp, 2001.]

_____. *The Consequences of Modernity*. Cambridge, UK: Polity Press; Oxford, UK: Basil Blackwell, 1990. [Ed. bras.: *As consequências da modernidade*. São Paulo: Editora da Unesp, 1991.]

GIGLIOLI, P. P. (Org.). *Language in Social Context*. Harmondsworth: Penguin, 1972.

GILROY, P. *The Black Atlantic*: Modernity and Double Consciousness. Cambridge, MA: Harvard University Press, 1993.

GINZBURG, C. Il formaggio e i vermi: Il cosmo di un mugnaio nel Cinquecento. Torino: Einaudi, 1976. [Ed. bras.: *O queijo e os vermes*: o cotidiano e as idéias de um moleiro perseguido pela inquisição. São Paulo: Cia. das Letras, 1987.]

GLICK, T. F.; PI-SUNYER, O. Acculturation as an Explanatory Concept in Spanish History. *Comparative Studies in Society and History*, v.11, n.2, p.136-54, 1969.

GLUCKMAN, M. *Custom and Conflict in Africa*. Oxford: Blackwell, 1955.

_____. Gossip and Scandal. *Current Anthropology*, v.4, n.3, p.307-15, 1963.

GODBOUT, J. T. L'esprit du don. Paris: La Découverte, 1992.

GODELIER, M. L'idéel et le matériel: pensée, économies, sociétés. Paris: Fayard, 1984.

GOFFMAN, E. *The Presentation of Self in Everyday Life*. Edinburgh: University of Edinburgh Social Sciences Research Centre, 1958.

GOLDSTONE, J. A. *Revolution and Rebellion in the Early Modern World*. Berkeley, CA: University of California Press, 1991.

GOMBRICH, E. H. *Art and Illusion*. London: Phaidon Press, 1960.

_____. *In Search of Cultural History*. Oxford: Clarendon, 1969.

GOODY, J. Economy and feudalism in Africa. *Economic History Review*, v.22, n.3, p.393-405, dez. 1969.

_____. *The Domestication of the Savage Mind*. Cambridge: Cambridge University Press, 1977.

_____. *The Development of the Family and Marriage in Europe*. Cambridge: Cambridge University Press, 1983.

_____. *The Interface between the Written and the Oral*. Cambridge: Cambridge University Press, 1987.

_____. *Capitalism and Modernity*: The Great Debate. Cambridge: John Wiley, 2004.

GOUK, P.; HILLS, H. (Orgs.). *Representing Emotions*. Aldershot: Ashgate, 2004.

GRAY, R. Q. *The Labour Aristocracy in Victorian Edinburgh*. Oxford: Oxford University Press, 1976.

GREENBLATT, S. *Shakespearean Negotiations*. Berkeley, CA: University of California Press, 1988.

GREVEN, P. *The Protestant Temperament*: Patterns of Child-Rearing, Religious Experience, and the Self in Early America. New York: Knofp, 1977.

GREYERZ, K. von (Org.). *Religion and Society in Early Modern Europe*. London: Allen & Unwin, 1984.

GRIBAUDI, M. Biography, Academic Context and Models of Social Analysis. In: CASTRÉN, A.-M. et. al. *Between Sociology and History*: Essays on Microhistory. Helsinki: SKS/Finnish Literature Society, 2004. p.102-29.

GRILLO, R. *Dominant Languages*. Cambridge: Cambridge University Press, 1989.

GROEBNER, V. *Gefährliche Geschenke*: Ritual, Politik und die Sprache der Korruption in der Eidgenossenschaft im späten Mittelalter uns am Beginn der Neuzeit. Konstanz: UVK Verlag, 2000.

GUHA, R. *Elementary Aspects of Peasant Insurgency*. Delhi: Oxford University Press, 1983.

_____. *Dominance without Hegemony*: History and Power in Clonial India. Cambridge, MA: Harvard University Press, 1977.

GUHA, R.; SPIVAK, G. C. (Orgs.). *Selected Subaltern Studies*. New York: Oxford University Press, 1988.

GUREVICH, A. Y. Wealth and Gift-Bestowal among the Ancient Scandinavians. In: GUREVICH, A.; HOWLETT, J. *Historical Anthropology of the Middle Ages*. Cambridge: Polity Press, 1992.

HABERMAS, J. *Strukturwandel der Öffentlichkeit*: Untersuchungen zu einer Kategorie der bürgerlichen Gesellschaft. Luchterhand: Neuwied, 1962. [Ed. bras.: *Mudança estrutural da esfera pública*. Rio de Janeiro: Tempo Universitário, 2003.]

HACKING, I. *The Social Construction of What?* Cambridge, MA: Harvard University Press, 1999.

HAJNAL, J. European Marriage Patterns in Perspective. In: GLASS, D. V.; EVERSLEY, D. C. E. (Orgs.). *Population in History*. London: Arnold, 1965. p.101-43.

HALBWACHS, M. *Les Cadres sociaux de la connaissance*. Paris: Alcan, 1925.

_____. La mémoire collective. Paris: PUF, 1950. [Ed. bras.: *A memória coletiva*. São Paulo: Centauro, 2004.]

HALL, J. A. *Powers and Liberties*: The Cause and Consequences of the Rise of the West. Oxford: Blackwell, 1985.

_____. (Org.). *States in History*. Oxford; New York: Blackwell, 1986.

_____. States and Societies: the Miracle in Comparative Perspective. In: BAECHLER, J.; HALL, J.; MANN, M. *Europe and the Rise of Capitalism*. Oxford; New York: Blackwell, 1988. p.20-38.

HANDLING, O. *Boston's Immigrants*: a Study in Acculturation. Cambridge, MA: Harvard University Press, 1941.

HANNERZ, U. Theory in anthropology: small is beautiful? The Problem of Complex Cultures. *Comparative Studies in Society and History*, v.28, n.2, p.362-7, Apr. 1986.

_____. The World in Creolization. *Africa*, v.57, p.546-59, 1987.

_____. *Cultural Complexity*: Studies in the Social Organization of Meaning. New York: Columbia University Press, 1992.

_____. *Transnational Connections*: Culture, People, Places. London: Routledge, 1996.

HANSEN, B. *Österlen*: en studie över social-antropologiska sammanhang under 1600- och 1700-talen i sydöstra Skane. Stockholm: LTs förlag, 1952.

HARAWAY, D. Situated Knowledge: the Science Question in Feminism and the Privilege of Partial Perspective. *Feminist Studies*, v.14, n.3, p.575-99, 1988.

HARDING, R. Corruption and the Moral Boundaries of Patronage in the Renaissance. In: LYTLE, G. F.; ORGEL, S. (Orgs.). *Patronage in the Renaissance*. Princeton, NJ: Princeton University Press, 1981. p.47-64.

HAROOTUNIAN, H. D. *Things Seen and Unseen*: Discourse and Ideology in Tokugawa Nativism. Chicago: University of Chicago Press, 1988.

HARTOG, F. *Le miroir d'Hérodote*: essai sur la réprésentation de l'autre. Paris: Gallimard, 1980. [Ed. bras.: *O espelho de Heródoto*. Belo Horizonte: Editora da UFMG, 2004.]

HARVEY, D. *The Condition of Postmodernity*. Oxford: Blackwell, 1990. [Ed. bras.: *A condição pós-moderna*. Rio de Janeiro: Loyola, 2002.]

HAUSER, A. *A Social History of Art*: Old Stone Age The Social History of Art. London: Routledge & Kegan Paul, 1951. 2v.

HAWTHORN, G. *Enlightenment and Despair*: a History of Sociology. Cambridge; Cambridge University Press, 1976.

HEAL, F. *Hospitality in Early Modern England*. Oxford: Oxford University Press, 1990.

HEBDIGE, M. *Subculture, the Meaning of Style*. London: Methuen, 1979.

HECKSCHER, E. *Merkantilismen*: ett led i den ekonomiska politikens historia. Stockholm: P.A. Norstedt & Söner, 1931.

HEERS, J. *Le clan familial au moyen age*: étude sur les structures politiques et sociales des milieux urbains. Paris: PUF, 1974.

HEESTERMAN, J. C. *The Inner Conflict of Traditions*. Chicago: University of Chicago Press, 1985.

HEXTER, J. H. *On Historians*: Reappraisals of Some of the Makers of Modern History. Cambridge, MA: Harvard University Press, 1979.

HICKS, J. *Theory of Economic History*. Oxford: Clarendon, 1969.

HIGHAM, J.; KRIEGER, L.; GILBERT, F. (Orgs.). *History*. Englewood Cliffs, NJ: Prentice Hall, 1965.

HILTON, R. H. (Org.). *The Transition from Feudalism to Capitalism*. London: Verso, 1976.

HIMMELFARB, G. *The New History and the Old*. Cambridge, MA: Belknap Press of Harvard University Press, 1987.

HINTZE, O. *Historical Essays*. New York: Oxford University Press, 1975.

HIRSCHMAN, A. *Exit, Voice and Loyalty*. Cambridge, MA: Belknap Press of Harvard University Press, 1970.

HITCHCOCK, T.; COHEN, M. (Orgs.). *English Masculinities, 1660-1800*. London: Longman, 1999.

HO, P. T. Aspects of Social Mobility in China, 1368-1911. *Comparative Studies in Society and History*, v.1, n.4, p.330-59, 1959.

HOBSBAWM, E. *Primitive Rebels*: Studies in Archaic Forms of Social Movements in the 19th and 20th Centuries. Manchester: Manchester University Press, 1959. [Ed. bras.: *Bandidos*. Rio de Janeiro. Paz e Terra, 2010.]

HOBSBAWM, E. Class Consciousness in History. In: MÉSZAROS, I. (Org.). *Aspects of History and Class Consciousness*. London: Routledge & K. Paul, 1971. p.5-19.

HOBSBAWM, E. *Nations and Nationalism since 1780.* Cambridge: Cambridge University Press, 1990. [Ed.bras. *Nações e nacionalismo desde 1780.* Rio de Janeiro: Paz e Terra, 2008.]

HOBSBAWM, E.; RANGER, T. (Orgs.). *The Invention of Tradition.* Cambridge: Cambridge University Press, 1983. [Ed. bras.: *A invenção das tradições.* Rio de Janeiro: Paz e Terra, 2008.]

HOLLIS, M.; LUKES, S. (Orgs.). *Rationality and Relativism.* Oxford: Blackwell, 1982.

HOLQUIST, M. *Dialogism*: Bakhtin and his World. London: Routledge, 1990.

HOLUB, R. C. *Reception Theory*: A Critical Introduction. London: Methuen, 1984.

HOLY, L.; STUCHLIK, M. (Orgs.). *The Structure of Folk Models.* London: Academic Press, 1981.

HOPKINS, A. G. (Org.). *Globalization in World History.* London: W. W. Norton, 2002.

HOPKINS, K. *Conquerors and Slaves*: Sociological Studies in Roman History. Cambridge: Cambridge University Press, 1978.

HORTON, R. African Traditional Thought and Western Science. *Africa*, v.37, n.2, p.50-71, 155-87, abr. 1967.

_____. Tradition and Modernity Revisited. In: HOLLIS, M.; LUKES, S. (Orgs.). *Rationality and Relativism.* Oxford: Blackwell, 1982. p.201-60.

HUFF, T. E. *The Rise of Early Modern Science*: Islam, China, and the West. Cambridge: Cambridge University Press, 1993.

HUNAT, L. *Politics Culture and Class in the French Revolution.* Berkeley, CA: University of California Press, 1984.

IKEGAMI, E. *The Taming of the Samurai*: Honorific Individualism and the Making of Modern Japan. Cambridge, MA; London: Harvard University Press, 1995.

ILLYÉS, G. *People of the Puszta.* Budapest: Corvina Press, 1967.

INALCIK, H. *The Ottoman Empire*: the Classical Age 1300-1600. London: Orion, 1973.

INDEN, R. *Imagining India*. Oxford: Blackwell, 1990.

JACOB, C. *L'Empire des cartes*. Paris: Albin Michel, 1992.

JAUSS, H. R. *Toward an Aesthetic of Reception*. Minneapolis: University of Minnesota Press, 1982.

JOHNS, A. *The Nature of the Book*: Print and Knowledge in the Making. Chicago: University of Chicago Press, 1998.

JOLL, J. *Gramsci*. London: Fontana, 1977.

JONES, E. L. *The European Miracle*: Environments, Economies and Geopolitics in the History of Europe and Asia. Cambridge: Cambridge University Press, 1981.

JONES, G. S. *Languages of Class*. Cambridge: Cambridge University Press, 1983.

JORDANOVA, L. Gender. In: BURKE, P. (Org.). *History and Historians in the Twentieth Century*. Oxford; New York: *Oxford* University Press, 2002. p.120-40.

JOYCE, P. *Visions of the People*: Industrial England and the Question of Class, 1848-1914. Cambridge: Cambridge University Press, 1990.

_____. History and Post-Modernism. *Past and Present*, v.133, n.1, p.204-9, nov. 1991.

KAKAR, S. Some Unconscious Aspects of Ethnic Violence in India. In: DAS, V. (Org.). *Mirrors of Violence*: Communities, Riots and Survivors in South Asia. Delhi: Oxford University Press, 1990.

KALMAN, J. *Writing on the Plaza*: Mediated Literacy Practices in Mexico City. Creskill, NJ.: Hampton Press, 1999.

KANE, J. *The Politics of Moral Capital*. Cambridge: Cambridge University Press, 2001.

KAYE, H. J.; MCCLELLAND, K. *E. P. Thompson*: Critical Perspectives. Philadelphia, PA: Temple University Press, 1990.

KELLY, C. History and post-modernism. *Past and Present*, v.133, n.1, p.209-13, nov. 1991.

KELLY, J. *Women, History and Theory*. Chicago: University of *Chicago* Press, 1984.

KENNEDY, P. *The Rise and Fall of the Great Powers*: Economic Change and Military Conflict from 1500 to 2000. New York: Random House, 1987. [Ed. bras.: *Ascensão e queda das grandes potências*. Rio de Janeiro: Campus, 1994.]

KENT, F. W. *Household and Lineage in Renaissance Florence*. Princeton, NJ: Princeton University Press, 1977.

KEOHANE, R.O. *After Hegemony*: Cooperation and Discord in the World Political Economy. Princeton, NJ: Princeton University Press, 1984.

KERBLAY, B. Chayanov and the Theory of Peasantry as a Special Type of Economy. In: SHANIN, T. *Peasants and Peasant Societies*. Harmondsworth: Penguin, 1971. p.150-9.

KERSHAW, I. *The Hitler Myth*: Image and Reality in the Third Reich. Oxford: Oxford University Press, 1989.

KERTZER, D. I. *Ritual, Politics and Power*. New Haven: Yale University Press, 1988.

KETTERING, S. *Patrons, Brokers and Clients in Seventeenth Century France*. New York: Oxford University Press, 1986.

_____. The Historical Development of Political Clientelism. *Journal of Interdisciplinary History*, v.18, p.419-48, 1988.

KINDLEBERGER, C. P. *Historical Economics*: Art of Science? Berkeley; Los Angeles, CA: University of California Press, 1990.

KLANICZAY, G. Daily Life and Elites in the Later Middle Ages. In: GLATZ, F. (Org.). *Environment and Society in Hungary*. Budapest: Institute of History of the Hungarian Academy of Sciences, 1990. p.75-90.

KNÖBL, W. Theories that Won't Pass Away: The Never-Ending Story of Modernization Theory. In: DELANTY, G.; ISIN, E. F. (Orgs.). *Handbook of Historical Sociology*. London: Sage, 2003. p.96-107.

KNUDSEN, J. *Justus Möser and the German Enlightenment*. Cambridge: Cambridge University Press, 1988.

KOCKA, J. *Klassengesellschaft im Krieg*: Deutsche Sozialgeschichte 1914-1918. Berlin: Vandenhock und Ruprecht, 1973.

KOCKA, J. (Org.). *Max Weber der Historiker*. Göttingen: Fischer, 1986.
KÖHLER, W. *Gestalt Psychology*. New York: H. Liveright, 1929.
KOLAKOWSKI, L. *Modernity on Endless Trial*. Chicago: University of Chicago Press, 1990.
KOSELLECK, R. *Futures Past*: on the semantics of historical time. Cambridge, MA; Londres, The MIT Press, 1985. [Ed. bras.: *Futuro passado*. Rio de Janeiro: Contraponto, 2006.]
KOSMINSKY, E. A. *Studies in the Agrarian History of England in the Thirteenth Century*. Oxford: Blackwell, 1956, [1935].
KUHN, P. A. *Soulstealers*: The Chinese sorcery scare of 1768. Cambridge, MA: Harvard University Press, 1990.
KUHN, T. S. *The Structure of Scientific Revolutions*. Chicago; London: University of Chicago Press, 1962. [Ed. bras.: *A estrutura das revoluções científicas*. São Paulo: Perspectiva, 2010.]
_____. *The Essential Tension*: Selected Studies in Scientific Tradition and Change. Chicago: 1974. [Ed. bras.: *A tensão essencial*. São Paulo: Editora da Unesp, 2011.]
KULA, W. *Teoria ekonomiczna ustroju feudalnego*: próba modelu. Warszawa: Państwowe Wydawn, 1962. [Ed. port.: *Teoria econômica do sistema feudal*. Lisboa: Presença, 1979.]
KUPER, A. *Culture*: The Anthropologists' Account. Cambridge, MA: Harvard University Press, 1999.
LACAPRA, D. *History and Criticism*. Ithaca; London: Cornell University Press, 1985.
LA FONTAINE, J. *Speak of the Devil*: Tales of Satanic Abuse in Contemporary England. London: Cambridge University Press, 1998.
LAMB, C. *The Sewing Circles of Heart*. London: Harper Collins, 2002.
LANDES, D. L. *The Wealth and Poverty of Nations*: Why Some are so Rich and Some are Poor. New York: W. W. Norton & Company, 1998. [Ed. bras.: *Riqueza e pobreza das nações*: por que algumas são tão ricas e outras são tão pobres. Rio de Janeiro: Campus, 1998.]
LANDES, J. B. *Women and the Public Sphere in the Age of the French Revolution*. Ithaca: Cornell University Press, 1988.

LANGER, W. L. The Next Assignment. *American Historical Review*, v.63, n.2, p.283-304, jan. 1958.

LARSON, P. M. Capacities and Modes os Thinking: Intellectual Engagements and Subaltern Hegemony in the Early History of Malagasy Christianity. *American Historical Review*, v.102, n.4, p.969-1002, Oct. 1997.

LASLETT, P. (Org.). *Household and Family in Past Time*. Cambridge: Cambridge University Press, 1972.

LASSWELL, H. *Politics*: Who Gets What, When, How. New York; London: Whittlesey House: McGraw-Hill, 1936.

LATOUR, B. *We Have Never Been Modern*. Cambridge, MA: Harvard University Press, 1993.

_____. Ces réseaux que la raison ignore: laboratoires, bibliothèques, collections. In: BARATIN, M.; JACOB, C. (Orgs.). *Le pouvoir des bibliothèques*: la mémoires des Livres en Occident. Paris: Albin Michel, 1996. p.23-46.

LEACH, E. Frazer and Malinowski. In: HUGH-JONES, S.; LAIDLAW, J. (Orgs.). *The Essential Edmund Leach*. New Haven: Yale University Press, 2000. v.1, p. 25-44.

LEARS, T. J. The Concept of Cultural Hegemony: Problems and Possibilities. *American Historical Review*, v.90, n.3, p.567-93, jun. 1985.

LEE, J. J. *The Modernization of Irish Society, 1848-1918*. Dublin: Gill & Macmillan, 1973.

LEFEBVRE, G. *La grande peur de 1789*. Paris: A. Collin, 1932.

LE GOFF, J. Les Mentalités. In: LE GOFF, J.; NORA, P. (Orgs.). *Faire de l'histoire*: nouvelles approaches. Paris: Gallimard, 1974. [Ed. bras.: *História*: novos problemas. Rio de Janeiro: Francisco Alves, 1995.]

LEÓN-PORTILLA, M. *Visión de los vencidos*: crónicas indígenas. México: Unam, 1959.

LERNER, D. *The Passing of Traditional Society*: Modernizing the Middle East. Glencoe: The Free Press, 1958.

LE ROY LADURIE, E. *Les paysans de Languedoc*. Paris: SEVPEN, 1966.

LE ROY LADURIE, E. *Montaillou*: village occitan de 1294 à 1324. Paris: Gallimard, 1975.

LEVACK, B. P. *The Witch-Hunt in Early Modern Europe*. London: Longman, 1987.

LEVI, G. *L'eredità immateriale*: carriera di un esorcista nel Piemonte del Seicento. Torino: Einaudi, 1985.

_____. Microhistory. In: BURKE, P. (Org.). *New Perspectives in Historical Writing*. Cambridge: Polity Press, 2001. p.97-119.

LEVINE, R. M. *Vale of Tears*: Revisiting the Canudos Massacre in Northeastern Brazil, 1893-1897. Berkeley, CA: University of California Press, 1992.

LISÓN-TOLOSANA, C. *Belmonte de los Caballeros*: a Sociological Study of a Spanish Town. Oxford: Clarendon, 1966.

LITCHFIELD, R. B. *Emergence of a Bureaucracy*: the Florentine Patricians 1530-1790. Princeton, NJ: Princeton University Press, 1986.

LLOYD, G. E. R. *Demystifying Mentalities*. Cambridge: Cambridge University Press, 1990.

_____. *The Ambitions of Curiosity*: Understanding the World in Ancient Greece and China. Cambridge; New York: Cambridge University Press, 2002.

LLOYD, P. C. Conflict theory and Yoruba kingdoms. In: LEWIS, I. M. (Org.). *History and Social Anthropology*. London; New York: Tavistock, 1968. p.25-58.

LORD, A. B. *The Singer of Tales*. Cambridge, MA: Harvard University Press, 1960.

LOTMAN, J.; USPENSKII, B. A. *The Semiotics of Russian Culture*. Ann Arbor: Dept. of Slavic Languages and Literatures, University of Michigan, 1984.

LOVE, H. *Scribal Publication in Seventeenth-Century England*. Oxford: Clarendon Press; New York: Oxford University Press, 1993.

LUCAS, C. (Org.). *The Political Culture of the French Revolution*. Oxford: Pergamon Press, 1988.

LUKES, S. *Emile Durkheim*: His Life and Work. London: Allen Lane, 1973.
_____. *Power*: a Radical View. London: Macmillan, 1974.
LYOTARD, J.-F. *La condition postmoderne*: rapport sur le savoir. Paris: Minuit, 1979. [Ed. bras.: *A condição pós-moderna*. Rio de Janeiro: José Olympio, 2010.]
MACFARLANE, A. D. *Witchcraft in Tudor and Stuart England*. London: Routledge & Kegan Paul, 1970.
_____. *Origins of English Individualism*. New York: Cambridge University Press, 1979.
_____. *Marriage and Love in England*: Modes of Reproduction 1300-1840. Oxford; New York: Blackwell, 1986. [Ed. bras.: *História do casamento e do amor*. São Paulo: Companhia das Letras, 1990.]
_____. *The Culture of Capitalism*. Oxford; New York: Blackwell, 1987. [Ed. bras.: *A cultura do capitalismo*. Rio de Janeiro: Jorge Zahar, 1989.]
MCINTIRE, C. T.; PERRY, M. (Orgs.). *Toynbee*: Reappraisals. Toronto: University of Toronto Press, 1989.
MACKENZIE, J. M. *Orientalism*: History, Theory and the Arts. Manchester; New York: Manchester University Press, 1995.
MCKIBBIN, R. Why was there no Marxism in Great Britain? *English Historical Review*, v.99, n.391, p.297-331, 1984.
MCLUHAN, M. *The Gutenberg Galaxy*: the Making of Typographic Man. Toronto: Toronto University Press, 1962.
MCNEILL, W. H. *The Rise of the West*: a History of the Human Community. Chicago: Chicago University Press, 1963. [Ed. bras.: *História universal*: um estudo comparado das civilizações. Porto Alegre: Globo, 1972.]
_____. *Europe's Steppe Frontier*. Chicago: University of Chicago Press, 1964.
_____. *Plagues and Peoples*. London: Anchor Books, 1976.
_____. *The Great Frontier*: Freedom and Hierarchy in Modern Times. Princeton: Princeton University Press, 1983.

MCNEILL, W. H. *Mythistory and others essays*. Chicago: University of Chicago Press, 1986.

_____. *Arnold J. Toynbee*: A Life. New York: Oxford University Press, 1989.

MAITLAND, F. W. *Domesday Book and Beyond*. London: Cambridge University Press, 1897.

MALINOWSKI, B. *Argonauts of the Western Pacific*: an Account of Native Enterprise and Adventure in the Archipelagoes of Melanesian New Guinea. London: Routledge, 1922.

_____. Myth in Primitive Psychology. In: MAGIC Science and Religion, and Other Essays. Garden City, N.Y.: Doubleday, 1954. p.93-148. [Ed. port.: *Magia, ciência e religião*. Lisboa: Edições 70, 1988.]

_____. *The Dynamics of Culture Change*. New Haven: Yale University Press, 1945.

MANN, M. *The Sources of Social Power*: a History of *Power* from the Beginning to A.D. 1760. New York: Cambridge University Press, 1986. v.1.

_____. *The Sources of Social Power*: The Rise of Classes and Nation States, 1760-1914. New York: Cambridge University Press, 1993. v.2.

MANNHEIM, K. *Ideology and Utopia*: an Introduction to the Sociology of Knowledge. London; New York: K. Paul, Trench, Trubner; Harcourt, Brace & Co, 1936. [Ed. bras.: *Ideologia e utopia*. Rio de Janeiro: LTC, 1986.]

_____. *Essays in the Sociology of Knowledge*. London: Oxford University Press, 1952.

MARWICK, A. *The Deluge*: British Society and the First World War. Boston: Little Brown, 1965.

MARX, K.; ENGELS, F. *The Communist Manifesto*. New York: New York Labor News, 1948, [1848]. [Ed. bras.: *O manifesto comunista*. São Paulo: Boitempo, 1998.]

MASON, T. Intention and Explanation: a Current Controversy about the Interpretation of National Socialism. In: HIRSCHFELD, G.; KETTENACKER, L. (Orgs.). *Der Führer-Staat*. Stuttgart: Klett-Cotta, 1981. p.23-40.

MASSEY, D. *Space, Place and Gender*. Cambridge: Polity, 1994.

MATTHEWS, F. H. *Quest for American Sociology*: Robert Park and the Chicago School. Montreal: McGill-Queen's University Press, 1977.

MAUSS, M. Essai sur le don: forme et raison de l'échange dans les sociétés archaïques. *L'Année Sociologique*, v.1, p.30-186, 1925. [Ed. port.: *Ensaio sobre a dádiva*. Lisboa: Edições 70, 2008.]

_____. A Category of the Human Mind. In: CARRITHERS, M.; COLLINS, M.; LUKES, S. (Orgs.). *The Category of the Person*: Anthropology, Philosophy, History. Cambridge: Cambridge University Press, 1985. p.1-25.

MEGILL, A. Grand Narrative and the Discipline of History. In: ANKERSMIT, F.; KELLNER, H. (Orgs.). *A New Philosophy of History*. Chicago: University of Chicago Press, 1995. p.151-73.

MELTON, J. V. *Politics, Culture and the Public Sphere in Enlightenment Europe*. Cambridge: Cambridge University Press, 2001.

MELUCCI, A. *Challenging Codes*: Collective Action in the Information Age. Cambridge: Cambridge University Press, 1996.

MENNELL, S. *Norbert Elias*: an Introduction. Oxford: Blackwell, 1989.

_____. Decivilizing Processes: Theoretical Significance and some Lines of Research. *International Sociology*, v.5, n.2, p.205-23, 1990.

MERTON, R. Manifest and Latent Functions. In: _____. Social Theory and Social Structure. New York: Free Press, 1968. p.19-82.

MÉTAYER, C. *Au tombeau des secrets*: les écrivains publics du paris populaire. Paris: Albin Michel, 2000.

MIGNOLO, W. *Local Histories/Global Designs*: Coloniality, Subaltern Knowledges and Border Thinking. Princeton, NJ: Princeton University Press, 2000.

MILL, J. S. *A System of Logic Ratiocinative and Inductive*: Being a Connected View of the Principles of Evidence and the Methods of Scientific Investigation. New York: Harper & Brothers, 1848.

MILLER, P. Gender and Patriarchy in Historical Sociology. In: DELANTY, G.; ISIN, E. F. (Orgs.). *Handbook of Historical Sociology*. London: Sage, 2003. p.337-48.

MILO, D. S. Pour une histoire expérimentale, ou la gaie histoire. *Annales E. S. C.*, v.45, n.3, p.717-34, 1990.

MITCHELL, T. *Colonising Egypt*. Cambridge: Cambridge University Press, 1988.

MIYAZAKI, I. *China's Examination Hell*: the Civil Service Examinations of Imperial China. New York: Weatherhill, 1976.

MOI, T. (Org.). *French Feminist Thought*. Oxford: Blackwell, 1987.

MOORE, B. *Social Origins of Dictatorship and Democracy*. Boston: Beacon Press, 1966.

MOORE-GILBERT, B. *Postcolonial Theory*. London; New York: Verso, 1997.

MORRIS, C. Judicium Dei. In: BAKER, D. (Org.). *Church, Society and Politics*. Oxford: The Ecclesiastical History Society; Blackwell, 1975. p.95-111.

MORSON, G. S.; EMERSON, C. *Mikhail Bakhtin*: Creation of a Prosaics. Stanford, CA: Stanford University Press, 1990.

MOSSE, G. *The Image of Man*: the Creation of Modern Masculinity. Oxford: Oxford University Press, 1996.

MOUSNIER, R. *Fureurs paysannes*. Paris: Calmann-Lévy, 1967.

MUCHEMBLED, R. *Culture populaire et culture des élites dans la France moderne*. Paris: Flammarion, 1978.

MUIR, E. *Civic Ritual in Renaissance Venice*. Princeton, NJ: Princeton University Press, 1981.

_____. The Sources of Civil Society in Italy. *Journal of Interdisciplinary History*, v.29, n.3, p.379-406, 1999.

MUIR, E.; RUGGIERO, G. (Orgs.). *Microhistory and the Lost Peoples of Europe*. Baltimore, MD: John Hopkins University Press, 1991.

MUKHIA, H. Was There Feudalism in Indian History? *Journal of Peasant Studies*, v.8, n.3, p.273-93, 1981.

NAFISI, A. *Reading Lolita in Tehran*. New York: Random House, 2003.

NAPHY, W. G.; ROBERTS, P. (Orgs.). *Fear in Early Modern Society*. Manchester: Manchester University Press, 1997.

NEALE, W. C. Reciprocity and Redistribution in the Indian Village. In: POLANYI, K. (Org.). *Trade and Markets in the Early Empires*: Economies in History and Theory. Princeton, NJ: Princeton University Press, 1957. p.218-35.

NEEDHAM, J. Poverties and Triumphs of the Chinese Scientific Tradition. In: THE GRAND Titration: Science and Society in East and West. London: Allen & Unwin, 1969. p.14-54.

NEEDHAM, R. Polythetic Classification: Convergence and Consequences. *Man*, v.10, n.3, p.349-69, 1975.

NELSON, J. S.; MEGILL, A.; MCCLOSKEY, D. N. (Orgs.). *The Rhetoric of Human Sciences*. Madison, Wis: University of *Wisconsin* Press, 1987.

NIPPERDEY, T. *Gesellschaft, Kultur, Theorie*. Göttingen: Vandenhoeck und Ruprecht, 1976.

NISBET, R. *The Sociological Tradition*. New York: Basic Books, 1966.

_____. *Social Change and History*. New York: Oxford University Press, 1969.

NORA, P. (Org.). *Le lieux de mémoire*: la république. Paris: Gallimard, 1984. v.1.

_____. *Le lieux de mémoire*: la nation. Paris: Gallimard, 1987. v.2.

_____. *Le lieux de mémoire*: les france. Paris: Gallimard, 1992. v.3.

NORRIS, C. *Deconstruction*: Theory and Practice. London: Methuen, 1982.

NYE, R. *Masculinity and Male Codes of Honor in Modern France*. New York: Oxford University Press, 1993.

OBERSCHALL, A. *Social Movements*: Ideologies, Interests and Identities. New Brunswick, NJ: Transaction, 1993.

OBEYESEKERE, G. *The Apotheosis of Captain Cook*. Princeton, NJ: Princeton University Press, 1992.

OGILVIE, S. How Does Social Capital Affect Women? Guilds and Communities in Early Modern Germany. *American Historical Review*, v.109, p.325-59, 2004.

O'GORMAN, F. Campaign Rituals and Ceremonies: the Social Meaning of Elections in England 1780-1860. *Past and Present*, v.135, n.1, p.79-115, 1992.

OLSON, D. R. *The World on Paper*: The Conceptual and Cognitive Implications of Writing and Reading. Cambridge: Cambridge University Press, 1994.

O'NEILL, J. The Disciplinary Society.: from Weber to Foucault. *British Journal of Sociology*, v.37, n.1, p.42-60, 1986.

ONG, W. *Orality and Literacy*. London: Methuen, 1982.

ORTIZ, F. *Contrapunteo cubano del tabaco y azucar*. Havana: Ediciones Ciencias Sociales, 1940.

ORTNER, S.; WHITEHEAD, H. (Orgs.). *Sexual Meanings*. Cambridge: Cambridge University Press, 1981.

OSSOWSKI, S. *Class Structure in the Social Consciousness*. New York: Free Press, 1963.

OZOUF, M. *La fête revolutionnaire (1789-1799)*. Paris: Gallimard, 1976.

PAINE, R. What is Gossip About? *Man*, v.2, p.278-85, 1967.

PÁLSSON, G. (Org.). *Beyond Boundaries*: Understanding, Translation and Anthropological Discourse. Oxford: Berg, 1993.

PANDEY, G. Voices from the Edge: the Struggle to Write Subaltern Histories. In: CHATURVEDI, V. *Mapping Subaltern Studies and the and the Postcolonial*. London: Verso, 2000. p.291-99.

PARETO, V. *Trattato di sociologia generale*. Firenze: Barbera, 1916.

PARK, R. E. The City. In: HUMAN Communications. Glencoe, Il: Free Press., 1952. p.13-51.

PARKER, N. *Revolutions and History*: An essay in Interpretation. Cambridge: Polity Press, 1999.

PARKIN, F. *Class Inequality and Political Order*. New York: Praeger, 1971.

PARRY, V. J. Elite Elements in the Otoman Empire. In: WILKINSON, R. (Org.). *Governing Elites*: Studies in Training and Selection. New York: Oxford University Press, 1969. p.59-73.

PEABODY, N. Tod's Rajasthan and the Boundaries of Imperial Rule in 19th-Century India. *Modern Asian Studies*, v.30, n.1, p.185-220, 1996.

PECK, L. *Court Patronage and Corruption in Early Stuart England*. Boston: Unwin Hyman, 1990.

PEEL, J. D. Y. *Herbert Spencer*: the Evolution of a Sociologist. London: Heinemann, 1971.

PELTONEN, U.-M. The Return of the Narrator. In: OLLILA, A. (Org.). *Historical Perspectives on Memory*. Helsinki: Suomen Historiallinen Seura, 1999. p.115-38.

PERKIN, H. What is social history? *Bulletin of the John Rylands Library*, v.36, n.1, p.56-74, 1953.

PEYRE, H. *Les générations littéraires*. Paris: Boivin, 1948.

PHILIPS, A. The Cultural Cringe. In: _____. *The Australian Tradition*: Studies in a Colonial Culture. Melbourne: Lansdowne, 1966. p.112-7.

PILLORGET, R. *Les mouvements insurrectionnels de Provence entre 1596 et 1715*. Paris: Pedone, 1975.

PINDER, W. *Das Problem der Generation in der Kunstgeschichte Europas*. Berlin: Frankfurter Verlags-Anstalt, 1926.

PINTNER, W. M.; ROWNEY, D. K. (Orgs.). *Russian Officialdom*. Chapel Hill, NC: University of North Carolina Press, 1980.

PLATT, L. J. *A History of Sociological Research Methods in America, 1920-1960*. Cambridge: Cambridge University Press, 1996.

POCOCK, J. G. A. Gibbon and the Shepherds. *History of European Ideas*, v.2, p.193-202, 1981.

POLANYI, K. *The Great Transformation*. New York; Toronto: Farrar & Rinehart, 1944. [Ed. bras.: *A grande transformação*. Rio de Janeiro: Campus, 2011.]

POMERANZ, K. *The Great Divergence*: China, Europe and the Making of the Modern World Economy. Princeton, NJ: Princeton University Press, 2000.

POPKIN, S. *The Rational Peasant*: The Political Economy of Rural Society in Vietnam. Berkeley, CA: University of California Press, 1979.

PORSHNEV, B. *Les soulèvements populaires en France 1623-1648*. Paris: SEVPEN, 1963.

PORTES, A. Social Capital. *Annual Review of Sociology*, v.24, p.1-24, 1998.

PRICE, R. *Alabi's World*. Baltimore: Johns Hopkins University Press, 1990.

PROPP, V. *Morphology of the Folktale*. Austin: University of Texas Press, 1968.

PUTNAM, R. D. *Making Democracy Work*: Civic Traditions in Modern Italy. Princeton, NJ: Princeton University Press, 1992.

_____. *Bowling Alone*: The Collapse and Revival of American Community. New York: Simon & Schuster, 2000.

PYE, M. *Syncretism Versus Synthesis*. London: British Association for the Study of Religions, 1993. (Occasional papers; 8).

RAMSDEN, H. *The 1898 Movement in Spain*. Manchester: Manchester University Press, 1974.

RANUM, O. *Richelieu and the Councillors of Louis XIII*. Oxford: Clarendon, 1963.

REDDY, W. R. *The Navigation of Feeling*: A Framework for a History of Emotions. Cambridge: Cambridge University Press, 2003.

REVEL, J. (Org.). *Jeux d'échelle*: la microanalyse à l'expérience. Paris: Gallimard, 1996.

RHODES, R. C. Emile Durkheim and the Historical Thought of Marc Bloch. *Theory and Society*, v.5, n.1, p.45-73, 1978.

RICOEUR, P. *Temps et récit*: l'intrigue et le récit historique. Paris: Seuil, 1983. v.1.

_____. *Temps et récit*: la configuration du temps dans le récit de fiction. Paris: Seuil, 1984. v.2.

RICOEUR, P. *Temps et récit*: le temps raconté. Paris: Seuil, 1985. v.3.

RIGBY, S. H. *Marxism and History*. Manchester: Manchester University Press, 1987.

ROBERTSON, R. *Globalization*: Social Theory and Global Culture. London: Sage, 1992.

RÖHL, J. C. G. Introduction. In: RÖHL, J. C. G.; SOMBART, N. (Orgs.). *Kaiser Wilhelm II*. Cambridge: Cambridge University Press, 1982.

ROGERS, S. Female forms for Power and The Myth of Male Dominance: a Model of Female/Male Interaction in Peasant Society. *American Ethnologist*, v.2, n.4, p.727-57, 1975.

ROKKAN, S. Dimensions of State Formation and Nation-Building: a Possible Paradigm for Research on Variations Within Europe. In: TILLY, C. (Org.). *The Formation of National States in Western Europe*. Princeton, NJ: Princeton University Press, 1975. p. 562-601.

ROMEIN, J. *Het onvoltooid verleden*. Amsterdam: E. Querido, 1937.

RORTY, R. *Philosophy and the Mirror of Nature*. Princeton, NJ: Princeton University Press, 1980. [Ed. bras.: *A filosofia e o espelho da natureza*. Rio de Janeiro: Relume-Dumará, 1994.]

ROSALDO, R. From the Door of his Tent. In: CLIFFORD, J.; MARCUS, G. (Orgs.). *Writing Culture*. Berkeley, CA: University of California Press, 1986. p.77-97.

ROSENTHAL, J. The King's Wicked Advisers. *Political Science Quarterly*, v.82, n.4, p.595-618, 1967.

ROSENWEIN, B. H. (Org.). *Anger's Past*: the Social Uses of an Emotion in the Middle Ages. Ithaca, London: Cornell University Press, 1998.

ROSTOW, W. W. *The Stages of Economic Growth*. Cambridge: Cambridge University Press, 1958.

ROTH, G. History and Sociology in the Work of Max Weber. *British Journal of Sociology*, v.27, p.306-16, 1976.

RUDOLPH, L. I. *The Modernity of Tradition*: Political Development in India. Chicago: University of Chicago Press, 1967.

RUDOLPH, L. I.; RUDOLPH, S. H. The Political Modernization of an Indian Feudal Order. *Journal of Social Issues*, v.4, p.93-126, 1966.

RUNCIMAN, W. G. *A Treatise on Social Theory*: the Methodology of Social Theory. Cambridge: Cambridge University Press, 1983.

_____. *A Treatise on Social Theory*: Substantive Social Theory. Cambridge: Cambridge University Press, 1989.

SACK, R. D. *Human Territoriality*: Its Theory and History. Cambridge: *Cambridge* University Press, 1986.

SAHLINS, M. *Historical Metaphors and Mythical Realities*. Ann Arbor: The University of *Michigan* Press, 1981.

_____. *Islands of History*. Chicago: The University of *Chicago* Press, 1985.

_____. Cosmologies of capitalism. *Proceedings of the British Academy*, v.74, v.42, p.1-52, 1988.

SAHLINS, P. *Boundaries*: the Making of France and Spain in the Pyrenees. Berkeley, CA: University of California Press, 1989.

SAID, E. *Orientalism*. London: Routledge & Kegan Paul, 1978. [Ed. bras.: *Orientalismo*. São Paulo: Companhia de Bolso, 2007.]

SAMUEL, R. Reading the Signs. *History Workshop*, v.32, p.88-101, 1991.

SAMUEL, R.; THOMPSON, P. (Orgs.). *The Myths We Live By*. London: Routhledge, 1990.

SANDERSON, S. K. *Social Evolutionism*: a Critical History. Oxford: Blackwell, 1990.

SCHAMA, S. *The Embarrassment of Riches*. London: Fontana, 1987. [Ed. bras.: *O desconforto da riqueza*. São Paulo: Companhia das Letras, 1992.]

SCHOCHET, G. *Patriarchalism in Political Thought*. Oxford: Blackwell, 1975.

SCHWARZ, R. *Misplaced Ideas*: Essays on Brazilian Culture. London: Verso, 1992.

SCOTT, J. (Org.). *Power*: Critical Concepts. Oxford: Routledge, 1994.

SCOTT, J. C. The analysis of corruption in developing nations. *Comparative Studies in Society and History*, v.11, p.315-41, 1968.

_____. *The Moral Economy of the Peasant*. New Haven: Yale University Press, 1976.

_____. *Domination and the Arts of Resistance*. New Haven: Yale University Press, 1990.

_____. *Seeing Like a State*. New Haven: Yale University Press, 1998.

SCOTT, J. W. *Gender and the Politics of History*. New York: Columbia University Press, 1988.

_____. Women's History In: BURKE, P. (Org.). *New Perspectives on Historical Writing*. Cambridge: Polity Press, 1991. p.43-70.

SCRIBNER, R. W. *Popular Culture and Popular Movements in Reformation Germany*. London: Hambledon Press, 1987.

SEGALEN, M. *Mari et femme dans la societe paysanne*. Paris: Flammarion, 1980.

SEN, A. Rational Fools: a Critique of the Behavioural Foundations of Economic Theory. In: _____. *Choice, Welfare and Measurement*. Oxford: Blackwell, 1982. p.84-106.

SERENI, E. *Il capitalismo nelle campagne, 1860-1900*. Torino: Einauldi, 1947.

SEWELL, W. H. Marc Bloch and the Logic of Comparative istory. *History and Theory*, v.6, p.208-18, 1967.

_____. A Theory of Structure: Duality, Agency, and Transformation. *American Journal of Sociology*, v.98, n.1, p.1-29, 1992.

_____. Historical Events as Transformations of Structures. *Theory and Society*, v.25, p.841-81, 1996.

_____. The Concept(s) of Culture. In: BONNELL, V. E.; HUNT, L. (Orgs.). *Beyond the Cultural Turn*. Berkeley, CA: University of California Press, 1999. p.35-61.

SHANIN, T. (Org.). *Peasants and Peasant Societies*. Harmondsworth: Penguin, 1971.

SHIELDS, D. *Civil Tongues and Polite Letters in British America*. Chapel Hill, NC: University of North Carolina Press, 1997.

SHILS, E. *Center and Periphery*. Chicago; London: University of Chicago Press, 1975.

SIDER, G. *Culture and Class in Anthropology and History*. Cambridge: Cambridge University Press, 1986.

SIEBENSCHUH, W. R. *Fictional Techniques and Factual Works*. Athens, GA: University of Georgia Press, 1983.

SIMIAND, F. Méthode historique et science sociale. *Révue de Synthèse Historique*, v.6, 1903.

SIMMEL, G. The Metropolis and Mental Life. In: HATT, P. K.; REISS, A. J. (Orgs.). *Cities and Society*. Glencoe, Il.: Free Press, 1957. p.635-46.

SIMON, H. A. *Models of Man*: Social and Rational. New York: John Wiley, 1957.

SINHA, M. *Colonial Masculinity*. Manchester: Manchester University Press, 1995.

SKOCPOL, T. *States and Revolutions*. Cambridge: Cambridge University Press, 1979.

_____. (Org.). *Vision and Method in Historical Sociology*. Cambridge: Cambridge University Press, 1984.

SMITH, B. *European Vision and the South Pacific*. New Haven: Yale University Press, 1985.

SMITH, B. G. *The Gender of History*: Men, Women, and *Historical* Practice. Cambridge, MA: Harvard University Press, 1998.

_____. Gender Theory. In: STEARNS, P. N. (Org.). *Encyclopedia of European Social History*. New York: Scribner, 2001. v.1, p.95-104.

SMITH, D. *The Rise of Historical Sociology*. Cambridge: Polity Press, 1991.

_____. *Norbert Elias and Modern Social Theory*. London: Sage, 2001.

SOJA, E. *Postmodern Geographies*. Berkeley, CA: University of California Press, 1989.

SOMBART, W. *Warum gibt es in den Vereinigten Staaten keinen Sozialismus?* Tübingen: J. C. B. Mohr, 1906.

SOMBART, W. Economic Theory and Economic History. *Economic History Review*, v.2, n.1, p.1-19, 1929.

SPICER, E. Acculturation. In: ENCYCLOPEDIA of the Social Sciences. New York: MacMillan/Free Press, 1968. v.1, p.21-7.

SPIERENBURG, P. *The Spectacle of Suffering*: Executions and the Evolution of Repression. Cambridge: *Cambridge* University Press, 1984.

SRINIVAS, M. N. *Social Change in Modern India*. Berkeley, CA: University of California Press, 1966.

STALLYBRASS, P.; WHITE, A. *The Politics and Poetics of Transgression*. London: Methuen, 1986.

STEARNS, P. N.; STEARNS, C. Z. Emotionology. *American Historical Review*, v.90, n.3, p.813-36, 1986.

STEGER, M. B. *Globalization*: a Very Short Introduction. Oxford: Oxford University Press, 2003.

STEVENSON, J. The Moral Economy of the English Crowd: Myth and Reality. In: FLETCHER, A.; STEVENSON, J. (Orgs.). *Order and Disorder in Early Modern England*. Cambridge: *Cambridge* University Press, 1985.

STEWART, C.; SHAW, R. (Orgs.). *Syncretism/anti-Syncretism*. London: Routledge, 1994.

STOCKING, G. The Ethnographer's Magic: Fieldwork in British Anthropology from Tylor to Malinowski. In: STOCKING, G. (Org.). *Observers Observed*. Madison: The University of Wisconsin Press, 1983. p.70-120.

STONE, L. *The Crisis of the English Aristocracy, 1558-1641*. Oxford: Oxford University Press, 1965.

_____. *The Family, Sex and Marriage in England 1500-1800*. New York: Harper & Row, 1977.

_____. The Revival of Narrative: Reflections on a New Old History. *Past and Present*, v.85, n.1, p.3-24, 1979.

_____. History and Post-Modernism. *Past and Present*, v.131, p.217-8, 1991.

STRATHERN, M. *The Gender of the Gift*. Berkeley, CA: University of California Press, 1988.

STRAUSS, A. *Negotiations*: Varieties, Processes, Contexts, and Social Order. San Francisco: Jossey-Bass, 1978.

STREET, B. S. *Literacy in Theory and Practice*. Cambridge: Cambridge University Press, 1984.

_____. The New Literacy Studies. In: STREET, B. S. (Org.). *Cross-Cultural Approaches to Literacy*. Cambridge: Cambridge University Press, 1984. p.1-21.

SUTTLES, G. D. *The Social Construction of Communities*. Chicago: University of Chicago Press, 1972.

TARROW, S. *Power in Movement*. Cambridge: Cambridge University Press, 1994.

TEMIN, P. (Org.). *The New Economic History*. Harmondsworth: Penguin, 1972.

THOMAS, K. V. *Religion and the Decline of Magic*. London: Weidenfeld & Nicolson, 1971.

THOMPSON, E. P. *The Making of the English Working Class*. London: 1963. [Ed. bras.: *A formação da classe operária inglesa*. São Paulo: Paz e Terra, 1987. 3v.]

_____. *The Poverty of Theory*. New York: Monthly Review Press, 1978.

_____. *Customs in Common*. New York: New Press, 1991. [Ed. bras.: *Costumes em comum*. São Paulo: Companhia das Letras, 1998.]

THOMPSON, F. M. L. *English Landed Society in the Nineteenth Century*. London: Routledge & Kegan Paul, 1963.

THOMPSON, J. B. *Ideology and Modern Culture*. Cambridge: Polity Press, 1990.

THOMPSON, P. *The Edwardians*: The Remaking of British Society. London: Weidenfeld & Nicholson, 1975.

THORNER, D. Feudalism in India. In: COULBORN, R. (Org.). *Feudalism in History*. Princeton: Princeton University Press, 1956. p.133-50.

TILLY, C. (Org.). *The Formation of National States in Western Europe*. Princeton, NJ: Princeton University Press, 1975.

_____. *From Mobilization to Revolution*. New York: Mcgraw-Hill College, 1978.

_____. *Coercion, Capital and European States 990-1990*. Oxford: Blackwell, 1990. [Ed. bras.: *Coersão, capital nos estados europeus*. São Paulo: Edusp, 1996.]

_____. *Social Movements 1768-2004*. Boulder: Paradigm Press, 2004.

TILLY, L.; SCOTT, J. W. *Women, Work and Family*. New York: Routledge, 1978.

TIPPS, D. C. Modernization Theory and the Comparative Study of Societies. *Comparative Studies in Society and History*, v.15, n.2, p.199-224, 1973.

TÓTH, I. G. *Literacy and Written Culture in Early Modern Central Europe*. Budapest: Central Eiropean University Press, 2000.

TOURAINE, A. *Le retour de l'acteur*. Paris: Fayard, 1984.

TOYNBEE, A. *A Study of History*. London: Oxford University Press, 1935-1961. 13v.

TURNER, F. J. The Significance of the Frontier in American History. In: _____. *The Frontier in American History*. Huntington: R. E. Krieger, 1976. p.1-38.

TURNER, V. *The Ritual Process*: Structure and Anti-Structure. Harmondsworth: Penguin Books, 1969.

_____. *Dramas, Fields and Metaphors*. Ithaca, NY: Cornell University Press, 1974.

UNDERDOWN, D. *Revel, Riot and Rebellion*: Popular Politics and Culture in England 1603-1660. Oxford: Clarendon, 1985.

VANSINA, J. *Oral Tradition*: a Study in Historical Methodology. London: Aldine, 1965, [1961].

_____. *Oral Tradition as History*. Madison, Wis: University of Wisconsin Press, 1985.

VEBLEN, T. *Theory of the Leisure Class*: An Economic Study in the Evolution of Institutions. New York: Macmillan, 1899.

VEBLEN, T. *Imperial Germany and the Industrial Revolution*. London: Macmillan, 1915.

VERNANT, J.-P. Le mythe et pensée chez les Grecs. Paris: Maspero, 1966. [Ed. bras.: *Mito e pensamento entre os gregos*: estudos de psicologia histórica. Rio de Janeiro: Paz e Terra, 1990.]

VIALA, A. *Naissance de l'écrivain*: sociologie de la littérature à l'âge classique. Paris: Minuit, 1985.

VINOGRADOFF, P. *Villeinage in England*. Oxford: Oxford University Press, 1892.

VOLKOV, V. Notes on the Stalinist Civilizing Process. In: FITZPATRICK, S. (Org.). *Stalinism*. London; New York: Routledge, 2000. p.210-30.

VOVELLE, M. *Piété baroque et déchristianisation en Provence au XVIIIe siècle*: les attitudes devant la mort d'après les clauses des testaments. Paris: Colin, 1973.

_____. *Ideologie et mentalités*. Paris: Maspero, 1982.

WACHTEL, N. *La vision des vaincus*: les indiens du Pérou devant la conquête espagnole, 1530-1570/80. Paris: Gallimard, 1971.

WAITE, R. G. L. *The Psychopathic God*: Adolf Hitler. New York: Basic Books, 1977.

WALLERSTEIN, I. *The Modern World-System*. London; New York: Academic Press, 1974. v. 1.

WASHBROOK, D. Orients and Occidents: Colonial Discourse Theory and the Historiography of the British Empire. In: WINKS, R. (Org.). *Oxford History of the British Empire*. Oxford: Oxford University Press, 1999. v.5, p.596-611.

WEBER, M. *Economy and Society*. New York: 1920. 3.v. [Ed. bras.: *Economia e sociedade*. Brasília: UnB, 1991. 2v.]

_____. *From Max Weber*: Essays in Sociology. London: Kegan Paul, Trench, Trubner, 1948.

_____. *The Religion of China*. London; New York: Free Press, 1964.

WEHLER, H.-U. *Deutsche Gesellschaftsgeschichte. Frankfurt am Main*: Suhrkamp Verlag, 1987. v.1.

WEISSMAN, R. F. E. Reconstructing Renaissance Sociology: The Chicago School and The Study of Renaissance Society. In: TREXLER, R. C. (Org.). *Persons in Groups*. Binghamton, NY: Medieval & Renaissance Texts & Studies, 1985. p.39-46.

WERTHEIM, W. F. *Evolution and Revolution*. Harmondsworth: Penguin, 1974.

WHITE, H. V. *Metahistory*. Baltimore: Johns Hopkins University Press, 1973.

_____. *Tropics of Discourse*. Baltimore, MD: Johns Hopkins University Press, 1978.

WHITE, L. T. *Medieval Technology and Social Change*. Oxford: Oxford University Press, 1962.

WIERZBICKA, A. *Emotions across Languages and Cultures*. Cambridge: Cambridge University Press, 1999.

WIESNER-HANKS, M. E. *Women and Gender in Early Modern Europe*. Cambridge: Cambridge University Press, 1993.

WIESNER-HANKS, M. E. *Gender and History*. Cambridge, MA: Harvard University Press, 2001.

WILKINSON, R. G. *Poverty and Progress*: an Ecological Model of Economic Development. London: Methuen, 1973.

WILLIAMS, R. *Communications*. Harmondsworth: Penguin, 1962.

WILSON, B. R. (Org.). *Rationality*. Oxford: Blackwell, 1979.

WINKLER, J. J. *The Constraints of Desire*: The Anthropology of Sex and Gender in Ancient Greece. London: Routledge, 1990.

WINTER, J.; SIVAN, E. (Orgs.). *War and Rememberance in the 20$^{th}$ Century*. Cambridge: Cambridge University Press, 1999.

WOLF, E. Aspects of Group Relations in a Complex Society. In: SHANIN, T. *Peasants and Peasant Societies*. Harmondsworth: Penguin, 1971. p.50-66.

_____. *Peasant Wars of the Twentieth Century*. London: Harper & Row, 1969.

_____. *Europe and the People without History*. Berkeley, CA: University of California Press, 1982. [Ed. bras.: *A Europa e os povos sem história*. São Paulo: Edusp, 2009.]

WOUTERS, C. Informalization and the Civilizing Process. In: GLEICHMANN, P.; GOUDSBLOM, J.; KORTE, H. (Orgs.). *Materialen zu Norbert Elias' Zivilisationstheorie*. Frankfurt am Main: Suhrkamp, 1977. p.437-53.

WRIGLEY, E. A. The process of modernization and the Industrial Revolution in England. *Journal of Interdisciplinary History*, v.3, n.2, p.225-59, 1972.

WYATT-BROWN, B. *Southern Honor*. New York: Oxford University Press, 1982.

YEO, E.; YEO, S. (Orgs.). *Popular Culture and Class Conflict 1590-1914*. Brighton: Harvester Press, 1981.

YOUNG, R. *Postcolonialism*: An Historical Introduction. Oxford: Blackwell, 2001.

ZARET, D. *Origins of Democratic Culture*: Printing, Petitions and the Public Sphere in Early-Modern England. Princeton, NJ: Princeton University Press, 2000.

# Índice remissivo

Abu-Lughod, Janet (1928-), socióloga norte-americana, 272
Aculturação, 162, 242
África, 47, 80, 96-7, 147, 159, 165, 193-4, 263
Agulhon, Maurice (1926-), historiador francês, 229
alfabetismo, 222
Allport, Gordon (1897-1967), psicólogoa mericano, 165
alternativas, consciência das, 150, 212, 216, 240, 279
Althusser, Louis (1918-90), filósofo francês, 101, 152, 201, 260
amnésia cultural, 173, 214
Amselle, Jean-Luc, antropólogo francês, 264
análise de conteúdo, 61-2
análise de custo-benefício, 176, 179
Anderson, Benedict (1936-), antropólogo anglo-americano, 95
Anderson, Perry (1938-), historiador britânico, 45, 228, 232
Annales, escola dos, 34-5

antropologia, 12-3, 16-7, 68-71, 76, 88-91, 94-6, 112, 147, 149, 161-3, 171-3, 186, 190-1, 205-6, 216, 236, 242-3, 249, 263, 269, 276, 278
Appadurai, Arjun (1949-), antropólogo indiano-americano, 96, 276
apropriação, 156-7
arquétipos, 269
Ariès, Philippe (1914-84), historiador francês, 79,
associações voluntárias, 114-6, 125-6, 214, 217, 231
atitudes pré-políticas, 117, 139
ator, modelo do, 58, 82, 98
volta do, 203-10

Bacon, Francis (1561-1626), jurista e filósofo inglês, 38, 120
Bailey, Frederick G. (1924-), antropólogo britânico, 141
Bakhtin, Mikhail (1895-1975), teórico cultural russo, 40, 153, 163, 202, 267
Baran, Paul A. (1911-64), economista russo-americano, 129
Barber, Bernard, sociólogo norte-americano, 100

# Índice remissivo

Barth, Frederik (1928-), antropólogo norueguês, 118
Barthes, Roland (1915-80), teórico da literatura francês, 201-2
Bauman, Zygmund (1925-), sociólogo polaco, 256
Baumann, Gerd (1953-), antropólogo alemão, 186
Bayly, Christopher (1945-), historiador britânico, 277
Beck, Ulrich (1944-), sociólogo alemão, 256
Bellah, Robert N. (1927-), sociólogo norte-americano, 49, 222
Below, Georg von, (1858-1927), 44
Bendix, Reinhard (1916-90) sociólogo germano-americano, 44
Benedict, Ruth F. (1887-1948), antropóloga norte-americana, 205
Berlusconi, Silvio, político italiano, 146
Bloch, Marc (1886-1944), historiador francês, 34, 45-7, 148-9, 151-2, 205
Blok, Anton (1935-), antropólogo holandês, 96
Boas, Franz (1858-1943), antropólogo germano-americano, 26, 29, 30, 35, 107
boato, 165-6, 170
Bourdieu, Pierre (1930-2002), antropólogo-socólogo francês, 92, 96, 108, 113, 186, 245, 258-261
Brasil, 35-6, 62, 97, 132, 136, 144, 162, 180
Braudel, Fernand (1902-85), historiador francês, 10, 35, 40, 64, 72, 111, 204, 236-8, 246, 252, 277
Brown, Peter (1935-), historiador britânico, 148
Burckhardt, Jacob (1818-97), historiador suíço, 22, 52, 219-20
Burke, Kenneth (1897-1993), teórico da literatura norte-americano, 190

burocracia, 55-6, 105, 117, 146, 214-5, 271
Butterfield, Herbert (1900-79), historiador britânico, 269

Cambridge, Grupo de, 89
campos, 258-9
capital social, 113-7, 146
capitalismo, 27, 33, 48, 52-3, 129, 161, 213-5, 227, 230, 238, 270-4
carisma, 27, 121, 144, 146, 148, 152, 164, 208
casta, 98, 263
Castells, Manuel (1942-), sociólogo espanhol, 264
Castoriadis, Cornelius (1922-97), teórico da política grego, 260
centros de cálculo, 132
Certeau, Michel de (1925-86), polímata francês, 157, 259
Cerutti, Simone, historiador italiano, 72
Chartier, Roger (1945-), historiador francês, 158, 263
Chayanov, Alexander Vasil'evich (1888-1939), economista da agricultura russo, 53, 78, 90
China, 44-5, 103-7, 159, 184, 240, 269-70
ciclos, 28, 36, 90, 207, 236-9
de extração e coerção, 233
civilização, 223-4, 235-6, 267, 269-70
Clark, Stuart, historiador britânico, 262
classe, 35, 58-60, 72-5, 99-104, 137-9, 149, 151, 156, 185-6, 196, 229-30, 237, 248, 259, 263, 265
clientes, 140, 168
cliometria, 63
coesão, 152, 193
Cohen, Stanley (1942-), sociólogo britânico, 183

## Índice remissivo

Coleman, James S. (1926-95), sociólogo norte-americano, 177
colonialismo, 130, 154, 159
  *vide também* pós-colonialismo
competição, 217, 231
comunidade, 70-1, 73-4, 93-8, 126, 130, 147, 157, 172-3, 185-6, 194-6, 213, 222, 240, 250, 254, 259, 260, 276
  moral, 90, 93
Comte, Auguste (1798-1857), sociólogo francês, 18, 23-4, 48
condensação, 174
conflito, 51, 69, 74, 97-9, 102, 134-5, 137, 159, 175, 184-5, 187, 190-3, 197, 199, 212, 226-7, 230, 233, 238, 246
conquista, 130, 213, 219-20, 243-6
consciência dupla, 160
consenso, 93, 101, 135, 148, 152-3, 184, 195, 199
construção, 87, 154, 187, 244, 259-65
consumo, 101, 103, 107-13, 221
contexto, 155, 167
controle, 195-6
corrupção, 120-2
crioulização, 164
cristalização, 244
Croce, Benedetto (1866-1952), filósofo-historiador italiano, 23
cultura, 180-4, 239-42, 251-2, 259-65
  visual, 170
  política, 123, 182
  popular, 136-7, 141, 181
cultural, reprodução, 113, 252
  tradução, 163
culturas da culpa, 206
  vergonha, 206

Darnton, Robert (1939-), historiador norte-americano, 158
Davis, Natalie Z. (1927-), historiadora norte-americana, 69, 84, 189

descentramento, 265-9
descivilização, 225
desconstrução, 261-2
desculturação, 245
Derrida, Jacques (1930-2004), filósofo francês, 139, 202, 261-2
desencantamento do mundo, 215
desestruturação, 245
determinismo, 34, 72, 202, 204, 209, 229
diferença, diferenciação, 96-7, 212, 219, 222, 224, 231, 262, 265
Dilthey, Wilhelm (1833-1911), filósofo da história alemão, 23
disciplina, 234
discurso, 40, 120, 123, 153-6, 160, 189, 202
distinção, 185
Dodds, Eric R. (1893-1979), classicista irlandês, 206
Dore, Ronald (1925-), 212
Douglas, Mary (1921-), antropólogo britânico, 264
drama social, 69, 73, 83, 182
dramaturgia, 69-70, 188-9, 208-9
Du Bois, W.E.B. (1868-1963), sociólogo norte-americano, 260
Duby, Georges (1919-96), historiador francês, 101, 111, 263
Dumont, Louis (1911-98), antropólogo francês, 102-3
Durkheim, Émile (1858-1917), sociólogo francês, 11, 26, 28-9, 34, 43-5, 51-2, 94, 147-9, 205, 213, 246, 258

ecologia, 93, 228, 273,
economia, 19, 24, 28, 37, 52-3, 59, 64, 78-9, 107, 110-1, 117-8, 182, 222, 227, 238, 272-3
  moral, 15-6, 112

## Índice remissivo

Eisenstadt, Shmuel N. (1923-), sociólogo israelense, 218
Ekman, Paul (1934-), psicólogo norte-americano, 209
Elias, Norbert (1897-1990), sociólogo alemão, 29, 36, 40, 51, 205, 222-5, 258, 266-7
Elvin, Mark, historiador britânico, 174
emoções, 208-9
encontros, 242-6, 252-3
*vide também* conquistas
epistemes, 148
equilíbrio, 29-30, 134, 191, 195, 273-4
Erikson, Eric H. (1902-94), psicanalista germano-americano, 204, 208
esfera pública, 87, 125-8
esquemas, 170, 187, 239, 252, 260, 262
espaços, 40, 124, 127-8, 169, 214-5, 258-9, 264
estereótipos, 87, 154, 170, 241, 270
estratégias, 78, 108-9, 113, 138, 157, 176, 179, 202, 257, 289
estruturação, 17, 210
estruturalismo, 200-3
estruturas, 33-5, 40, 53, 89-92, 128, 191-2, 200-3, 209, 251
estudos subalternos, 139
etnicidade, 95-6
etnocentrismo, 48
etnografia, etnologia, *vide* antropologia
Evans-Pritchard, Edward E. (1902-73), antropólogo britânico, 26, 149-50
eventos, 18, 27-8, 34, 40, 51, 246-53
evolução, 24-5, 30, 488, 212-3, 216, 219, 228

facção, 119
família, 89-93, 115-6, 250
favoritos, 78-9
Febvre, Lucien (1878-1956), historiador francês, 34-5, 151, 205

feminismo, 84
Ferguson, Adam (1723-1816), filósofo-historiador escocês, 18-20
feudalismo, 44, 47-9, 56, 75-7
ficção, 186-90
figuração, 258
Fishman, Joshua A. (1926-), linguista norte-americano, 155-6
fixidez, 256
fluxo, fluidez, 40, 132, 256-7, 264
fofoca, 257
fórmulas, 166-8, 170
*vide também* esquemas
Foucault, Michel (1927-84), filósofo francês, 40, 70, 77, 84, 88, 124, 128, 153-8, 233-5, 240, 260
Frazer, James (1854-1941), antropólogo francês, 155
Freeman, Edward Augustus (1823-92), historiador inglês, 22
Freud, Sigmund (1856-1939), psicanalista austríaco, 25, 34, 96-7, 174, 177, 205, 208, 297
Freyre, Gilberto (1900-87), sociólogo-historiador brasileiro, 35, 63-5, 162, 164, 192, 276
Friedman, Jonathan (1946-), antropólogo norte-americano, 204
Fromm, Eric, (1900-80), psicanalista alemão, 206
Frye, Northrop, (1912-91), teórico da literatura canadense, 287
funcionalismo, funções, 30-1, 49-50, 105, 191-6, 211
Fustel de Coulanges, Numa-Denis (1830-89), historiador francês, 22, 26-7

Gadamer, Hans-Georg (1900-2002), filósofo alemão, 266-7, 275
Gay, Peter (1923-), historiador germano-americano, 205-6

Geertz, Clifford (1926-), antropólogo norte-americano, 36, 40, 68-71, 134, 181, 249
Gellner, Ernest (1925-95), filósofo-antropólogo britânico, 11, 37, 54, 95, 107, 125, 273-4
gênero, 84-9
geografia, 11, 15, 30-34, 37, 40, 133, 166, 241, 266
Gershenkron, Alexander (1904-78), historiador da economia russo-americano, 221
Gestalt, 170, 240, 260
Gestão, 247-8
Gibbon, Edward (19737-94), historiador inglês, 20, 292-3
Giddens, Anthony (1938-), sociólogo britânico, 122, 210, 232
Ginzburg, Carlo (1939-), historiador italiano, 68-72, 158
globalização, 275-8
Gluckman, Max (1911-75), antropólogo sul-africano, 70, 72, 193, 197-8
Godelier, Maurice (1934-), antropólogo francês, 260
Goffman, Erving (1922-82), sociólogo norte-americano, 81-2
Goldstone, Jack A., (1955-), sociólogo norte-americano, 46, 54, 238
Gombrich, Ernst H. (1909-2001), historiador da arte austríaco, 13, 170, 181, 239-241, 252
Goody, Jack (1919-), antropólogo britânico, 47-8, 167
Gramsci, Antonio (1891-1937), marxista italiano, 137-151, 226
grande narrativa, 268
Granet, Marcel (1884-1940), sinólogo francês, 151
Green, John Richard (1837-83), historiador inglês, 22
Greenblatt, Stephen (1943-), historiador da literatura norte-americana, 69, 189
gregos, 202
Grendi, Edoardo (1932-99), historiador italiano, 72
Gribaudi, Maurizio, historiador italiano, 72
guerra, 233
Guha, Ranajit (1923-) historiador indiano, 139
Gunder Frank, André (1929-), economista norte-americano, 129
grupos "abafados", 85
grupos monotéticos, 57-8
grupos politéticos, 57-8

Habermas, Jürgen (1929-), filósofo-sociólogo alemão, 125-8
habitus, 260-1
Hajnal, John, demógrafo húngaro-britânico, 47
Halbwachs, Maurice (1877-1945), sociólogo francês, 34, 36, 172-3
Hall, John A. (1949-), sociólogo britânico, 37, 273
Hallam, Henry, (1777-1859), historiador inglês, 49
Handlin, Oscar (1915-), historiador norte-americano, 242
Hannerz, Ulf (1942-), antropólogo sueco, 164
Hansen, Borje, antropólogo sueco, 70
Harootunian, Harry, historiador norte-americano, 262
Hartog, François, historiador francês, 202
Hašek, Jaroslav (1883-1923), romancista tcheco, 141
Hauser, Arnold (1892-1978), historiador da arte húngaro, 180, 263

## Índice remissivo

Heckscher, Eli (1879-1952), historiador da economia sueco, 53
hegemonia, 137-42
Heródoto, 202
Hexter, Jack (1910-96), historiador norte-americano, 44
hibridismo, 159-65
Hintze, Otto (1861-1940), historiador alemão, 32, 45
Hirschman, Albert (1915-), economista norte-americano, 136
história filosófica, 37, 274
história oral, 167
história quantitativa, 63
Hobsbawm, Eric (1917-), historiador britânico, 96, 139, 142-3
holismo, 191
honra, 73, 88, 100, 117-8, 123, 146, 261
horizonte, 157
Huizinga, Johan (1872-1945), historiador holandês, 36
Hume, David (1711-77), filósofo e historiador escocês, 20, 278
Hunt, Lynn, historiadora norte-americana, 124
Hymes, Dell (1927-), 155-6

identidades, 30, 93, 95-6, 277
ideologias, 148-55, 196
Illyés, Gyula (1902-83), escritor húngaro, 141
imaginação coletiva, 152
imitação, 142
Índia, 47, 139, 245
individualismo metodológico, 191, 257
industrialização, 46, 218-22, 232, 273
infância, 79, 208
intencionalismo, 194
intertextualidade, 153
invenção, 79, 88
Iser, Wolfgang (1926-), teórico da literatura alemão, 157

Japão, 45-7, 73, 90, 104, 133, 180, 218, 222, 228, 247, 262
jargão, 75
Jauss, Hans-Robert (1921-97), teórico da literatura alemão, 157
Jones, Eric L. (1936-), 273
Juglar, Clément (1819-1905), economista francês, 236
Jung, Carl Gustav (1875-1961), psicólogo suíço, 172, 236
juros, 215

Kennedy, Paul (1945-), historiador britânico, 238
Kocka, Jürgen (1941-), historiador alemão, 233
Köhler, Wolfgang (1887-1967), psicólogo alemão, 22, 170
Kondratieff, Nikolai (1892-1931?), economista russo, 28, 236-7
Kosminsky, Evgenii (1886-1959), historiador russo, 58
Kuhn, Thomas S. (1922-96), historiador norte-americano da ciência, 239-241, 269
Kula, Witold (1916-88), historiador polaco, 78-9

Lacan, Jacques (1901-81), psicanalista francês, 201, 260
Lampedusa, Giuseppe Tomasi di (1896-1957), 248
Lamprecht, Karl (1856-1915), historiador alemão, 32-4
Landes, Joan, historiador norte-americano, 127
Lanternari, Vittorio (1918-), antropólogo italiano, 164
Laslett, Peter (1915-2001), historiador britânico, 89-90
Lasswell, Harold (1902-78), cientista político norte-americano, 155

Latour, Bruno (1947-), sociólogo francês, 132
Leach, Edmund (1910-1989), antropólogo britânico, 195
Lee, Joseph J. (1942-), historiador irlandês, 217
Lefebvre, Georges (1874-1959), historiador francês, 166
legitimação, 268
Le Goff, Jacques (1924-), historiador francês, 150
leitura, 158
León-Portilla, Miguel (1926-), historiador mexicano, 245
Le Play, Frédéric (1806-82), sociólogo francês, 89
Le Roy Ladurie, Emmanuel (1929-), historiador francês, 68-71, 93, 237-8, 245-7, 250, 268, 274
Levi, Giovanni (1929-), historiador italiano, 69-70
Lévi-Strauss, Claude (1908-), antropólogo francês, 191, 201-2, 258-60
Lévy-Bruhl, Lucien (1857-1939), filósofo francês, 25, 34, 147-50
liderança retardatária, 221
Lipset, Seymour M. (1922-), sociólogo norte-americano, 36
linguagem, 131-2, 156-7, 264
Lloyd, Geoffrey E.R. (1933-), historiador britânico, 149
Lord, Albert (1912-91), eslavista norte-americano, 166
Lotman, Juti M. 91922-93), semiólogo russo, 201-2
Lyotard, Jean-François (1925-98), filósofo francês, 268

Macaulay, Thomas Babington (1800-59), historiador britânico, 22
Macfarlane, Alan (1941-), antropólogo--historiador britânico, 48, 91, 194

mapas cognitivos, 147
McLuhan, Marshall (1911-80), teórico da mídia canadense, 169
McNeill, William H. (1917-), historiador norte-americano, 50, 130-1, 271-2, 275-6
Maitland, Frederick William (1850-1906), jurista e historiador do direito, 26, 57-8
Malinowski, Bronislaw (1884-1942), antropólogo polaco-britânico, 11, 29, 31, 76, 110, 162, 171-2, 187
Malthus, Thomas (1766-1834), escritor sobre a população britânico, 19, 20, 39, 238
Mann, Golo (1909-94), historiador alemão, 188-9
Mann, Michel (1942-), sociólogo britânico, 37, 55, 123, 188, 189, 232, 257-8, 273
Mannheim, Karl (1893-1947), sociólogo húngaro, 151, 253
Marx, Karl (1818-83), 11, 23-4, 27, 48-52, 58-9, 92, 101-2, 129, 152, 204-5, 226-30
marxismo, 39, 44, 139, 201, 226-30, 237
má compreensão, 159, 170-1
Mead Margaret (1901-1978), antropóloga norte-americana, 205
Medick, Hans, historiador alemão, 41
Meillet, Antoine (1866-1936), linguista francês, 45
memória, 170-5
mentalidades, 25, 78, 146-51, 154, 186
método comparativo, 34, 34, 45, 48
micro-história, 41, 61, 68, 70, 72, 74, 247, 249
Mill, John Stuart (1806-73), filósofo britânico, 191
Millar, John (1735-1801), jurista e historiador escocês, 18-20

mistificação, 152-3
Mitchell, Timothy (1955-), historiador norte-americano, 262
mito, 170-5, 187, 198-9, 202
mobilidade social, 103-7, 125
mobilização, 124, 145
modelos, 43-51, 76, 128-30, 211, 226, 234-5
populares, 76
modernização, 212-22, 234-5, 231
defensiva, 217
Möser, Justus (1720-94), alto funcionário e historiador alemão, 20
Montesquieu, Charles (1689-1755), barão de, pensador francês, 18-20
Moore, Barrington (1913-), sociólogo norte-americano, 46, 227-8, 231
Mousnier, Roland (1907-93), historiador francês, 99-101
mudança exógena, 27
social, 130, 199, 210-3, 216-56
Muchembled, Robert (1944-), historiador francês, 242
mulheres, 62-3, 69, 86-8, 104, 112, 115, 127-8, 138, 262, 267-8
multilinearidade, 224-5, 228

Namier, Lewis (1888-1960), historiador polaco-britânico, 52, 119
narcisismo das pequenas diferenças, 96, 265
narrativa, 186-90, 201-3, 248-50, 267
Needham, Joseph (1900-95), historiador da ciência britânico, 47-269
negociação, 140-1, 242-3
Nipperdey, Thomas (1927-92), historiador alemão, 217
normal excepcional, 72

Olson, David H. (1935-), 167
Olson, Marcel (1872-1950), sociólogo francês, 167

Ong, Walter J. (1912-), 166-7, 169
oralidade, 53, 165, 168, 170, 261
Orientalismo, 154
Ortiz, Fernando (1881-1969), antropólogo cubano, 161-2, 164
Otomano, Império, 46, 105, 130, 136, 218
Ozouf, Mona, historiadora francesa, 124

padrinhos, 79-84
pânico, 166, 176-7, 183-4
moral, 183
paradigmas, 241, 251
Pareto, Vilfredo (1848-1923), sociólogo italiano, 26, 195, 236, 238
Park, Robert E. (1864-1944), sociólogo norte-americano, 29-30
parentesco, 89, 96, 116
paroquialismo, 17
particularismo, 214- 219
patrimonialismo, 55, 178
performance, 79, 84, 121, 170, 181, 209
periferias, 128-37, 160-1, 194, 227, 272
Piaget, Jean (1896-1980), psicólogo suíço, 28
poder, 69-70, 108, 121
Polanyi, Karl (1886-1980), economista húngaro, 110-1
política, 113-28, 138-9, 142-6, 153-4, 194-6, 227-29, 239, 274
polifonia, 267
Pomeranz, Kenneth L., historiador norte-americano, 275
população, 19-20, 39, 57-9, 62-5, 105-6
Porshnev, Boris F. (1905-72), historiador psicólogo russo, 99
pós-colonialismo, 159-65
pós-estruturalismo, 202, 259, 261,
Prebisch, Raúl (1901-86), economista argentino, 129

pensamento pré-lógico, 150, 232
pontos de vista, 34, 39, 92, 249, 266, 267
múltiplo, 249, 267
presentes, 110-1
Price, Richard (1941-), antropólogo norte-americano, 267
privação relativa, 54
profissionalização, 21, 30
Propp, Vladimir J. (1895-1970), folclorista russo, 201-3
prosopografia, 63, 67
psicologia, 10, 23, 27, 29-34, 133, 170, 204-9
Putnam, Robert D. (1940-), sociólogo norte-americano, 114-6, 123, 146

questionários, 30, 36, 61

Radcliff-Brown, Alfred R. (1881-1955), antropólogo britânico, 29, 31
Ranke, Leopold von (1795-1886), historiador alemão, 18, 21, 31-4, 181, 187-8, 190, 219-220
racionalidade, 13, 107, 112, 138, 176-80, 183, 270
Ratzel, Friedrich (1844-1904), geógrafo alemão, 25, 32-4
recepção, 158-60
reciprocidade, 110-1, 115, 118
Reddy, William M., historiador norte-americano, 209
re-presentação, 251
refeudalização, 226
reinscrição transgressiva, 142, 157
relativismo, 176-80
religião, 24, 69, 97, 106, 111, 115, 136, 142, 149, 162, 169
repertório, 83, 112, 145, 153, 155, 182-3, 209
reprodução cultural, 113, 252
resistência, 138-41

revoltas, 99, 133, 139, 145
revoluções, 46, 54, 144, 171, 176, 226, 231, 233, 240-1, 246, 250-1
Ricoeur, Paul (1913-), filósofo francês, 157
rituais, 95, 112, 120, 126, 145, 156, 193, 198-9, 231
Robertson, William (1721-93), historiador britânico, 148
Robinson, James Harvey (1863-1936), historiador norte-americano, 33-4
Rokkan, Stein (1921-79), cientista político norueguês, 131, 134
Romein, Jan (1893-1962), historiador holandês, 221-2
Rostow, Walt W. (1916-2003), economista norte-americano, 221
roteiro, 83
rotinização, 146
Runciman, W.G. (1934-), sociólogo britânico, 216

Sahlins, Marshall D. (1930-), antropólogo norte-americano, 37, 114, 251, 253, 256
Said, Edward (1935-2003), crítico palestino-americano, 154, 160-1, 164, 229, 241, 270
Schama, Simon (1945-), historiador britânico, 184, 264
Schmoller, Gustav (1838-1917), historiador econômico alemão, 24, 28-9
Schumpeter, Joseph Alois (1883-1950), economista austríaco, 28, 36
Schwarz, Roberto (1938-), crítico brasileiro, 161
Scott, James C., antropólogo norte-americano, 56, 141
Scott, Joan W., historiadora norte-americana, 84, 262
Scribner, Robert W. (1941-98), historiador australiano, 229

semiótica, 200
Sem, Amartya (1933-), economista indiano, 179
Sereni, Emilio (1907-77), historiador italiano, 229
Shields, David S., historiador da literatura norte-americana, 126-7
Shils, Edward (1911-95), sociólogo norte-americano, 134-5
Siegfried, André (1875-1959), geógrafo político francês, 26, 36
Simiand, François (1873-1975), economista francês, 28, 237, 246
Simmel, Georg (1858-1918), sociólogo norte-americano, 29, 94, 97, 192, 258
Skocpol, Theda, socióloga norte-americana, 46, 54, 231
Small, Albion (1854-1926), sociólogo norte-americano, 29
Smelser, Neil (1930-), sociólogo norte--americano, 39
Smith, Adam (1723-90), economista político escocês, 19, 23, 36-7, 53, 214, 274
Smith, Bernard W. (1916), historiador da arte australiano, 242
socialização, 18, 113
sociedade civil, 125
sociedades pré-industriais, 99, 102, 107, 111, 139, 230
Sohm, Rudolf (1841-1917), historiador da Igreja alemão, 27
Sombart, Werner (1863-1941), historiador da economia alemão, 33, 44, 52
Spencer, Herbert (1820-1936), sociólogo inglês, 6, 23-8, 32, 48, 77, 191-2, 212-3, 219, 220-2, 226-7, 230-5, 239, 242
Spengler, Oswald (1880-1936), filósofo da história alemão, 236

Stone, Lawrence (1919-99), historiador inglês, 91-2, 119, 262
sincrônico, 201
sincretismo, 162-3
sistema, *vide* estrutura, sistema de crença
sistemas de crença, 147, 149, 150
sonhos, 207
subcultura, 18, 76, 185-6
subdesenvolvimento, 129, 134, 227, 272
suplemento, 181, 261-2
Sweezy, Paul M. (1910-2004), economista norte-americano, 227

teoria do sistema-mundo, 129, 138, 239, 272
Teoria Literária, 40, 249
Thomas, Keith (1933-), historiador britânico, 149, 153
Thompson, Edward P. (1924-93), historiador britânico, 16, 38-9, 111-2, 182, 184, 186
Thompson, Paul R. (1935-), historiador britânico, 63, 229
Tilly, Charles (1929-), sociólogo norte--americano, 145, 231-3
tipos, 51-61
Tocqueville, Alexis de (1805-59), teórico social francês, 23-4, 231
Tod, James (1782-1835), alto funcionário da Companhia das Índias Orientais, 49
Tönnies, Ferdinand (1855-1936), sociólogo alemão, 25-6
Touraine, Alain (1925-), sociólogo francês, 203
Toynbee, Arnold J. (1889-1975), historiador inglês, 50-1, 236, 255, 271
trabalho de campo, 29, 31, 37
tradição, 16, 213-4, 239-41, 252
transculturação, 161, 243
três estados, 100-1

Trevelyan, George Macaulay (1876-1962), historiador inglês, 22
tribo, 28, 60, 258, 263
troca, 107-9, 111
Turner, Frederick Jackson (1861-1932), historiador norte-americano, 33, 130, 136
Turner, Victor (1920-83), antropólogo britânico, 83, 94, 130, 139, 146
unilinearidade, 218, 225, 228
universalismo, 176, 214

Vansina, Jan (1929-), antropólogo-historiador belga, 167, 203
Vargas Llosa, Mario (1936-), romancista peruano, 188
Veblen, Thorstein (1857-1929), sociólogo norte-americano, 46, 107-9, 119, 156
Vidal de la Blache, Paul (1845-1918), geógrafo francês, 26, 34
Vinogradoff, Paul (1854-1925), historiador russo, 56-8
violência, 69, 87, 96, 139, 144, 182, 232, 245, 248
  simbólica, 139, 245
virada linguística, 60

Voltaire, François Marie Arouet de (1694-1778), crítico e literato francês, 20, 133
Wachtel, Nathan (1935-), historiador francês, 245

Wallerstein, Immanuel (1930-), sociólogo-historiador norte-americano, 129, 130, 134, 227, 231, 239, 272
Warburg, Aby (1866-1929), erudito alemão, 270, 241
Weber, Max (1864-1920), sociólogo-historiador alemão, 11, 26-8, 32-3, 37, 44-9, 51, 55-6, 96, 100-2, 105, 109, 134, 143-8, 152, 164, 178, 191, 205, 212-5, 224, 231, 236, 270-1, 273
Wehler, Hans-Ulrich (1931-), historiador alemão, 217
Wertheim, Willem F (1907-98), sociólogo holandês, 135
Whig, interpretação da história, 269
White, Hayden (1928-), historiador e teórico literário norte-americano (1928-), 174, 187-8, 190, 202
Wierzbicka, Anna, linguista polaco-australiana, 209
Williams, Raymond (1921-88), historiador literário britânico, 155
Wittgenstein, Ludwig (1889-1951), filósofo austríaco, 57
Wolf, Eric (1923-99), antropólogo austro--americano, 36-7, 120, 229, 258, 268, 272-3
Wrigley, E. Anthony (1931-), historiador britânico, 222
Wundt, Wilhelm (1832-1920), psicólogo alemão, 25, 32

SOBRE O LIVRO

Formato: 14 x 21 cm
Mancha: 24,5 x 38,7 paicas
Tipologia: Iowan Old Style 10/14
Papel: Off-set 75g/m² (miolo)
Cartão Supremo 250g/m² (capa)
1ª edição: 2012


EQUIPE DE REALIZAÇÃO

*Capa*
Estúdio Bogari

*Edição de texto*
Dalila Pinheiro (Copidesque)
Vivian Miwa Matsushita (Revisão)

Editoração Eletrônica
Vicente Pimenta (Diagramação)

*Assistência Editorial*
Alberto Bononi

Impressão e acabamento: